Konrad Josef

Das Antlitz der Dummheit

Auf den Spuren einer weit verbreiteten Erscheinung

ars una

Die Deutsche Bibliothek – CIP-Einheitsaufnahme

Josef, Konrad:
Das Antlitz der Dummheit : auf den Spuren einer weit verbreiteten Erscheinung / Konrad Josef. - Neuried : Ars Una, 1995
ISBN 3–89391–603–2

Umschlaggrafik: Horst Kluger, 24161 Altenholz
Druck und Verarbeitung: WB-Druck GmbH Buchproduktions KG, 87669 Rieden
Printed in Germany

Gedruckt auf säurefreiem Papier

Inhalt

Inhaltserläuterungen

3. Über die mehr konsekutiven Bedingungen

3.1 Dummheit als Auswirkung von Kreisdenken

Über geschlossene Beziehungssysteme - Verstrickung von Süchtigen und Familienmitgliedern als Mitsüchtige in das gemeinsame Problem - eigene Verhaltensmuster und Kreisdenken - emotionale Steuerung und starres Kreisdenken - Pessimist - Optimist

3.2 Minderwertigkeitsgefühl, Unsicherheit und Schüchternheit

Minderwertigkeitsgefühl und Selbstzerfleischung - Sündenbock als Therapiehilfe - Minderwertigkeitsgefühl und Eifersucht - übersicheres Auftreten des Partners und Erzeugung von Minderwertigkeitsgefühlen - Schikanen in der Hackordnung bei Tier und Mensch - Verunsicherung und Leistungsversagen - Kompensationen

3.3 Geltungsstreben und Mobbing

Geltungsstreben und Neurosetheorien - der einzelne und sein Gemeinschaftsbedürfnis - Bedeutung der Vereine für das Anerkennungsbedürfnis - falsches Mittel im Kampf um Anerkennung, das Mobbing - der Gemobbte - Gefährdungsbereiche für das Mobbing in der Arbeitswelt - in Gemeinschaftstreffpunkten - in der Schule, von Schülern und Lehrern - Gerüchteverbreiten als Mittel des Geltungsstrebens - Geltungsstreben und Taktlosigkeit

3.4 Dummheit durch falsch verstandene Ehrbegriffe oder aus Stolz

Etwas Besonderes sein wollen und Dummheit - dummes Verhalten sog. Hochintelligenter - der „studierte" schlechte Kaufmann - falsches Ehrgefühl bei Inanspruchnahme öffentlicher Hilfe - Stolz als Kommunikationsschwäche

3.5 Egoismus und Egozentrik

Beispiel eines „guten" Egoisten - der aufdringliche Egozentriker - Rücksichtslosigkeit - vom sich Dummstellen

3.6 Selbstzufriedenheit und Oberflächlichkeit

Vortäuschung von Kompetenz - Schlagwörter in der Politik - nicht Argumente, sondern die Person wird bekämpft - Konfession, Politik, Selbstverwirklichung als Spielplätze des Manipulierens - schlechtes

Vorwort

Wir befassen uns mit dem dummen Verhalten der sogenannten Gescheiten, Normalen, mit den „Bessernormalen" und denen, die diese Menschen, also uns alle, ausnützen, sie verdummen. Auf irgendeine Weise trifft also das Dummsein jeden von uns, und deshalb hoffen wir, daß auch jeder von uns merkt, daß wir alle in kleinen Nischen unseres Daseins dumm sein können und für dumm verkauft werden. Wir versuchen, in den Spiegel zu schauen, und vielleicht schützt dieser Spiegel uns vor eigenen Dummheiten und öffnet uns die Augen, auf daß wir nicht allzu leicht verdummt und für dumm gehalten werden. Besonders hoffen wir aber, daß wir durch das Erkennen des eigenen dummen Verhaltens ein klein wenig toleranter denen gegenüber werden, denen die Natur etwas mehr mitgespielt hat als uns, und daß wir dadurch zu besseren Interventions- und Kommunikationsformen gelangen. Außerdem sollten wir Abwehrstrategien gegen die ständigen Verdummungsversuche von oben entwickeln oder zumindest deren plumpen Absichten erkennen.

Wir bitten den Leser um Verständnis dafür, daß physiologische und psychologische Voraussetzungen, soweit sie uns für den Zugang zur Problematik und als Strategie zum Gegensteuern unerläßlich erscheinen und sich außerdem sinnvoll einfügen lassen, in einigen Abschnitten etwas ausführlicher behandelt werden. Deshalb sind einige Abschnitte stärker theoriebelastet als andere. Selbsterfahrene Begebenheiten und Erlebnisse von Freunden stehen allerdings im Mittelpunkt unserer Ausführungen. Gerade unser falsches, dummes Verhalten und die ständigen Verdummungsversuche unserer Mitmenschen und derer, die über uns bestimmen oder für uns „Gutes" tun aus Politik, Religionsgemeinschaften oder Vereinigungen, sind ja unser alltägliches Problem. Darüber hinaus müssen wir unsere gesamte Erziehung und insbesondere unser Erziehungssystem unter die Lupe nehmen, denn hier wird der Grundstein dafür gelegt, daß wir uns überhaupt verdummen lassen, ohne es richtig zu merken.

Wir bitten unsere Freunde, Verwandten und Bekannten um Vergebung, falls sie irgendwelche Ähnlichkeiten mit sich selbst in unseren Beispielen zu erkennen glauben. Es sind Fehler von uns allen, und wir alle können uns mit diesen Gemeinsamkeiten identifizieren, weil es ja in

vorliegender Schrift ganz allgemein um die kleinen (und großen) Schwächen geht, und an irgendeiner Stelle findet sich jeder von uns wieder. Empfindet sich ein Freund trotzdem noch als zu hart und zu ähnlich gezeichnet, so mag ihn - neben der Entschuldigung des Autors - die Tatsache beruhigen, daß nur gescheite, intelligente, normale Mitmenschen Gegenstand dieser Schrift sind. Die sog. echten Dummen sind nicht gemeint, für sie wurde dieses Büchlein in dem Sinne mit aufgezeichnet, daß derjenige, der seine eigenen Schwächen erkennt, den wirklich Schwachen unter uns verständnisvoller, vorurteilsfreier und offener begegnen wird.
Politiker, Reformer, Medien und die großen Gemeinschaften müssen etwas Federn lassen. Besonders die Inhalte der institutionalisierten Erziehung und die Erziehung schlechthin werden in Beziehung zu unserem Thema gebracht. Hier muß auch einiges grundsätzlich geändert werden, wenn wir uns ändern sollen. Lehrplankommissionen, die sich heute Curriculumkommissionen nennen und als Fach- und Parteivertreter in die Ministerien berufen werden (häufig Schulflüchter), bringen mit Sicherheit nichts Neues zustande. Hier sollten wir über die Grenzen schauen. Simbabwe z.B. hat in den weiterführenden Schulen mit sechs Wochenstunden das Schulfach „education for living“ eingeführt (beinahe soviele Wochenstunden wie bei uns für Mathematik). Dieses Fach, Erziehung für das Leben, ist frei von Planzwängen, und der Lehrer darf hier die aktuellen und erziehenden Alltagsprobleme behandeln. (Übrigens gehört die Erziehung zur Höflichkeit bei den Shonas mit zu den selbstverständlichen Erziehungszielen.)
Einige psychologische Grundlagen sind zur Erklärung sehr vieler Bereiche notwendige Interpretationsvoraussetzung. Sie erscheinen deshalb in mehreren Kapiteln. Aber es erschien mir für den Leser einfacher zu sein, sie wiederholt kurz darzustellen, als auf Textstellen oder Kapitel zurückzuverweisen.

Einleitung

„Es gibt so viele Dummheiten - und die Gescheitheit ist nicht die beste unter ihnen". Mit Thomas Mann möchten wir andeuten, was in vorliegender Schrift beabsichtigt ist: Wir wollen dummes und verdummendes Verhalten derer aufzeigen und analysieren, die sich selbst nicht zu den Dummen zählen und die in den üblichen Definitionen auch nicht als solche bezeichnet werden.

Wir werden uns mit der Definition unseres „Dummsein-Begriffes" sehr schwer tun. Deshalb versuchen wir folgende diffuse Einfühlungsdefinition: Es ist sicherlich sehr dumm von mir, daß ich mich an die Niederschrift des vorliegenden Themas gewagt habe. Freunde, Behörden, Institutionen, Politiker und Weltverbesserer werden mir so manche Feststellung hier übel nehmen, und für die Psychologie und Pädagogik bin ich sicherlich ein „Nestbeschmutzer". Ist nicht aber durch manch törichtes Verhalten im Nachhinein doch noch etwas Ordentliches herausgekommen? Dieser Gedanke, der sicher im folgenden etwas zu kurz berücksichtigt werden wird, ermutigt mich, denn dummes Verhalten ist oft erst im Nachhinein als solches oder eben als nicht solches zu erkennen.

Nicht viel anders verhält es sich mit den Verdummungen, denn hier wird ja besonders mit verdeckten Karten gespielt.

Das dumme Verhalten und das Dummsein unserer sog. normalen Mitmenschen so darzustellen, wie beabsichtigt, ist natürlich exakt wissenschaftlich nicht möglich. Zu verwoben und verflochten sind die Probleme, zu vielschichtig Bedingungen, Motive, Reaktionen.

Als Wissenschaftler sucht man das relativ gesicherte Wissen, leitet daraus Hypothesen ab, erprobt sie in Versuchsanordnungen oder verifiziert sie durch parallele Beobachtungen und geht mit der Erwartung an die Arbeit, daß sich auch alles als falsch erweisen könnte.

Anders das Vorgehen in dieser Schrift: Was als gesichertes Grundlagenwissen bekannt ist, soll berücksichtigt und allgemeinverständlich diskutiert werden. Das betrifft besonders die Lern- und Automatisierungsmechanismen, die als Grundlage der Erziehung, aber auch der Indoktrination dienen. Ebenso betrifft es die hirnphysiologischen und sprachpsychologischen Vorgänge.

Wir wollen gleichsam wie mit einem Scheinwerfer eine bestimmte Verhaltensweise anleuchten und von der Seite des „Opfers“ her betrachten. Wir wollen auch versuchen, Einzelfallbeschreibungen und einzelne Vorgänge, wo es möglich und sinnvoll erscheint, in übergeordnete Zusammenhänge zu bringen. Die menschlichen Auswirkungen, die sekundären und tertiären Folgen eines bestimmten Verhaltens stehen im Mittelpunkt und die, die für uns bedeutungsvoll und folgenschwer sind. Das kann zur Folge haben, daß mancher Leser, besonders wenn er sich an einigen Stellen wiederfindet, diese Gedanken als pamphletisch bezeichnen wird.
Die Menschheit, jedenfalls die unserer Breiten, war noch nie so gebildet wie heute und sie war gleichzeitig noch nie so dumm und manipulierbar wie heute.
Wir sprechen nicht von der definierten sog. Dummheit, die sich in der Schullaufbahn - oft fragwürdig - niederzuschlagen scheint, auch nicht von der sog. Dummheit, die durch Tests - angeblich objektive und unbestechliche Verfahren - exakt ermittelt wird und durch Zahlen, die das Verhältnis von Dummsein und sog. Intelligentsein ausdrücken, dargestellt wird.
Ich mußte mich als Professor für Psychologie schwerer Behinderungen und Sprachgestörter von Amts wegen mit dem Phänomen „unintelligenten“ Verhaltens befassen, und es störte mich immer, daß es um uns herum soviel Dummheit bei den sog. Gescheiten gibt, die dann häufig mit Arroganz, Amt, Herkunft u. ä. überspielt wird.
Eitelkeit, Habsucht und Geltungssucht, Interesselosigkeit und Gleichgültigkeit, Ignoranz und Herrschsucht sind die wesentlichen Ursachen dummen und verdummenden Verhaltens, die sicher für das Unglück in unserer Welt die Hauptverantwortung tragen.
So werden wir dummes Verhalten betrachten, das sich aus der Kombination verschiedener, meist unangemessener Verhaltensmuster ergibt oder durch Macht und hierarchische Konstellationen verursacht ist. Wir werden aber auch auf Dummheit stoßen, die aus Charaktereigenschaften herrührt.
Die Dummheit der unschuldig Dummen bleibt hier außen vor.
Wir hoffen, daß jeder Leser auch ein bißchen Dummheit an sich selbst bemerkt, sein Verhalten korrigiert und modifiziert und ein wenig Verständnis für die Schwächen anderer aufzubringen versucht. Vielleicht

erkennt er auch etwas wacher seine Manipulierbarkeit.
Dummheit wird im Sinne dieser Schrift als partielles inadäquates, insbesondere die soziale Situation nicht erfassendes oder sie mißbrauchendes Verhalten verstanden, und sie könnte dadurch beschrieben werden, daß sie zu anderen Folgen führt, als der Verursacher sie erwartet oder erwünscht hatte.
Einer ganz besonderen Art von Dummheit sind wir alle täglich ausgesetzt: Politiker, Behörden, Medien, Demoskopen, Werbefachleute und religiöse Einrichtungen, vom Guru bis zu den großen Weltreligionen, benehmen sich dumm, weil sie uns für dumm halten.
Weil wir alle nicht mehr den Überblick über die Fakten des Lebens und der Welt haben, müssen wir Informationen einfach glauben. Wir glauben die Nachricht über die Ausbreitung des Ozonloches ebenso wie am Tag darauf das Dementi, besonders dann, wenn uns die Informationen noch mehrkanalig begegnet sind - über Auge, Wort, Schrift, am Biertisch. Ist darüber hinaus auch noch ein „Wissenschaftler" - weißer Kittel, Brille, Tafel oder Tabellen im Hintergrund - der Vermittler der Information, wird diese zur unumstößlichen Wahrheit. Politiker wissen, daß wir rein abstrakt, ohne Konkretisierung mit Zahlen des Haushalts, mit dem Verlauf von Trassen, mit Informationen über Bedrohung nichts anfangen können, und deshalb behandelt man uns häufig als dumm und vergeßlich. Dabei entscheiden wir uns nur deshalb für diesen oder jenen, weil er uns als das geringste Übel erscheint.

Vorliegende Schrift befaßt sich auch nicht mit dem sog. unausgenützten Intelligenzpotential. In einer schier unüberschaubaren Fülle von Veröffentlichungen - meist amerikanischen Ursprungs - und nicht selten teuren Rezepten zum Training des Restpotentials wird uns eingeredet, daß wir nur 10, 20 oder 30% unserer Hirnmöglichkeiten nutzen und wir daher dummer sind, als wir es zu sein brauchten, daß wir uns also letztlich dummer verhalten, als es nötig wäre, wenn wir nur bestimmte Tabletten und Trainingsanleitungen erwerben würden.
Das Lesenlernen im Vorkindergartenalter ist ein weiteres Beispiel dafür, wie wir angeblich schlauer gemacht werden können. So ein Kind lernt eine gesprochene und beschriebene Welt kennen, bevor es die Welt erfahren konnte; es verfügt nur über Worthülsen und wird fernerhin ohne Realitätsprüfung Phrasen und Parolen übernehmen und

weitertragen, es wird sich mit vorgestanzten Formulierungen begnügen.
Noch einmal sei gesagt: Obwohl die vorliegende Schrift nicht alle Facetten des dummen Verhaltens von sog. Gescheiten berücksichtigen kann, sollen im Vordergrund der Betrachtungen die sozio-psychologischen Analysen stehen, denn 2/3 aller Patienten gehen zum Arzt wegen irgendwie gearteter sozialer Befindlichkeitsprobleme.
Bei der Betrachtung von Dummheit und Intelligentsein und deren Ergebnissen sollte man auch heute noch an den Ausspruch Edinsons denken: Erfindung ist 10 % Inspiration und 90 % Transpiration, und Lessing sagte: Genie ist Fleiß! Fleißig sein aber haben meist die sog. Hochintelligenten nicht gelernt und erfahren, denn auch dem sog. Hochintelligenten fällt die Problembewältigung nicht einfach in den Schoß. Oft sind es Menschen, die die Fähigkeit besitzen, die hierarchischen Strukturen zu durchschauen und sich ohne Skrupel den vorgegebenen Bedingungen anpassen zu können. In diesem Personenkreis werden wir häufig dummes Verhalten vorfinden, das dem einzelnen mitmenschlich und in seiner Berufskarriere im Wege steht. Auch hierauf wird in dieser Schrift mehrfach hingewiesen werden.
Dem Leser werden tatsächliche oder scheinbare Wiederholungen und Ähnlichkeiten von Fakten und Theorien begegnen, aber so manches Problem muß unter verschiedenen Aspekten beleuchtet werden. Nehmen wir an, wir hätten den „Angeber“ betrachtet, der eine Form der Dummheit repräsentiert. Dann müßte er z.B. in einem Abschnitt der Sprache erscheinen, denn seine „geschwollene Sonntagssprache“ kann durchaus ein Merkmal für ihn sein. Er würde aber auch bei der Arroganz oder der Selbstzufriedenheit, bei den Geltungssüchtigen und den Egozentrikern oder, falls sein Verhalten kompensatorisch ist, bei Minderwertigkeit erscheinen müssen, und letztlich, weil er ja für sein Angeben Publikum benötigt, erschiene er auch noch in einem der soziologisch orientierten Abschnitte.

1. Allgemeine Vorstellungen von Dummheit und ihre Abgrenzung

Der Leser, der erwartet, daß in unserem Sprachgebrauch der Gegenpol von Dummheit die Intelligenz sei, wird hier nicht befriedigt; auch nicht der, der die Entwicklung des Begriffes vom Althochdeutschen bis in die Neuzeit hinein aufgegriffen haben möchte. Dem ersteren kann wegen der Sache selbst keine befriedigende Antwort erteilt werden, letzterer kann Wandel und Bedeutung des Begriffes sicher originaler den Etymologien entnehmen. Unsere Dummheit - und deshalb sprechen wir in der Regel von dummem Verhalten - kann den sog. Hochintelligenten ebenso treffen wie den mittelmäßig Begabten. Wie Dummheit ist auch die Intelligenz nur ein fiktiver Begriff. Sichtbar und meßbar wird Intelligenz nur in der Leistung, also im Auffassen, Begreifen, Erfassen von Sinnzusammenhängen, in der Anpassung an Aufgaben und Situationsanforderungen, an der Schnelligkeit des Arbeitens und an vielen anderen Aktionen. Die Intelligenzleistung ist an den aktuellen Zustand der Persönlichkeit gebunden, ist in verschiedenen Leistungsbereichen verschieden hoch und von Begabungspotential und Gelerntem abhängig. Das Begabungspotential wird durch Antriebs- und Anpassungsfunktionen gefiltert, die Bildsamkeit, die Aufnahme des zu lernenden Sachverhaltes sind von Bildungshilfen, Milieu, Gesundheits- und Ernährungszustand, Motivation u.ä. mit abhängig. Die sog. Intelligenzleistung ist abhängig von diesen gegebenen und aufgegebenen Faktoren. Wer also von Intelligenz spricht, sollte dehalb redlicherweise sagen, welche Art der Intelligenz er meint und wodurch er sie ermittelt hat. Ähnlich ergeht es uns mit unserer Dummheit. Ich verhalte mich hier und da dumm, bin aber deshalb nicht allgemein dumm; ich kann dumm erscheinen auf Grund meiner anlagemäßigen Bedingungen, beachte z.B. die Engfeldigkeit, und ich kann dumm sein aus tausenderlei Gründen, von denen wir ja einige hier ins Blickfeld rücken wollen.

Die derzeitige Intelligenz der Menschheit als Summe ihrer technisch-wissenschaftlichen Leistung ist möglicherweise die große Dummheit dieser Menschheit und könnte einmal zu ihrem Niedergang führen. Die Welt der menschlichen Intelligenz, man kann auch sagen, die Zivilisation unserer Welt, entfernt sich immer mehr von der Welt der Natur. Nun kann einmal die Schere zwischen diesen beiden Welten so weit auseinanderklaffen, daß sie nicht mehr miteinander in Einklang zu bringen und unvereinbar geworden sind. Der Zusammenbruch könnte stattfinden.

Für den Einzelfall, für das sogenannte hochintelligente Individuum und für einige Gruppen, wo „besonders-intelligent-sein-wollen“ in Dummsein umschlägt, versuchen wir ja vorliegend diesen Nachweis zu führen.

Auch der Unbegabte ist im Sinne dieser Schrift und überhaupt nicht dumm. Wer nicht gut zeichnen kann, verhält sich vielleicht nur dann dumm, wenn er zum Gespött der Zuschauer eben doch eine Katze malt. Der selbsternannte und unbegabte Künstler wird wegen seiner Dummheit hier durchaus zur Sprache kommen, aber nicht seine Unbegabtheit ist das Kriterium seiner Dummheit, sondern seine Kritiklosigkeit seinen Leistungen gegenüber.

Damit haben wir schon angedeutet, was wir unter dummem Verhalten, unter Dummheit und, um den Aktiven in diesem Zusammenhang nicht zu vergessen, unter Verdummung verstehen: Es ist das Vorhandensein oder das Ausnützen menschlicher Schwächen.

1.1 Zu den Interessenlagen des Individuums

Es sind also vornehmlich die verschiedenen Interessenlagen des Menschen oder, wie man heute mehr zu sagen pflegt, die Motivationen, die den Menschen zu dummem Verhalten bringen oder sie das Instrument der Verdummung einsetzen lassen.

Lernpsychologisch läßt sich Motivation am einfachsten folgendermaßen erklären: Jedes Bedürfnis bewirkt im Menschen einen gewissen Spannungszustand, der ihn durch die Unlustgefühle, die dadurch ausgelöst wurden, zur Aktivität antreibt, um die Spannung zu reduzieren und damit das Bedürfnis zu befriedigen. Je stärker das Bedürfnis, desto größer die Motivation. Jeder Handlung, auch jeder Fehlhandlung, liegt also eine Bedürfnisspannung mit dem Willen zur Bedürfnisbefriedigung zu Grunde. Diese vielen verschieden gearteten und verschieden verursachten Bedürfnisse sind also die Faktoren, die es im folgenden zu analysieren gilt, wenn wir das Handeln unserer Mitmenschen als dumm bezeichnen wollen, seien sie in Charaktereigenschaften begründet, im Milieu oder in der gegenseitigen Aufschaukelung beider Einflußpole, wobei wir immer wieder auf Grenzen in der Rückverfolgung der wahren Motive stoßen werden.

Ein Beispiel mag verdeutlichen, wie unterschiedlich Interesse und Motivation gedeutet werden können, hier ein Kommunikationsbeispiel zwischen Patient und Arzt: Ein älterer Herr, vielseitig interessiert und nicht mit allzu schlechtem Bildungsstand, wurde wegen eines größeren Schwächeanfalls in die Klinik gebracht. Dort kam er nach einigen Untersuchungen an den „Tropf“. Hierbei ergab sich folgender Dialog: P.: „Was ist eigentlich in der Flasche dort drin?“ A.: „Medizin!“. P.: „Das hatte ich mir fast gedacht, aber mit meiner Frage wollte ich es ja etwas genauer wissen“. A.: „Ja, glauben Sie etwa, wir wollen Sie vergiften?“ - Ende des Dialogs; und noch am Nachmittag stellte der Patient den Antrag auf Entlassung aus der Klinik nach Hause. Auf „eigenes Risiko“ wurde dem Wunsche stattgegeben. Wenn dieser Arzt grundsätzlich so freundlich weiter arbeitet, dürfte er wegen sparsamen Umgangs mit Krankenkassengeldern bald eine Prämie erhalten. An diesem Beispiel sieht man deutlich, wie die Interessenlagen der beiden hier durch die Situation zusammengebrachten Menschen völlig auseinanderklaffen. Sender und Empfänger und Empfänger und Sender laufen nicht über die gleichen Frequenzen, sie senden aneinander vorbei, und somit kann keine Kommunikation stattfinden und, was in solch einem Falle verhängnisvoll sein kann, man lehnt sich ab und unterbricht jegliches Miteinander. Auch hier können die Motive, die zu diesem Verhalten beider führten, sehr unterschiedliche sein. Der Arzt war z.B. auf seine Tätigkeit konzentriert, der Patient erschien ihm plötzlich mit seiner Schwatzhaftigkeit nicht mehr so hilfsbedürftig, die Arbeitszeit war schon seit einer Stunde vorbei oder der vorangegangene Krach mit dem Oberarzt steckte ihm noch in den Gliedern oder, oder. Den Fragen des Patienten können auch die verschiedensten Motive zugrunde liegen, wie etwa der Wunsch nach Kontaktaufnahme, das Bedürnis, sich zu unterhalten oder einfache Schwatzhaftigkeit oder aber auch, wie er versicherte, der Wunsch, wirklich zu wissen, was mit ihm geschah. Wir sehen also nur das Phänomen, in diesem Falle die Divergenz beider Partner, und wir beobachten das Ergebnis, denn einer verläßt die Klinik. Die eigentlichen Gründe, die zu diesen Reaktionen führten, werden wir nie erfahren. Ähnlich wird es uns öfter bei der

Analyse der weiteren Beispiele ergehen: Wir können die Interessenlagen, die zu diesem oder jenem Verhalten oder Fehlverhalten führten, nicht mit letzter Sicherheit anführen. Wir werden uns deshalb nicht selten auf das Ergebnis der Handlung, die sich dann möglicherweise als dumm erweist, berufen müssen.
Bei denen, die uns verdummen wollen und für dumm halten, ist es sicher ebenso schwer, die wahren Motive festzustellen. Ist ein Ministerpräsident, der gleichzeitig Mitglied einer Mafia ist, dieses aus Machtbedürfnis, brauchte er das eine für das andere, wurde er erpreßt und mußte Amt oder Mitgliedschaft anstreben, glaubte er an eine Mission oder an einen religiösen Auftrag oder hielt er sich für den einzig Befähigten unter all diesen Dummen und fühlte sich deshalb verpflichtet, mit allen Mitteln sein Amt anzustreben?
Aus welchen Motiven heraus werden uns diese oder jene Erkenntnisse, Planungen, Ergebnisse vorenthalten? Warum sind mehrere Dutzend höhere Ministerialbeamte beim letzten Regierungswechsel von der Verliererpartei in die Siegerpartei eingetreten? Wollten sie versuchen, die alten Werte zu erhalten, wollten sie zu den Gewinnern zählen oder wollten sie dicht an der Leiter, die nach oben führt, bleiben?
Warum verlangen Kirchenvertreter den unbedingten Gehorsam ihrer Mitglieder, obwohl sie natürlich wissen, daß das erzwungene „Gutsein“ gar nicht gut sein kann und nicht nur nach Kant am Himmel vorbeiführen muß? Die Glückseligkeit kann auf diese Weise sicher nicht gesichert werden. Also die Motive der Mächtigen sind nicht immer zu ergründen. Nur eines steht fest: Wir werden alle miteinander verdummt und für dumm und unmündig gehalten, oft gegen unsere eigenen persönlichen Bedürfnisse und Interessen.

1.2 Vorläufige Definition von Dummheit

Nach dem oben Festgestellten können wir uns nun erlauben, eine ungefähre Erklärung dessen abzugeben, was wir unter dummem Verhalten verstehen und besonders welche Gründe wir für das Fehlverhalten verantwortlich machen wollen. Die folgenden aphoristischen Darstellungen sind allerdings nicht Ersatz für ein Inhaltsverzeichnis. Wir wollen nur die Bereiche, Motive und Beweggründe aufzählen, die zu

unserer Verdummung führen und uns dumm erscheinen lassen.
Für die Anfälligkeit zu unserem Dummsein, als Opfer eigener Dummheit oder als Mißbraucher und Verursacher der Verdummung anderer, sind sowohl unser Charakter als auch die Beeinflussung von außen verantwortlich zu machen.
Dummheit tritt zutage bei Wahrnehmungsverweigerern, Wirklichkeitsblinden, aus Vorurteilen Urteilenden, der Massensuggestion Erliegenden oder bei kurzfristige Vorteile Suchenden. Intellektueller Monismus ist hierzu ebenso zu zählen wie etwa die Unfähigkeit, korrekte Schlüsse zu ziehen.
Als aktiv an Verdummungsprozessen Beteiligte müßte man wohl alle etablierten Einrichtungen nennen, die uns mit Absicht und ohne Absicht (dann wiederum aus Dummheit) manipulieren wollen. Hierbei dürfen ganz besonders die Einrichtungen nicht vergessen werden, die die etablierten Systeme bekämpfen. Auch und gerade hier finden wir Methoden, die unsere Dummheit und Ignoranz ausnützen oder unsere Verdummung zum Ziel haben, oft mit der Absicht, sich selbst ins Establishment hineinzumanövrieren.
Mangelndes Denken, leider steht Denken als Erziehungsziel schon in der Erziehung des Kleinkindes nicht in hohem Ansehen, ist ein besonderes Kriterium unserer Verdummung. Nach Buddha ist Denken ein Teil des Paradieses - wobei Buddha mit Denken mehr als nur Fakten überdenken meint.
Viele Menschen verzichten auf das Denken, indem sie die Wirkungen ihres Handeln nicht überdenken, die Konsequenzen nicht erkennen, die primären, sekundären oder tertiären Folgen ihres Tuns nicht sehen wollen, Sache und Mitmenschen nicht in ihr Kalkül einbeziehen. Dieser Mangel an Folgenabschätzung ist die Dummheit der Menschheit, die zu Katastrophen führt.
Es ist sicher falsch, dem Ehepaar Curie, als sie Atomstrahlen bemerkten und deren Zusammenhänge zu erforschen begannen, die späteren Leiden von Hiroshima vorzuwerfen mit der Begründung, daß sie die Folgen ihrer Entdeckung und ihres Forschens hätten vorauserkennnen müssen. Ebenso wird keiner dem Mönch und Alchimisten Schwarz das Finden von „Schwarzpulver“ und das Verbreiten der Formel des Pulvers zur Last legen, obwohl nur dadurch die Unterwerfung und Kolonialisierung ganzer Erdteile möglich wurden und die Kriege erst durch

das Schießpulver ihre schreckliche Wirkung und Grausamkeit bekamen.
Und trotzdem: Es werden in der Wissenschaft, in der Technik, in der Politik Dinge in Gang gesetzt, deren Wirkungen ersten -, zweiten - oder dritten Grades (oder noch weiter von der ursprünglichen Ursache entfernt) erst sehr viel später auftreten und die hätten vorbedacht werden können. Die Verwüstung - im wahrsten Sinne des Wortes - des unteren Nillaufs hätte vor dem Bau des Assuandammes erkannt werden müssen, - beim Bau der Stadtrandsiedlungen mit vielstöckigen Häusern hätten die Soziologen die verheerenden psychologischen Folgen abschätzen können müssen - und daß Eltern schwerstbehinderter Kinder jetzt diese nicht mehr steuerlich begünstigt aufziehen können, nur weil die Kinder in der Schule, um die diese Eltern so sehr gekämpft hatten, etwa schreiben gelernt haben, hätten vielleicht einige Betroffene erkennen sollen. Zumindest war dieses von dem vorauszusehen, der die Engstirnigkeit, die manche Amtsstuben in geradezu pervertierter Form beherrscht, erkannt hat.
Wir alle verhalten uns im täglichen Leben oft ein bißchen dumm - und dieses Verhalten zeitigt manchmal unangenehme Folgen. Der Einkaufswagen steht so im Gang des Warenhauses, daß der, der vorbeifahren muß, einen Stapel Büchsen zum Einsturz bringt. Natürlich war er der Dumme, denn er hat beim Durchjonglieren nicht die Folgen seines Versuchs abgeschätzt, aber war nicht mein schlecht abgestellter Wagen auch an diesem Mißgeschick beteiligt?
All diese Dummheiten, im alltäglich Kleinen und im international Großen, mit geringen Folgen oder mit unschätzbaren Schäden, wollen wir versuchen, ein wenig zu entlarven.

2. Aus den konstitutiv erklärbaren Ursachen

Um der reinen Zufälligkeit der Einteilung der verursachenden Momente etwas zu entgehen, versuchen wir, eine physiologisch-psychologische Einteilung vorzunehmen. In den Bereich der konstitutiv erklärbaren Ursachen nehmen wir all die Ursachen, aus denen sich dummes Verhalten oder dumm erscheinendes Verhalten ergibt, die vornehmlich aus der Beschaffenheit, der eigenen Konstitution, erklärbar sind: Ich stoße z.B. ein Glas um, weil ich mit der Brille nicht richtig die Entfernung einschätzen kann. Meine Dummheit, die ja sogar folgenschwer sein und ein neues Kleid kosten kann, ist aus meiner unzulänglichen Konstitution zu begründen. Wie schwer aber die Trennung von konstitutionell begründeten und konsekutiven, also abgeleiteten, Ursachen ist, erkennen wir, wenn wir das Beispiel des Glasumstoßens ein wenig differenzierter reflektieren. Stoße ich nun das Glas wegen Nichteinschätzung der Entfernung um, weil ich möglicherweise aus Eitelkeit keine Brille trage, so wäre die Eitelkeit die Ursache meines Mißgeschicks. Die Eitelkeit kann aber die Folge meiner Erziehung oder meiner Vorbilder sein. Ich kann die Brille auch ablehnen, weil mich meine Umgebung wegen meiner Brille ärgerte. In diesem Falle müßte unser Beispiel wohl in den Bereich der konsekutiven oder gesellschaftlich begründeten Ursachen fallen. Fast alle Probleme sind verwoben und verflochten, aber um einer kleinen Übersicht willen versuchen wir, nach inneren und äußeren Ursachen zu unterscheiden. Bei „Zuständigkeit" der Gesellschaft werden wir die in einem dritten Abschnitt berücksichtigen. Weiter wird wegen der Bedeutung der Sprache und der vielen Dummheiten, die wir mit ihrer Hilfe begehen, ein besonderer Abschnitt über Sprache eingefügt.

2.1 Enge des psychischen und geistigen Feldes

Einige Beispiele zur Einführung in die Probleme der Engfeldigkeit: Karin ist die älteste Tochter einer wohlhabenden Akademikerfamilie. Sie wurde 1938 in die Grundschule eingeschult und konnte trotz der Bemühungen aller Beteiligten das Ziel der ersten Klasse nicht erreichen. Als sie auch im 2. Schuljahr den Anforderungen der zweiten Klasse nicht gewachsen war, wurde sie der Hilfsschule (heute: Lernbehindertenschule oder Nachhilfeschule) überwiesen. Nach zweijähriger Beschulung in der Hilfsschule kam sie in die Volksschule zurück, und nach der vierten Klasse, d.h. nach Karins sechstem Schuljahr, wurde sie sogar in eine Oberschule aufgenommen.

Aus dieser Zeit ist nichts Auffälliges mehr zu berichten. Sie hatte Freundinnen, galt als mittelmäßig ehrgeizig und bestand das Abitur mit gut, einer Note, die in damaliger Zeit und besonders an dieser Schule nur wenigen vergönnt war. Nach einem Jahr Auslandsaufenthalt und nach zwei Semestern „studium generale“ begann Karin ihr Studium in Biologie und promovierte nach angemessener Zeit zum Dr. rer. nat.

Ich beabsichtige nicht, hier den akademischen Werdegang einer ehemaligen Sonderschülerin darzustellen, es geht uns um den Lerntypus, Karins Lerneigentümlichkeiten, die in der Schule keine Berücksichtigung fanden. Es handelte sich bei Karin um einen engfeldigen Erfassungstyp, weswegen sie in den ersten Schuljahren über die komplexen und rein ganzheitlich gehaltenen Lehrmethoden stolperte, da bei Karin auch keine partiellen Werkzeugstörungen der Schulleistungsfähigkeit vorlagen, wie etwa Legasthenie, mathematische Schwäche, Sprachschwächetypus oder eine andere eng umgrenzte Insuffizienz.

Karin erweist sich auch als Erwachsener noch als Erfassungstyp mit „Enge des geistigen Feldes“, nicht umsonst war das Thema ihrer Doktorarbeit ein kleiner Bereich der Zellen der Zwiebelschalen. Begründen wir unsere Behauptung, soweit es uns für das Verständnis dieses Phänomens und für diese Problemstellung nötig erscheint.

Vorerst ein weiteres Beispiel:

Warum hast Du eigentlich keinen Führerschein, frage ich den fünfundfünfzigjährigen Mann der Schulfreundin meiner Frau. Ich habe es dreimal versucht - und der Schaden war zu groß. Ich konnte einfach nicht in eine Kreuzung einfahren und gleichzeitig nach links sehen, nach rechts sehen, geradeaus fahren wollen, den Gang einlegen, Gas geben, mit der Kupplung regulieren - und dies alles gleichzeitig. Hübsch nacheinander kann ich alles aufzählen, aber alles gleichzeitig machen und dabei keinen Schaden anrichten, das war zuviel. Die Prüfer legten mich immer in Friedenau rein. Da verzweigt sich die Straße nicht nur wie ein Y, sondern sie mündet in drei Arme. Drei Vorfahrt-

beachtungsschilder gleichzeitig. Na ja. Mein Einwand, die Schilder gehen dich doch gar nichts an, die stehen doch alle auf der anderen Seite. Sein Einwand, aber sie waren doch da und gestört haben sie eben auch. Weißt du, ich kann aber doch zwei Sachen gleichzeitig: Bonbon lutschen und z.B. Kartoffeln schälen.
Dies sprach ein vorzeitig in den Ruhestand versetzter Ingenieur. Als er mir die Wechselschaltung erklärte, die bei uns im Flur nicht funktionierte, verbrauchte er ca. 2 cm Papier vom Notizenzettel, so klein schrieb und malte er alles auf.
Als drittes Beispiel ein Beispiel aus der Schule.
In einer Prüfungsstunde für Sprachheillehrer hatte der Kandidat in einer Klasse mit vornehmlich agrammatischen, also unvollständige Sätze sprechenden Schülern besonders Schwierigkeiten dadurch, daß die Kinder das „Unwesentlichste“ und „Kleinste“ auf dem Anschauungsbilde sahen und beschrieben. Nicht die im Vordergrund an einem Tisch Teig rührende Mutter und das daneben stehende naschende Kind wurden beachtet, sondern der Blumentopf im Fenster des Bildhintergrundes, ja Einzelheiten, die in einem Wandbild innerhalb des Anschauungsbildes waren, wurden entdeckt und beschrieben, akribisch und detailliert, und erst nach immerwährendem Nachfragen durch den Lehrer wurde der großflächige Vordergrund erwähnt.
Fragen wir uns deshalb, gibt es Kinder und auch noch Erwachsene, die diesem engfeldigen Erfassungstypus angehören, die der Welt gleichsam mit einem Flintenrohrblick gegenüberstehen? Gibt es Menschen unter uns, die immer nur Ausschnitte - mehr oder weniger große - des Lebens, der Situation, des Lernstoffes, der sozialen Situation usw. erfassen können? In Psychologiebüchern der 20er Jahre und denen, die an diese europäische Tradition anknüpfen, findet man diese Feldenge noch beschrieben, die bei einigen Entwicklungspsychologien mit zunehmendem Alter in eine ganzheitliche Erfassung im Sinne des Gestalterfassens hinüberführt. Es gibt aber auch Autoren, die geistige Feldenge bei Erwachsenen nachweisen und diese dem weitfeldigen Erfassungstyp gegenüberstellen. Der Weitfeldige sieht und erlebt umfassender, breiter, weiter, aber wesentlich unschärfer und diffuser als der Engfeldige. Engfeldigkeit im Erwachsenenalter wird deshalb nicht selten bei Wissenschaftlern beobachtet. Die Schriften eines Kollegen sind mit lexikalischer Gewissenhaftigkeit und Exaktheit geschrieben, der sog. Studen-

tenrevolte und den Reaktionen darauf stand er völlig hilflos gegenüber - als Psychologe!

Wenn wir dieses Phänomen der Feldenge an Selbsterlebnissen beobachten wollen, sollten wir unser Verhalten einmal nach starkem Affektausbruch analysieren - dies ist natürlich nur eine temporäre Verengung des geistigen Feldes.

Was hat dieses Problem mit unserer Dummheit zu tun?

Wird nicht mancher Mitmensch unter uns als dumm bezeichnet, der über den Tellerrand seines Spezialgebietes nicht hinauszuschauen vermag? Ich begegnete nicht nur einmal Kollegen, die sich nicht dafür interessierten, wozu ihre Forschungsergebnisse gebraucht oder mißbraucht wurden, weil sie die Folgen nicht übersehen konnten.

Diese Menschen sind in der Regel auch den sozialen Situationen nicht gewachsen. Man kann sich dem Verkaufsdruck nicht entziehen; ein Teil eines Autos wird fixiert, und man kauft deshalb dieses Fahrzeug; oder das Haus mit Schwamm in den Wänden wird deshalb gekauft, weil der prachtvolle Kirschbaum im Garten alle anderen Gedanken verdrängt.

Unsere Beispiele zeigen, daß es sich bei der Feldenge nicht nur um einen geistigen Flintenrohrblick handeln muß, sondern daß auch der geistige Horizont eingeengt sein kann, daß die Fixierung eines Nahzieles im Vordergrund steht.

Als ich wegen eines unvorstellbar dummen Fehlers (der Motor des Autos war überhitzt, ich mußte anhalten, wollte den Motor abkühlen, mir kam die glänzende Idee, Schnee zu verwenden, entdeckte auch einen Verschluß, öffnete ihn und steckte sehr zufrieden meinen Schnee hinein - es war der Verschluß des Öltanks) in die Werkstatt geschleppt wurde, konnte ich beobachten, wie von Werkstattangehörigen zu Mitarbeitern geflüstert wurde: Das ist ein Professor, und wie sich die Gesichter zu einem ironisch-mitleidigen Lächeln verzogen und selbst der Lehrling huldvoll Absolution erteilte. Das Phänomen des eingeengten geistigen Horizonts ist also nicht unbekannt.

Einem 10jährigen Jungen wurde von einem Autospiegel praktisch die ganze linke Hirnhemisphäre weggerissen, und das Kind verdankt sein Überleben sicher nur dem Umstand, daß gerade am Ort ein Kongreß der Hirnchirurgen stattfand. Nach mühevoller Umschulung auf die linke Hand und der anfänglichen Begriffsschulung stellten wir plötzlich fest, daß der Junge zwar eine Fülle von Begriffen erlernt hatte und die gängigen Satzmuster beherrschte, daß er aber die kausalen Zusammenhänge nicht erfassen konnte. „Hier tritt ein Fuß auf eine Biene“, konnte er feststellen, aber nicht, was dabei passiert, und erst gar nicht, wie es nun weitergehen könnte (siehe obige Beispiele). Mit einem speziellen Lernprogramm und viel Opferbereitschaft aller Beteiligten erlernte er aber, auch die kausalen Zusammenhänge zu erkennen - er schaffte die mittlere Reife.

2.2 Aufmerksamkeitsstörungen und Programmunterbrechung

Es sterben in Österreich im Straßenverkehr jährlich rund 1400 Menschen, im Wohn- und Freizeitbereich sind demgegenüber 2000 Tote zu beklagen. Die meisten Unfälle gehen also auf das Konto von Heim- und Freizeitunfällen.
Was hat diese Meldung mit unserem Thema zu tun?
Ein nicht unwesentlicher Teil dieser Unfälle ist - wie Untersuchungen nachweisen - darauf zurückzuführen, daß z.B. die Hausfrau mehrere Tätigkeiten gleichzeitig durchführen muß.
Sie schält Kartoffeln, das Baby schreit nebenan, und das Telefon klingelt - und schon schneidet sie sich in den Finger. Die Statistiken sprechen hier immer noch von der Hausfrau und nicht vom Hausmann, aber es ist anzunehmen, daß ihm noch schneller ein Unfall zustößt, da gut geübte Fertigkeiten hier noch das Unheil etwas mildern können. Der letzte Haken der Gardine ist einzuhängen, und es läutet an der Tür,- das letzte Trittbrett der Stehleiter wird übersehen.
Wie lassen sich diese Zusammenhänge erklären und wieso verhalte ich mich plötzlich so ungeschickt und dumm, obwohl die einzelnen Tätigkeiten hundertfach eingeschliffen sind?
Wir werden im Abschnitt „Sprache“ ausführlicher den Vorgang beschreiben, wie ein Informationsfluß in unserem Zentralnervensystem von den Rezeptoren über Nervenbahnen und Synapsen zu den Endzellen (Langzeitgedächtnis) gelangt und dort eingespeichert wird. Elektrische (in den Nervenbahnen) und chemische (in den Synapsen) Vorgänge steuern diesen Durchfluß, der übrigens durch „Lusthormone“ optimiert und durch Unlust gebremst, gehemmt oder gar abgeblockt wer-

den kann, worauf wir noch zu sprechen kommen, denn auch hierbei kann dummes Verhalten initiiert werden.
Nun muß man sich weiter den Weg des Informationsflusses in Rückkoppelungsprozessen, also Kreisverbindungen (Kybernetik) vorstellen, und dieser kybernetische Prozeß wird erst dann beendet, wenn gleichsam eine Matrize, ein Abdruck der Information, erstellt ist und diese im Langzeitbereich (Cortex) abgelegt ist.
Nun ist es sehr leicht vorstellbar, daß nicht allzuviele solcher voneinander unabhängiger Informationsflüsse gleichzeitig in unserem Hirn herumspazieren dürfen. Sie stören sich gegenseitig, bringen das aktuelle Handlungsmuster durcheinander, und es kommt zu Fehlleistungen, wie oben beschrieben. Warum aber geschehen im Haushalt mehr Unfälle als in der Fabrik? Hier läuft der Handlungsvorgang weitgehend ungestört ab - außer wenn immerfort der Gedanke über die schlechte Bezahlung einfließt - im Haushalt hingegen wird ständig gestört. Viele Unfälle treten in der Tat eben dann auf, wenn mehrere Leistungen gleichzeitig gefordert werden. Dieser Tatbestand spielt, wie wir später ausführen werden, auch bei Störungen von Sprachleistungen eine Rolle. Die kybernetische Psychologie spricht in diesem Zusammenhang von Interferenzen: Informationen überlagern sich, stören sich und können sich gegenseitig aufheben.
Nun noch einige Beispiele, wie man sich dumm und ungeschickt verhält, wenn Interferenzen, also Informationsüberlagerungen, das Handlungsmuster stören:
Wir alle haben schon Tiere in unwegsamem Gelände beobachtet und ihre geschickten Bewegungen bewundert. Die Füße, Pfoten, Hufe, Klauen der Hinterbeine treten trittsicher auf, auch dann, wenn die Bewegung sehr schnell abläuft, etwa weil sich das Tier auf der Flucht befindet. Obwohl der Blick des Tieres nach vorn gerichtet ist, tritt der Hinterlauf sicher auf, selbst wenn ein Stein ins Rollen kam. Das Reaktionsvermögen und das Bewegungsprogramm sind hier nicht so leicht zu stören. Sogar der wegrutschende Stein wird für die hinteren Extremitäten so berechnet, daß der Tritt sicher bleibt.
Wie anders verläuft diese Situation bei uns Menschen. Wir setzen bei unseren willkürlichen Bewegungen zu viele Kontrollinstanzen ein. Ich fixiere den Stein, auf den ich meinen Fuß setzen will, prüfe Sicherheit, Entfernung, korreliere sie mit meinem Schwung und meinem Sprung-

vermögen und bewege mich. Vorher habe ich noch die Entscheidung treffen müssen, ob ich diesen oder jenen Felsbrocken für den Auftritt wähle. Vom Vergleichen über Handlungsplanung, Handlungsaufbau und Koordination der motorischen Aktivitäten führt der Weg zur Handlung. Dieser Vorgang läuft zwar auch bei uns schnell ab, Physiologen wollen ausgerechnet haben, daß dies 0,2 Sekunden dauert, aber der Weg von der Sensorik zur ausführenden Motorik ist trotzdem weit, und ein verstauchter Fuß ist bei Störungen dieses Funktionsablaufes sehr schnell möglich. Wir dürfen uns keine Ablenkungen in diesem Bewegungsprogramm leisten. So mancher Mitmensch unter uns verhielt sich schon als Kind wie das vier- bis fünfjährige Kind meines Freundes, das von seinen Eltern deshalb „Purzel" genannt wird, weil ihm immer wieder etwas Unvorhergesehenes zustößt. Wir sollten einmal die „Ablenkbarkeit" solcher „Purzel" beobachten. Da wird dieses Blümchen entdeckt und jener Käfer beobachtet - der lockere Stein oder die Hundelosung wurden nicht registriert, und der oben beschriebene Bewegungsablauf konnte nicht korrekt durchgeführt werden. Sebstverständlich entstehen auch störende Impulse, also Interferenzen, beim Tagträumen oder ähnlichem.

Selbst das Wetter kann bei so sensibel reagierenden Mitmenschen Fehlverhalten, dummes Verhalten, indizieren. Die verschiedenen Wetterlagen sind in ihren Auswirkungen auf Psyche und Körper bekannt. Wir fühlen uns wohl bei schönem Wetter, zieht aber ein Tief heran, tritt also Wetterverschlechterung ein, stellen sich bei wetterempfindlichen Menschen Störungen ein. Nervosität, Konzentrationsschwäche u.ä. können auftreten und Fehlleistungen bewirken: Wir gehen unachtsam über die Straße und gefährden uns und andere; oder wir behandeln unsere Mitarbeiter, als hätten sie gerade den größten Fehler ihres Lebens begangen, nur weil mich heute alles nervös macht.

Wir sollten uns etwas beobachten und uns an solchen Tagen ein wenig selbst unter Kontrolle halten und z.B. unsere engsten Mitmenschen schon bei Tagesbeginn warnen: Heute bin ich innerlich so unruhig, wir wollen ein bißchen achtsam sein, damit ich nicht zu viele Dummheiten begehe.

Versuchen wir, dieser Problematik noch etwas genauer auf den Grund zu gehen und auf einige bedeutsame physiologische Zusammenhänge hinzuweisen.

Was verstehen wir unter Programm und dessen Unterbrechung, wodurch dumme Fehler gemacht werden können? Unser Zentralnervensystem muß selbstverständlich jede Handlung, jede Aktion, jede Reaktion bis in die kleinste Einzelheit hinein planen, sonst gibt es Fehlleistungen. Ein Programm muß erstellt werden, das die Tausende von Muskelfasern (Muskelfasern, also Muskelteile, wegen der verschiedenen Intensität, denn jeder Nerv kann nur den für ihn zuständigen Teil nach dem System „alles oder nichts" innervieren) bereitstellt und sie in einer vorgeplanten Reihenfolge einsetzt. Wir haben die Bergziege schon bewundert, die mit ihrem Hinterlauf genau den Stein berührt, den sie im Sprung mit ihren Augen registriert haben muß und für den sie beispielsweise das linke Hinterbein vorgesehen hat. Das funktioniert nicht nur bei der Ziege, sondern auch wir bewegen uns gefahrlos auch im Gebirge, wir rutschen meist auch nicht mit dem Schraubenzieher beim ungeübten Arbeiten ab oder mit dem Messer beim Tranchieren des Bratens, wenn der Ablauf nicht gestört wird. Das Gehirn hat eigentlich alles genau geplant: Wir setzen das Messer an, im Handgelenk verstärkt sich der Druck, die ersten Millimeter funktionieren noch - plötzlich lästert ein Freund: „zu dünn, zu dick, rutsch nicht ab „ etc., ein anderer ruft noch „prost", und die linke Hand, die alles festhalten soll, will den Bruchteil einer Sekunde auch zum Glas greifen, die Putenbrust verliert ihre Fixierung, beim Schneiden trifft das Messer auf einen Knochen, und das Ganze landet auf dem Kleid der Tischdame. Wie kann so etwas passieren? Mein Handlungsprogramm hat sich durch diese Lästereien und Ablenkungen unterbrechen lassen, und dies führt zu Fehlplanungen und Fehlhandlungen. Ein anderes Beispiel: Ein Nachbar fuhr mir ohne sichtbaren Grund von hinten in mein Auto. Es war alles ganz normal, keiner bedrängte den anderen, und plötzlich bekam mein Wagen einen Stoß von hinten. „Entschuldigung, eine Fliege störte mich an der Frontscheibe", war die lapidare Entschuldigung. Der Computer vor mir ist zwar auf plötzliche Programmwechsel vorbereitet, und er reagiert normalerweise mit der Frage, was willst du wirklich? Aber sogar er kann zusammenbrechen, so daß nichts mehr geht. So kommt es auch in unserem Gehirn, wenn ein Vorgang ohne Abschluß oder ohne genügend Zeit zur Vorbereitung für den Wechsel unterbrochen wird, zu Fehlleistungen. Interferenzen, wie schon oben angedeutet, überlagern den Informationsfluß und lassen die

gesamte Handlung zusammenbrechen.
Ein Programm bricht auch dann zusammen, wenn die Information auf dem Wege zu unserem Langzeitspeicher plötzlich abgebrochen wurde. Fährt z.B. ein Autofahrer in eine Kreuzung hinein, an deren Ende es zu einem schweren Unfall kommt, ist es sehr leicht möglich, daß der Fahrer auf die Fragen der Polizei nach dem Geschehen kaum antworten kann, „ich weiß nur noch, wie ich dort drüben in die Kreuzung hineingefahren bin“. Der ungeschulte Polizist glaubt ihm kaum und ist möglicherweise der Meinung, daß der Fahrer etwas verschweigen wolle. Nach vielfacher Nachfrage und Drohung wird der Fahrer eine Situation konfabulieren, da er nicht wegen seines Schweigens für schuldig erklärt werden möchte. Er kann sich aber wirklich nicht erinnern, denn die letzten Sekunden, deren Erlebnisinhalt noch nicht im Langzeitspeicher angelangt war, werden durch das alles überlagernde Unfallerlebnis vollkommen gelöscht. Die Informationen sind zirkulierende elektrische Ströme in unseren Nervenbahnen, und sie gehen erst dann in unseren unauslöschlichen Besitz über, wenn sie gleichsam als Matrize in unserem Langzeitgedächtnis, in unserer Hirnrinde, abgelagert wurden. Alle Informationen, die nur unser Kurzzeitgedächtnis passiert haben und nicht weitergeleitet werden oder weitergeleitet werden können, gehen unausbleiblich verloren. Wie dumm stehen wir dann unverschuldet da, obgleich in unserem Beispiel eigentlich eher der Polizist der Dumme war. Jede Mutter weiß, daß sie, wenn ihr Kind etwa die Treppe hinunterfällt, als erstes sofort überprüft, wielange die Erinnerung des Kindes zurückreicht. Hat es mehr als die allerletzten Sturzsekunden nicht in Erinnerung, wird sie sofort wegen Verdachts auf mindestens Gehirnerschütterung zum Arzt gehen (s. auch Abb. in 5. Sprache).

2.3 Dummheit und Wahrnehmungsselektion

Das Wahrnehmen ist das Ergebnis des Ineinanderwirkens von Außenweltangebot und der Produktivität des Individuums. Wahrnehmen bedeutet somit Eingehen auf Außenweltreize plus eigenes Mitgestalten. So liegt ein Eigenbeitrag in jeder Wahrnehmung eines objektiven Gegenstandes, der somit subjektiv wahrgenonnen wird. Umwelterleben ist

eine spezifische Reaktion des Individuums auf die Reize der Umwelt; es sind also auch das Denken, das Fühlen und das Wollen in der Wahrnehmung enthalten.
Was ist ein Wahrnehmungsverweigerer? Er will nur das wahrnehmen, was in sein Denken paßt. Wahrnehmungsselektion ist eine bewußte, denkende Auswahl der Umweltreize, es ist aber auch eine unbewußte und unbeabsichtigte Auswahl und Deutung spezifischer Umweltreize. Ganze Forschungsrichtungen der Pädagogik, der Psychologie und der Physiologie befassen sich mit den Phänomenen der Wahrnehmung und der Wahrnehmumgsselektion. Wir wollen versuchen, diese Gegebenheiten einfach und verkürzt so darzustellen, daß wir die für unser Thema relevanten Schlüsse daraus ziehen können.
Wahrnehmung ist, soweit wir bis jetzt schon festgestellt haben, also nicht nur der Reiz, der auf einige unserer Nervenenden trifft, etwa auf Netzhaut, Fingerspitzen, Trommelfell, Geruchszellen. Das Wahrzunehmende muß mit meiner Bedürfnislage, meinem bereits Erfahrenen, meinen Gefühlen, mit meinem Willen und dem Unbewußten erst „Rücksprache" halten. Die Teile des Reizes, die dann für mich als bedeutsam empfunden werden, die werden in meinem Nervensystem weitergeleitet bis an die Stellen meines Hirns, wo sie als zur Verfügung stehende Information abgelagert, also gespeichert werden. Aber auch auf diesem Wege der Verarbeitung bis zum Langzeitspeicher wird der Reiz ständig geprüft, verglichen, dessen Brauchbarkeit eingeschätzt, verworfen oder subjektiv eingefärbt. Was nun im Gedächtnis bleibt, ist das, was wir beschwören, gesehen zu haben (s. auch Abb. in 5. Sprache).
Bei diesem komplizierten, von sehr vielen inneren Mechanismen abhängigen Wahrnehmungsvorgang ist es einleuchtend, daß es leicht ist, die Reize so umzumünzen, daß ich aus der Gesamtheit nur das wahrnehme, was meiner subjektiven Bedürfnislage entspricht. Wenn ich gerade meinen „Fastentag" habe, ist das Tortenstückchen des mir Gegenübersitzenden viel größer, als es „wirklich" ist.
Wahrnehmung ist also das Verarbeitungsergebnis einer Reiz- oder Informationsaufnahme, die als Ausgangsmaterial dient, und zum Wahrgenommenen gelangt man nur durch psychische Verarbeitungsprozesse.

Seitdem wir aber wissen, daß sich psychische Vorgänge als Prozesse nur dadurch erhalten, daß die nervlichen Leitungsbahnen mit den Synapsen als ihren Endpunkten zu Kreisen zusammengeschlossen sind, in denen die Informationsreize zirkulieren, bis sie ins Gedächtnis abgelegt werden, seit dieser Zeit sprechen wir von kybernetischen Vorgängen oder sogar von einer kybernetischen Psychologie. Nun können diese kybernetischen Vorgänge und Systeme wieder beabsichtigte und unbeabsichtigte Fehlleistungen bedingen, die dann wiederum als dummes Verhalten gedeutet werden können.
Der Blinde z.B., der ohne seinen visuellen Wahrnehmungskanal unter uns lebt, ist kein Wahrnehmungsselektierer und erst recht kein Wahrnehmungsverweigerer. Blinde wurden übrigen bis zur Mitte des 18. Jahrhunderts als „schwachsinnig" bezeichnet, weil sie nicht alles wahrnehmen konnten. Erst als ein Wiener Adelsfräulein, das hervorragend Klavier spielen gelernt hatte, den Mut aufbrachte, in den vornehmen Salons zu debütieren und an den Konversationen der Salons teilnahm, erkannte man die Bildungsfähigkeit der Blinden, und die Pietisten - eine engagierte religiöse, philosophische, pädagogische und soziale Bewegung - stürzten sich mit großem Eifer in Erziehungsversuche mit Blinden. Heute kommt niemand mehr auf die Idee, diesen Sinnesausfall als Ursache von Minderung der Intelligenz zu bezeichnen. Der Wahrnehmungsausfall des einen Sinnes muß nur in systematischen Erziehungsbemühungen durch Sensibilisierung der intakten Sinne auszugleichen versucht werden.
Hörgeschädigten systematisch pädagogisch zu helfen, bemüht man sich erst seit ca. hundert Jahren. Eingeengte oder ausgefallene Sinne und die davon Betroffenen sind also nicht Gegenstand unserer Betrachtung, höchstens dadurch, daß Dummheit - meist durch Vorurteile entstanden - dem Geschädigten gegenübersteht.
Wahrnehmungsschwierigkeiten, sowohl akustischer als auch visueller Art, werden auch den sog. Legasthenikern, den lese- und schreibschwachen Kindern, zugeschrieben. Sie haben vielleicht Schwierigkeiten in der Unterscheidung von Wahrnehmungsfeinheiten, z.B. bei der Unterscheidung von b und d oder von Fisch und Tisch oder bei der Wahrnehmungskonstanz wie Druck- oder Schreibschrift, bei der Raumlage, oben - unten, rechts - links, oder sie haben Schwierigkeiten im Einhalten der Reihe oder im Übertragen visueller Informationen in

die räumliche Dimension. All diese Wahrnehmungsschwierigkeiten bringen in unserem Schul- und Leistungsbewertungssystem erhebliche Nachteile für die Betroffenen, die wie Dumme behandelt oder als Dumme definiert werden können, mit unserer Betrachtung von Dummsein haben sie nichts zu tun. Es könnte höchstens geschehen, daß sie durch die Frustrationen, die sie wegen ihrer partiellen Wahrnehmungsunsicherheit zu ertragen haben, sekundär zu Fehlverhalten gebracht werden.

Wie wollen wir aber dann Wahrnehmungsselektion, also eine Auswahl des Wahrgenommenen, verstanden wissen, die unangepaßtes, also dummes Verhalten zur Folge hat?

Wir sind ständig einer Fülle von Reizen ausgesetzt, und Physiologen haben ausgerechnet, daß pro Sekunde Millionen von Einzelreizen (bits) auf uns einwirken. Um wenigstens einen Teil dieser Reize aufnehmen zu können, müssen wir diese Reize nicht nur zusammenfassen und bündeln, sondern wir müssen auch einen großen Teil einfach unter den Tisch fallen lassen. Wir selektieren also ständig die auf uns einwirkenden Informationen, also Wahrnehmungen. Der Förster sieht den Wald nun einmal ganz anders als ein Liebespaar, und die Erinnerungssegmente an diesen eigentlich identischen Wald werden auch grundverschieden sein. Dies erschwert ja auch die Vergleichbarkeit von Beobachtungsprotokollen, etwa bei Unfällen oder Überfällen. Der protokollführende Beamte muß manchmal schon recht großzügig verfahren, um eine gewisse Ähnlichkeit der Niederschriften zu erreichen.

Unsere Selektion, unsere subjektive Sicht des Gesehenen oder Erfahrenen, muß also noch lange nicht Dummheit oder falsche Absicht sein.

Auch das déjà-vu-Erlebnis, ein falsches Wiedererkennen, das bei Neurotikern oder organisch Hirnkranken auftreten kann, darf nicht als dummes Verhalten bezeichnet werden. Hier treten physiologisch gesteuerte Gedächtnistäuschungen auf, die den Eindruck hinterlassen, dies alles schon einmal gesehen und erlebt zu haben.

Doch zurück zur Wahrnehmungsselektion:

Jeder von uns kennt Menschen, bei denen man das Gefühl hat, daß sie nicht zuhören können, sie nehmen nur einen Teil - oder leider manchmal auch gar nichts - der Information auf. „Wir müssen uns morgen eine halbe Stunde früher treffen, weil wir vor der Wanderung noch einkaufen wollen“, - wer hat wieder einmal nicht richtig zugehört und die Terminänderung nicht zur Kenntnis genommen? - unser Freund. Meine Familie erkennt sehr genau die Zeitpunkte, bei denen sie grundsätzlich ein „ja“ von mir als Antwort bekommt, weil ich mich nicht ablenken lassen will und nicht zuhöre. Es gibt also unterschiedliche Motive, die zur Blockade der Informationsaufnahme führen: Konzentration auf etwas anderes, Flüchtigkeit und Oberflächlichkeit, Interesselosigkeit, über den Dingen stehen wollen und vieles mehr.

Wir „wollen“ oft nur das wahrnehmen, was in unser Konzept paßt. Unter den Affekten beschreiben wir die extrem subjektiv gesteuerte Wahrnehmungsselektion. Aber auch außerhalb, bzw. am Rande der subjektiv-affektiven Steuerung ist das Phänomen der Selektion des Wahrzunehmenden zu beobachten. Die Protokolle über Gewalttaten und extremistische Exzesse beweisen, daß die brutalen Entgleisungen meist mit der subjektiven Auswahl von Informationen begründet werden. „Ich sah, daß das Opfer in die Tasche griff, und ich glaubte, daß er ein Messer zieht - das gab mir das Recht der Selbstverteidigung“. Angeheizt werden solche Reaktionen noch durch Fernsehklischees, in denen der schneller Zustoßende immer der Tüchtigere und Begehrenswertere ist. Sehr oft fallen Richter auf solche Darstellungen von Wahrnehmungsirrtümern und Verfälschungen herein, und ganz schnell kann das Opfer zum Täter stilisiert werden. Wegen der Nähe zur Wahrnehmungstrübung und Einengung zu dem im Affekt Wahrgenommenen und weil der Richter oder Gutachter nicht Wahrnehmung im Affekt und Wahrnehmungsverweigerung aus subjektiven Gründen unterscheiden kann, bekommen die Wahrnehmungsverweigerer „mildernde Umstände, da die Handlung im Affekt stattfand“. Der Wahrnehmungsverweigerer läßt eben nur das gelten, was ihm im Moment ins Konzept paßt. Er will nicht nur recht bekommen, sondern er will meist auch vor sich selbst im Recht sein. Letzteres grenzt an Selbstbetrug.

Wahrnehmen ist gleichzeitig also auch immer Entscheidung über und durch mein Handeln, über und durch meine Auswahl des Wahrzunehmenden, kurz, Wahrnehmung ist Mut (Gemüt), Wille, Einstellung. Wie leicht hierbei Klischees, Vorurteile, Bedürfnisse diesen Vorgang beeinflussen und subjektivieren können, ist einleuchtend. Dies sind, wie wir hier darzustellen versuchen, ganz wesentliche Bedingungen der Verdummung von einzelnen, Gruppen, Bevölkerungsschichten und Völkern.

Viele Fabeln und Märchen berichten davon, wie sich der einzelne (oder Gruppen) die Berechtigung zum aggressiven Handeln dadurch vor sich selbst erwirbt, daß er nur einige Aspekte der Fakten akzentuiert; z.B. rechtfertigt der Wolf in der Fabel vom Wolf und dem Schaf sein tödliches Eingreifen dadurch vor sich selbst, daß ihm das oberhalb des Baches trinkende Schaf das Wasser trübe. Es kostet mich immer wieder Mühe, in den Vorlesungen einigen Autoren wirklich gerecht zu werden. Liegt es nicht vielleicht daran, daß sie mich manchmal in ihrer Kritik meiner Veröffentlichungen nicht allzu gut haben wegkommen lassen?
Die Begründungen für die Aggression gegen Ausländer und andere Fremde (auch innerhalb deutscher Volksstämme) sind so fadenscheinig, so lächerlich, so dumm, daß man glaubt, sie können nicht aus einem normalem Hirn stammen. Und doch: Hier kann man einen Erklärungsansatz finden. Ich steuere die Wahrnehmung so, daß ich das Recht und die Pflicht habe, Abhilfe schaffen zu müssen.
Hier könnte Erziehung gegensteuern.
In einer Meisterschule wurde ein Kandidat ausgeschlossen, weil er seinen Mitschülern auch in der Prüfung zu helfen versuchte. Er war der einzige, der das Abitur hatte und der nach Schulschluß seinen Kollegen oft Nachhilfe gab. Er durfte zur Verstärkung seiner Freunde nicht einmal nicken oder mit dem Kopfe schütteln, und da er dies tat, s.oben ! Jeder von uns kennt aus Schule, Studium etc. solche Beispiele. Soziales Gefühl verboten, Konkurrenzkampf ist angesagt. Der Nachbar, der Klassenkamerad, ja der engste Freund werden zu Gegnern hochstilisiert. Es gibt in der Bedrängnis einer Prüfungssituation keinen Freund, keinen Mitstreiter, nur mich und meine Existenz bedrohende Gegner. Wurden so künstliche Gegner und kritische Situationen konditioniert? Löst das eine nicht zwangsläufig das andere aus? Die Lernpsychologien haben diesen einfachsten der Lernvorgänge ausführlich erforscht: Sehe ich einen vermeintlichen Konkurrenten, erlebe ich Streß (wie Prüfungsdruck u.ä.), befinde ich mich in solch einem Streß (Mölln - verlorenes Fußballspiel meiner Favoritenmanschaft), brauche ich einen künstlich geschaffenen Gegner. Zur Komplettierung dieses Vorganges ist nur noch nötig, daß passende Feindbilder eingeschoben werden. Selbst bei der Fahrprüfung: O Gott, zwei Mitschüler haben jetzt schon bestanden, da muß ich ja durchfallen.

Durch diese Schul-, mitmenschliche -, Lebenserfahrung werden wir in gewisser Weise alle zu Wahrnehmungsverweigerern gemacht. Wir können uns nicht mehr etwa durch die Not der Mitmenschen am Straßenrand aufhalten lassen, wir sind so konditioniert, daß wir nur noch wahrnehmen, was unseren Zielen entspricht und nicht im Wege steht. Sicher sind viele sog. Karrieristen unter uns besonders zu den Wahrnehmungsverweigerern zu zählen - sie nehmen nur das wahr und lassen es gelten, was ihrer Karriere dient. Daß viele Politiker nicht mehr die Wirklichkeit um sich sehen und erkennen wollen, ist sattsam bekannt. Es werden nur noch die Berater in die nähere Umgebung zugelassen, die sich in der Wahrnehmungsselektion dem Boß angepaßt haben. So schaukelt sich ein völlig wirklichkeitsfremdes Wahrnehmungsbild auf. Korrigierbar wird dieses egozentrische Wirklichkeitsbild in der Politik nur durch eine funktionierende und mit vielen Sicherungen eingebaute Demokratie.

Für zu flüchtiges und oberflächliches Wahrnehmen, das uns vermutlich täglich passiert, folgendes Beispiel einer formaljuristisch sicherlich korrekten, den Leser, bzw. Käufer aber irreführenden und täuschenden Beschriftung einer in einem Reformhaus gekauften „Müsli-Mischung“: (Da es nicht um einen einzelnen Fall, sondern um verbreitetes Verhalten geht, habe ich den Auszug so verändert, daß der Hersteller nicht mehr ersichtlich ist und daß sich auch keine juristischen Konsequenzen ergeben können.) „Zutaten: Bananen, Himbeeren, Äpfel, Datteln, *Haferflocken, *Weizenflocken, Pflaumen, Birnen, Mandeln, *aus kontrolliertem, ökologischen Anbau. EWG-Kontroll-Nr. ... , Nährwerte in 100g ... “.

Der Text war durchgängig in unveränderter Schrift und ohne irgendeinen Absatz so niedergeschrieben wie hier. Erst nachdem wir zu Hause nachdachten, wie man wohl den Anbau von Datteln und Feigen ökologisch kontrollieren könne, bemerkten wir, daß der Stern (*) nur vor den Hafer- und Weizenflocken stand und daß sich der mit einem Stern gekennzeichnete Nachsatz nur auf die Kontrolle dieser beiden Produkte beziehen konnte. Wer von uns hat Zeit und Muße, analytisch und kritisch die Beschriftung eines Produktes beim Kauf so zu lesen, daß die Nuancen erkannt werden, zumal wenn das Firmenschild am Eingang des Geschäftes schon einen gewissen Vertrauensbonus suggeriert? Solche versteckten Irreführungen scheinen mir besonders verwerflich

zu sein, in diesem Falle war das Produkt nur wegen der Hafer- und Weizenflocken wesentlich teurer als vergleichbare Müsli.
Noch einmal sei gesagt: Im normalen Fall ist Wahrnehmung als Auswahl aus einer Fülle von Reizangeboten von der Bedeutungsverleihung abhängig. Wer so erzogen wurde, daß er die Nöte und Sorgen des anderen nicht wahrzunehmen braucht, muß nicht immer gleich unsozial und Randalierer sein. Auch im sog. Alltag erkennt man denjenigen, der nur in seiner Welt denkt. Ein kleines Beispiel: Ein Rekonvaleszent wird von Nachbarn zum Essen eingeladen. Diese wissen eigentlich, daß der ältere Herr wegen seiner Krankheit kein Salz mehr zu sich nehmen soll. Was wird ihm liebevoll aufgetischt? Kasseler mit Sauerkraut, sein früheres Lieblingsessen, das ihm streng verboten worden war.

2.4 Dummheit durch Hektik - Kreativität und Ruhe

Seneca rät in der Schrift „Von der Kürze des Lebens“ dem Präfekten Paulinus, auf alle öffentlichen Ämter zu verzichten, damit ihm ein Dasein des kontemplativen Nachdenkens ermöglicht würde. Es ist für uns und unsere Zeit sehr zu bedauern, daß wir alle nicht mehr Begriff und Erfahrung des Besinnens, der ausführlichen und angemessenen Ruhe kennen. Der alte Mensch ist erschüttert, daß er zu nichts mehr nutze sei, selbst der Achtzigjährige, der am Hebel irgendeiner Machtausübung sitzt, will wiedergewählt werden, oder er gibt seinen Betrieb oder seine Position nicht an Jüngere ab, weil er „aktiv bleiben“ möchte, weiter bestimmen will und - das dürfte wohl der Hauptgrund sein - mit sich selbst nichts anzufangen weiß. Für Meditation, Nachdenken, ja selbst für das stille Genießen scheinen nur noch die „weltfremden“ tibetanischen Mönche zuständig zu sein.
Dabei sind Ruhe, Besinnung und Erholung nicht nur für den älteren Menschen notwendig. Beobachten wir uns doch selbst: Kommen uns nicht die besten Ideen, wenn wir einfach nur entspannt dasitzen oder daliegen? In meiner Zeit als wissenschaftlicher Assistent verlangte mein damaliger Chef, in meinen Augen ein sehr unproduktiver Mensch, daß ich mich täglich während der üblichen Bürozeit im Institut aufhalten müßte. Freilich stand ich dann den Studenten für wissenschaftliche Anleitungen und für sonstige Probleme zur Verfügung, ich

konnte mir auch aus den Büchern Zitate ankreuzen oder Statistiken auswerten, und vielleicht konnte ich auch noch andere wichtige Probleme erledigen, aber Ideen als produktives Denken hatte ich keine. Abends dann, nach wenigen Minuten der Entspannung, mußte ich oft schnell Papier und Bleistift zur Hand nehmen, um die auf mich einstürzenden Ideen zu notieren. Wie Edinson die Glühbirne erfand, ist uns überliefert worden. Der Lichtbogen, ein Kohlefaden, durch den ein Stromstoß gejagt wurde und der dabei blitzartig verglühte, war bekannt, und Edinson hatte so etwas sogar in seinem Schaufenster installiert, um die Kunden auf sich aufmerksam zu machen. Doch da der Faden verbrannte, war es immer nur ein kurzer Lichteffekt. Eines Tages lag sein Sohn krank im Bett, und Vater und Sohn spielten mit den Medikamentenfläschchen. Plötzlich, im entspannten Spiel, hatte der Vater die Idee, den Kohlefaden in das Fläschchen zu stecken, dem Fläschchen weitgehend die Luft zu entziehen - auch die Vakuumpumpe war bekannt -, denn bei Luftentzug konnte ja nichts mehr verbrennen, und die Glühbirne war erfunden. Worüber Edinson über Jahre nachgedacht hatte, fiel ihm in Entspannung und Spiel zu.

Aus dem Geschichtsunterricht und dem Mathematikunterricht wissen wir, daß der Grieche Archimedes entspannt in der Badewanne sitzend die Probleme der Wasserverdrängung erkannte und das Geheimnis des spezifischen Gewichts entdeckte. Nun konnte er die Krone seines Königs ins Wasser tauchen und rechnerisch ermitteln, ob sie aus echtem Gold sei.

Viele Entwicklungen und Erfindungen der Menschheit haben ähnliche Entstehungsgeschichten. Deshalb brachten ja meist die Götter oder andere außerirdische Mächte die Erneuerungen auf die Erde. In Ruhe und Entspannung werden die großen Ideen geboren, und wer hektisch und unruhig etwas erreichen und erzwingen will, der „reißt mit seinen Füßen wieder um, was er mit den Händen aufgebaut hat“.

In der Dämmerphase - und das ist wissenschaftlich abgesichertes Wissen - haben Menschen oft die kreativsten Einfälle. Sie finden Lösungen für Probleme, die sie bei bewußtem Bemühen für nicht erreichbar gehalten hätten. Warum fällt uns der Name eines Präparates erst dann ein, wenn wir entspannt das Zimmer des Chefs verlassen haben oder sogar erst dann, wenn wir uns gerade im Bett ausstrecken? Warum schwören manche unter uns auf besonders intensiven Lernzuwachs

beim „Kopfkissenlernen“? Und der Boom bei den Fremdsprachenlernmethoden, die erst eine Beruhigungsphase - meist noch mit beruhigender Hintergrundsmusik - vor die Stoffvermittlung einlegen, kommt nicht von ungefähr.
Diese Vorgänge lassen sich auch hirnphysiologisch einfach erklären. Nerven, einschließlich der Nerven unseres Zentralnervensystems, können - wie oben schon erwähnt - nur elektrochemische Reize leiten; in den Nervenbahnen fließt ein elektrischer Strom, und die Synapsen, die Schaltstellen zwischen den Nervenbahnen, setzen durch chemische Reaktionen diese Stromimpulse frei. Eine Information, sei es ein Gedanke von Hirnteil zu Hirnteil, ein Gefühl oder ein Informationsreiz, der durch die Sinne eindringt, wird durch spezifische Nervenbahnen als einfacher elektrischer Reiz weitergeleitet. Da in den Nervenbahnen keine besondere Information fließen kann, sondern nur Strom, also ein Impuls, muß die Information digitalisiert, d.h. in „ja“ und „nein“ umgewandelt werden. Hat die Information den Endpunkt in unserem Zentralnervensystem erreicht, wird sie wieder dekodiert und als Eindruck - im wahrsten Sinne des Wortes - gespeichert. Wird dieses fließende System gestört, kann der ganze Informationsfluß zerstört werden. Diese Interferenzen wurden oben schon beschrieben. Die Störungen lassen einen Gedanken nicht zu Ende kommen, sie unterbrechen die Informationsaufnahme der Sinne und die Weiterleitung, und sie geben dem Gehirn, sagen wir unserem Denken, keine Chance, mehrere Informationen zu aktualisieren, abzuwägen und zu kombinieren. Das eigenständige Kombinieren bekannter Informationen zu einer neuen übergeordneten Idee bezeichnet man ja als Kreativität. Kommen wir zum Beispiel Edinson zurück. Ihm war der Lichtbogen bekannt, er wußte, daß Luft, also Sauerstoffzufuhr, das Material, den Kohlefaden, verbrennen läßt, und er wußte auch, daß man aus Flaschen den Sauerstoff weitgehend entfernen kann. Alle Bedingungen zu seiner Erfindung waren ihm bekannt, und trotzdem fiel ihm und millionen anderen, die die Prämissen auch kannten, die „Glühbirne“ nicht ein. Erst in Spiel und Entspannung brachte er die Teilinformationen zu einem übergeordneten Neuen zusammen, ohne daß er es in diesem Augenblick beabsichtigt hatte.
Hektische Menschen mögen fleißig wirken, der „große Wurf“ dürfte ihnen mit Sicherheit nicht gelingen, da sich die Informationsflüsse

gegenseitig blockieren. Könnte nicht Erziehung zu Kontemplation, zu Erholung und Ruhe uns alle etwas klüger werden lassen, und sollten wir nicht lernen, vor jeder Aktion zu entspannen und etwas nachzudenken? Wie verhält sich die Schule in dieser Beziehung? Der Lehrer lobt den, der irgendeine - und sei sie auch falsch - Antwort „wie aus der Pistole geschossen“ gibt.
Erziehung und Bildung sind zu sehr „verkopft“. Raum für Ruhe und Entspannung gibt es in unserer Schule nicht.
Dabei müßte jeder Lehrer wissen, daß im Wort bedachtsam der Wortstamm denken enthalten ist.

2.5 Die Bedeutung der Instinkte

Unsere Instinkte müssen ohne Nachdenken funktionieren. Sie sind eigentlich dazu da, sofort ein vorgestanztes Reaktionsmuster zur Verfügung zu stellen, das die Natur für uns vornehmlich zum Zwecke der Lebenserhaltung schon vorgefertigt bereithält. Da der Mensch aber immer „unnatürlicher“ lebt, kommt er auch mit dem Naturprodukt Instinkt nicht mehr ganz zurecht, wir sind in vielen Bereichen „instinktlos“ geworden.
Instinkte sind aber eine unverzichtbare Einrichtung für die belebte Natur, und sie sind in der Regel für das Individuum und für die Erhaltung der Art unerläßlich. Wir greifen auf sie zurück, wenn wir keine erlernten Reaktionsmuster zur Verfügung haben. Es ist also auch noch in unserer technisierten Zeit manchmal angebracht, das instinktiv Richtige zu tun. In unserer hochdifferenzierten naturfernen Welt reichen allerdings häufig diese angeborenen Verhaltensmuster zur Bewältigung der gesellschaftlichen und Umweltsituation nicht mehr aus. Es kann gefährlich werden, wenn keine spezifischen erlernten Verhaltensmuster bereitstehen. So wichtig die Instinkte sind, so sinnwidrig, gefährlich und gefährdend können sie aber auch für uns werden. Ein Beispiel zur Erläuterung: Wir sind abends bei Freunden, haben vielleicht gemeinsam einen unheimlichen Krimi gesehen und müssen danach allein nach Hause gehen. Der Weg führt durch ein Stück Wald. Plötzlich hören wir ein Knacken im Unterholz in unserer Nähe. Was sollen wir tun? Was geschieht hier? Diese Fragen richten wir instinktiv

an unser Gehirn, das als erstes abcheckt, ob wir für diese Situation ein brauchbares Verhaltensmuster vorliegen haben, d.h., ob wir gelernt haben, was wir in solch einer Situation tun müssen. Wenn es kein erlerntes Verhaltensmuster gibt, müssen wohl unsere Instinkte befragt werden. Nun wissen wir, daß diese bei uns Menschen nichts allzu Originelles aufzuweisen haben. Hier finden wir nur die Vorgaben: Reagieren durch Flucht, durch den Totstellreflex oder durch Angriff, und wir reagieren je nach Temperament, vorangegangenen Erlebnissen (Film) und momentaner Situation mit einem dieser drei angeborenen Reaktionsmuster. Eine Entscheidung müssen wir in dieser Konfliktsituation treffen: Wir suchen nach dem Taschenmesser, sind erstarrt oder rennen schnell fort. Hat sich dieses Knistern dann als harmlos herausgestellt, weil ein Reh in der Nähe war, erleben wir uns als dumm. Für das nächste Mal haben wir im übrigen gelernt, wir wissen mit dem Schreckgeräusch schon etwas besser umzugehen. Damit haben wir auch eine einfache Erklärung für die Notwendigkeit, uns für so manche Situation in unserem Leben vorbereiten zu müssen, Erfahrung bereitstellen zu müssen, ein Training absolviert haben zu müssen. Nicht umsonst wird z.B. ein Astronaut für jede denkbare und undenkbare Situation vortrainiert. Wenn er nicht ein eingeübtes Verhaltensmuster für jede gefährliche Situation bereit hat, greift sein psychophysischer Mechanismus automatisch in die „Instinktkiste" - und von hier kann in dieser hochdifferenzierten Situation kein rechter Hinweis für adäquate Reaktion kommen. Unsere Erfahrung kann auch meist nichts bereitstellen für das Verhalten bei Glatteis oder Aquaplaning, und die Instinkte signalisieren, tritt auf die Bremse, gib Gas, lenke nach rechts oder links oder tu gar nichts. Geglückte Reaktion ist hier meistens Glückssache, wenn das Wort „Glück" angebracht ist. Deshalb müssen wir Verhaltensmuster lernen und einüben, die ohne Verzögerung in der fraglichen Situation bereitstehen und eingesetzt werden können. Man kann sich auf sehr viele Situationen einstellen. Leider lernen wir kaum Verhaltensmuster, die uns in mitmenschlichen Bereichen hilfreich zur Seite stehen, allenfalls Verhalten, die zur Durchsetzung des eigenen Egos dienen. Das soziale Lernen wird völlig vernachlässigt, obwohl die soziale Kompetenz, die Mitverantwortung für den, der neben mir sitzt, eigentlich das höchste Ziel der Erziehung sein müßte. Aber schon in der Familie stehen sog. Selbstverwirklichung oder falsch verstandene

Emanzipation so stark im Vordergrund, daß die Erziehungswilligkeit verblaßt, die Erziehungsfähigkeit verloren geht und die Erziehungsverantwortung weggeschoben wird. Selbst der Kindergarten übt meist nur kognitive Reaktionsmuster ein, während in der Natur doch beide Bedürfnisse gleichrangig nebeneinander stehen: Arterhaltung und Selbsterhaltung. Wir haben also darauf zu achten, daß in unserer Erziehung unsere Instinkte noch zu ihrem elementaren Recht kommen, daß aber auch zu deren Ergänzung - vor allem bei Entfernung von der naturgegebenen Welt - Lernmuster die Instinkte überlagern und ergänzen müssen. Diese Zweispurigkeit - Beachtung der angeborenen Verhaltensmuster und Erlernen von Reaktionsweisen auf die neue unbekannte Welt - kann natürlich, besonders in den sozialen Bezügen, zu inneren und äußeren Konflikten führen.
Damit sind wir inhaltlich beim nächsten Punkt.

2.6 Über die konstitutive soziale Schwäche

Zur Untermalung der Zusammenhänge zwischen Instinkten und sozialer Problematik ein schon vor vielen Jahren durchgeführtes Experiment an der Universität Kiel, das wir hier unter dem Gesichtspunkt unserer speziellen Problematik verkürzt darstellen und interpretieren wollen: Im Institut für Tierkunde hatte man eine kopulationsfreudige Pudeldame, die sich mit einem stattlichen Wolf einließ. Die jungen Welpen, die der Kreuzung von Pudel und Wolf entstammten, wurden als „Puwos" bezeichnet. Die Familie wurde in voller Familienharmonie großgezogen. Das Signalsystem (Spielen, Angreifen, Unterwerfen, Rangordnung und vieles mehr) wurde von allen Tieren verstanden, so daß das Gemeinschaftssystem gut funktionierte. Jeder „Puwo", ob eher Pudel oder eher Wolf, konnte das gemeinsame Verständigungssystem interpretieren. Daraus wurde übrigens geschlossen, daß beide Tiergattungen gemeinsame Vorfahren haben müssen, da ja die angeborene Verständigung untereinander funktionierte. Nun, bis hierher wurde sicher nichts Neues gesagt. In einem zweiten Versuch entstanden dann „Puschas", Welpen, deren Vater ein Schakal war. Die jungen Tiere wurden wieder bezüglich ihres Sozialverhaltens beobachtet. Doch wie anders war hier das Familienleben. Hielt ein Puscha seinem stärkeren

Bruder etwa den offenen Hals als Unterwerfungsgeste hin, so respektierte dieser diese Geste nicht, sondern biß zu, ein Verhalten, das unter Wölfen oder Hunden oder bei unseren Puwos unmöglich gewesen wäre. Schließlich stellte man fest, daß die Puscharüden keine gemeinsame „Sprache" hatten. Die einen hatten Hundeinstinkte und deren angeborenes Sozialverhalten geerbt, und ein anderer Teil der Puschas verhielt sich sozial nach Art der Schakale. Somit verstanden unsere jungen Tiere die Zeichen der anderen nicht, und da dieses bald lebensbedrohlich wurde, mußten die Puschawelpen voneinander getrennt werden. Es gibt eben im Tierreich feste angeborene und immer weitervererbte soziale Verhaltensregeln und Signale, die von allen Angehörigen einer bestimmten Gattung verstanden, angenommen und eingehalten werden. Ist dies beim Menschen ebenso? Eigentlich schon, nur daß wir uns sehr weit von unseren angeborenen Verhaltensmustern durch diese überlagernde Lernmuster entfernt haben. Natürlich kann ich im Zirkus Schakale und Hunde zusammen auftreten lassen, aber ein „Alphatier", in diesem Falle der Dompteur, hält seine dominante, wachende und ordnende Hand über der Gruppe, und solange ihn beide Gattungen als Chef anerkennen, geht das Miteinander gut. Gelernte Verhaltensweisen können demnach angeborene Verhaltensmuster überlagern. Wie stark die menschlichen Sozialinstinkte durch Gelerntes in den Hintergrund gedrängt wurden, haben wir hier häufig erwähnt, und jeder Leser hat in dieser Beziehung eigene Erfahrungen gesammelt.

Betrachten wir ein ganz alltägliches Beispiel: Wir wollen aus einer schmalen Parklücke hinausfahren, und ein Nachfolger wartet schon auf die Chance, diesen Platz einnehmen zu können. Leider fährt er so dicht auf, daß ich kaum noch Manöveriermöglichkeiten habe. Wieso gibt dieser Fahrer nicht einen Meter mehr Spielraum? Ist er nicht selbst geübter Autofahrer, der die Situation des Herausfahrenden erkennen müßte? Muß er nicht in einer halben Stunde selbst hinausfahren? Kann er sich nicht in die Situation seines Gegenübers versetzen? Er kann es offensichtlich nicht. Er sieht nicht, daß und warum der andere sich quält. Ist er vielleicht ein engfeldiger Erfassungstyp? Natürlich könnte er es sein, aber es ist unwahrscheinlich, denn es gibt zu viele solcher Autofahrer. Es ist eher anzunehmen, daß die meisten dieser eigentümlichen Parkplatzmitbenützer an einer Form sozialer Schwäche leiden. (Er kann natürlich so engfeldig sein, daß er nur sein

Nahziel im Auge hat, er kann sich selbstverständlich auch im Streß befinden, und sein Durchsetzen am Parkplatz kommt einer Affekthandlung gleich.) Aber bleiben wir bei der sozialen Schwäche als primäre Ursache seines Verhaltens. Sozial Schwache können sich nicht in die Situation des anderen Menschen hineinversetzen. Sie wollen ihr Ziel - parken - erreichen und sehen nicht, daß es viel schneller ginge, wenn sie kooperativ mitwirken würden. Das setzte natürlich voraus, daß sie mitdenken, mithandeln und in anderen Situationen möglicherweise auch mitfühlen. Sie können nicht und wollen vielleicht auch nicht, sich in die Situation des anderen hineinversetzen. Wie bei den Puschas scheint es kein gemeinsames Verständigungssystem zu geben. Nur hier überlagern gelernte Verhaltensmuster die angeborenen. Dieses Abschirmen nach außen, das nicht-hineinversetzen-Wollen in den anderen, wird schon in der Schule geübt, ja dort wird es zu einer der wichtigsten Maximen erhoben: Ich darf meinem Nachbarn nicht helfen, ich muß mich nur um mich kümmern. Hätte ich eine soziale Regung und versetzte mich in die Situation meines Nachbarn, die Strafen gegen mich wären höher als die gegen meinen Nachbarn. Ich, der helfen-Wollende, habe ja gesprochen und werde bestraft.

Ein nichtiges, aber typisches Beispiel für das Ergebnis dieser Erziehung: Wir mußten mit Bekannten in einer uns unbekannten Großstadt umsteigen und hatten einige Stunden Zeit zur Kurzbesichtigung. Da wir nur einen Gepäckwagen fanden, luden wir unser Gepäck zusammen auf. Meine Frau und ich, als die noch frischeren und kräftigeren Teilnehmer, schoben den Karren zur Gepäckaufbewahrung. Danach fuhren wir ins Stadtzentrum und bedauerten, daß wir kein Informationsmaterial über die schöne Gegend hätten. Plötzlich zog unser Bekannter ein Mäppchen aus seiner Brusttasche mit Stadtplan und Kurzinformationen. Auf unsere Frage, wie er dazu gekommen wäre, antwortete er, daß wir ja wie er bei der Reiseinformation kurz vor der Gepäckaufgabe vorbeigekommen wären. Wir hatten also mühsam sein Gepäck mitgeschleppt, während er nebenher schlenderte, den Informationsstand entdeckte und nur sich selbst bediente. Seine Motivation konnte nur der Wunsch sein, bei der Stadtbesichtigung der Überlegenere zu sein, diese Lektion hat er wohl aus seiner Schulzeit gut behalten. So kommt zu der konstitutionellen Komponente sozialer Schwäche, wie sie schon der Pädagoge Spranger in den zwanziger Jahren beschrieb, noch das erlernte egoistische und egozentrische Verhalten hinzu: Ich muß mein Ziel und meinen Weg im Auge behalten, und soziale Regungen werden mit Sanktionen belegt. Diese innere Haltung behalte ich auch beim Einparken: Ich will hinein und merke nicht, daß der andere erst heraus muß.

So wird soziales oder nichtsoziales Verhalten weitgehend durch konstitutive und erlernte Verhaltensmuster bestimmt, aber es bleibt doch jede Handlung das Ergebnis der momentanen Situationsbedingungen, soweit diese vom handelnden Individuum wahrgenommen werden. Eine kognitive, bewußte Entscheidung ist also beim sozialen Handeln immer enthalten, und diese macht die Vorhersage für soziales oder nichtsoziales Handeln einer bestimmten Person so unberechenbar. Pressebericht vor Jahren: Der Mörder einer ganzen Familie wurde nur deshalb von der Polizei gestellt, weil er dem nun verwaisten Kanarienvogel noch etwas Wasser gegeben hatte.

Soziale Entscheidungen sind also weitgehend von der spezifischen Wahrnehmung der Umwelt und den momentanen Bedürfnissen des Individuums abhängig.

Wer kennt nicht den „Elefanten im Porzellanladen“: “Was macht Ihr Sohn“, wird der Tischnachbar gefragt, obwohl jeder in der Runde weiß, daß dieser gerade durch eine wichtige Prüfung gerauscht ist.

War es plump und naiv, oder war ein giftiger Pfeil hinter dieser Frage verborgen? Diese „Schläue“ (dem wollte ich ja schon immer eine auswischen) erweist sich als sehr dumme Frage, die den taktlosen Frager in der ganzen Gruppe belastet.

Solche und ähnliche Situationen treten besonders bei den Menschen auf, die nicht in der Lage sind, den Abstand zum Mitmenschen zu wahren. Für sie ist der Tischnachbar, der Freund, das Familienmitglied, der Mitarbeiter in irgendeiner Form gleich persönlicher Besitz. Diese Mitmenschen spüren nicht, daß den anderen eigene Probleme oder Freuden beschäftigen. Übernachtungsbesuch eines befreundeten Ehepaares: Der Gastgeber leidet an einer Grippe mit sehr hohem Fieber. Freund und Hausfrau müssen aus unterschiedlichen Gründen das Haus für einige Stunden verlassen. Der Hausherr erwähnt schon beim Frühstück, daß er gleich zum Arzt gehen wolle, um Medikamente zu bekommen. Als am frühen Nachmittag wieder alle beisammen sind, fragt der Freund den kranken Hausherrn, ob dieser sich gut unterhalten habe und fügt hinzu, daß es doch sicher sehr schön für ihn gewesen sei, sich wieder einmal so richtig ungestört mit seiner Frau unterhalten zu haben. Dieser Gast hatte einfach nicht mitbekommen, daß es seinem Mitmenschen, in diesem Falle seinem Freund, schlecht ging. Anschließend schmiedete er Pläne, was man alles für den Rest des Tages gemeinsam unternehmen könne. Dieser Mensch konnte und wollte sich nicht in die Situation des Gastgebers hineinversetzen. Ich muß mich aber in gewisser Weise in mein Gegenüber hineinversetzen, wenn ich das rechte Verhältnis von Nähe und Distanz allgemein und in der besonderen Situation einhalten möchte. Über eine ähnliche Verhaltensweise einer seiner Nachbarn beklagte sich ein Kollege kürzlich: „Es war mitten im Semester, die Studenten kamen ununterbrochen mit vielerlei Problemen, mein Verlag hatte schon dreimal gemahnt wegen des noch nicht eingegangenen Manuskriptes und zusätzlich hatte meine Sekretärin Probleme wegen Trinkens. Dieser Nachbar, der eigentlich ein wenig Einblick in die momentane Situation meines Instituts haben müßte, nervt mich ständig mit seinen guten Ratschlägen, daß ich jeden Tag mindestens drei Stunden Rad fahren müsse, wolle ich gesund bleiben, und holt mich sogar öfter mit seinem Fahrrad ab. Ich möchte doch meinen Nachbarn nicht vor den Kopf stoßen, wieso erkennt er eigentlich nicht von allein, daß mir zur Zeit wirklich Muße und Zeit zum Radfahren fehlen?“ Ja, warum erkennt er es wirklich nicht? Es fehlt das Hineinversetzen in die Situation des anderen, und es fehlt die Fähigkeit zum Abstandhalten, das Halten eines mittleren Abstandes ermöglicht jederzeit sowohl Nähe als auch Distanz. In der Psychologie meines Zürcher Lehrers Paul Moor geht es um den Zugriff und die Zurückhaltung, über deren sensiblen Einsatz ein Pädagoge, ein Erzieher, ein Mitmensch verfügen muß, ohne sein Gegenüber - zu Erziehender oder Partner - zu bedrängen, zu entmündigen. Fehlt nicht auch unseren Politikern dieses Gespür für den mittleren Abstand? Nehmen sie nicht gleich alles und alle voll in Besitz? Als Beispiel eine Fragestunde während des Wahlkampfes in einem Landgasthof. Wer ein bißchen aufpaßte, merkte bald, daß der Redner gar nicht auf die Fragen einging, er biederte sich leger an in der Hoffnung, daß jeder das Empfinden hätte, er wäre einer von ihnen. Die Probleme interessierten ihn gar nicht. Diese Anbiederungen finden wir auch zwischen Politikern und Reportern in vielfältiger Weise. Es werden im „Großen“ und im

„Kleinen“ Abhängigkeiten geschaffen: Bestechung durch Information, Information für Publikation; gegenseitiges Stemmen und Ziehen, wie beim Ersteigen der Eiger Nordwand. Das Wort „Filz“ umschreibt nur sehr harmlos und unzulänglich diesen Zustand, und da wir uns alle verdummen lassen, wird dieses Spielchen, Pensionssicherheit im Hintergrund, auch bei Entdeckung ohne Skrupel weitergespielt.
Es gibt aber auch konformistische Menschen, die sich nicht nur wegen der Karriere angepaßt verhalten. Ein Unternehmer im Osten hatte noch im Jahre seiner Enteignung eine Auszeichnung für Übersollerfüllung erhalten. Darauf angesprochen: Ich kann nicht anders! Eine Tante sagte zu ihrer Nichte, einer tüchtigen, korrekten, fleißigen Rechtsanwältin: Du wärst für den Osten sehr gut gewesen, du machst alles genau so, wie es von oben verlangt wurde. Hier ist es nicht das Dogma, das die Konformität erzwingt, - es fehlt der imperative Charakter der Anweisung -, sondern der unabdingbare Wunsch, konfliktfrei zu leben. Daß sich hier bald innere Konflikte aufbauen müssen, ist die eigentliche Tragik dieser Naturen. Sie sind freiwillig-unfreiwillige Opfer ihres Wesens und der sie umgebenden gesellschaftlichen Mächte; und sie sagen ständig mit Faust: ich will, weil ich muß! Sie sind die wirklich Dummen einer pervertierten Gesellschaft, und ihr Wesen hält sie in diesem System gefangen. Es gibt also auch eine Prädestination, eine Anfälligkeit für dummes Verhalten in diesen Bereichen, und die Probleme in den nachfolgenden Beispielen werden nicht zuletzt mit durch solche Mitmenschen verursacht.
Ein Herr Doktor - in einer durchaus zufriedenstellenden Beamtenposition - eckt grundsätzlich in gesellschaftlichen Zusammenkünften, häufig auch bei anderen Gelegenheiten, bei Nachbarn, Mitarbeitern, Autoverkäufer etc. an. Der Grund seiner Schwierigkeiten liegt vor allem darin, daß er glaubt, besonders sozial einfühlsam zu sein. Dieser Mann wurde zusammen mit anderen Gästen und einer seit etwa drei Wochen verwitweten Nachbarin zu einer kleinen Zusammenkunft eingeladen. Er wählte sich selbstverständlich diese Dame als Tischdame, denn keiner hätte ja so ein gutes Einfühlungsvermögen wie er. Die anderen waren natürlich froh darüber, denn wer drängt sich schon zu so einem schwierigen Tischherrenamt. Diese junge Witwe war nun von unserem Herrn Doktor und dessen Frau eingerahmt. Der Hausherr war über die munteren Tischgespräche in der ganzen Runde außerordentlich zufrie-

den, jeder sprach auf jeden ein, es schien keine Langeweile zu geben. Schon gleich nach dem Dessert, noch vor dem Umzug der Runde von neun Personen in die Sofaecke, verabschiedete sich die Witwe. Auf Nachfragen der Hausfrau die sich verabschiedende Dame:"Ich mag nicht immer hören, daß die anderen nur länger leben, weil sie etwas dafür tun. Mein Mann hatte einfach eine Krankheit, auf die wir keinen Einfluß nehmen konnten." Was war geschehen? - Nach inniger Anteilnahme am Schicksal der nun Alleinstehenden begann der Gesprächspartner aufzuzählen, was er nicht alles für seine Gesundheit täte. Die Frau ginge in den und den Fitniskursus, der Mann duschte täglich kalt, tränke keine harten Sachen, benützte nur noch das Fahrrad - in seiner Beamtenfreizeit selbstverständlich -, und seine Mutter wäre 95 Jahre alt geworden, da sie ihr Leben lang auf ihre Gesundheit geachtet hätte. Schon bei der Erziehung der Kinder würde das „Altwerdetraining" geübt - so lebte man halt länger und wäre ja auch für die Allgemeinheit keine Belastung.- In der nun verkleinerten Runde berichtete der Herr Doktor, wie sehr er auf die Nöte und Sorgen der jungen Witwe eingegangen wäre. „Ich glaube, unser Gespräch hat ihr sehr gut getan", so und ähnlich schwärmte er von seinen instinktlosen „einfühlsamen sozialen Leistungen". Er hatte gar nicht bemerkt, daß er wieder einmal sich selber und seine Familie glorifiziert hatte zu Lasten seines „versagenden" Gesprächspartners, so nach dem Motto, wenn dein Mann noch leben würde, dann wüßte er jetzt, wie er leben müßte, um zu überleben. Dieser Mann ist nicht in der Lage, die Signale des anderen aufzunehmen.

Noch krasser erlebte ich diese innere selbstgerechte Haltung mit gleichzeitigem Unvermögen, die Situation des anderen auch nur annähernd zu erfassen, in folgendem Gespräch zweier Damen über eine Krebserkrankung einer mit beiden befreundeten Dame: 1.Dame: „Es ist ja alles übertrieben, ich gehe nie zum Arzt ... , sehen Sie, ich lasse mich einfach nicht untersuchen, und dann bekomme ich auch keine Krankheit". 2.Dame: „Sie hat doch aber Brustkrebs." 1.D.: „Nur dadurch, daß man sich mit so einer Krankheit befaßt, wird man anfällig dafür, warum war sie dumm genug, zum Arzt zu gehen." Man merkte die Ratlosigkeit der zweiten Dame. Sie wollte wohl dieses dumme Geschwätz abbrechen. Doch die erste gab nicht auf, berichtete von einem ihrer erfolgreich überstandenen Leiden und beendete den Monolog:

„Wäre ich damals zum Arzt gegangen, ich würde jetzt nicht mehr leben". Dieses Gespräch hat wirklich stattgefunden, und ich zögerte sehr lange, es hier mit anzuführen, da es eigentlich in die Kategorie der echten Dummheit fallen müßte, denn ein Gescheiter kann so dumm nicht sein. Da aber viele Bekannte diese nicht unangesehene Geschäftsfrau als eigentlich „normal" bezeichneten und wir, wenn auch nicht so kraß, ähnliche Haltungen kennen, sei diese erstaunliche Dummheit hier erwähnt. In diesem Gespräch, bzw. diesem Monolog wird nicht nur der Kranke für seine Krankheit verantwortlich gemacht, sondern der Arzt ist sogar der Verursacher der Krebskrankheit. Nicht einmal der Vogel Strauß, dem man die Flucht aus der Realität durch Verstecken des Kopfes im Sand nachsagt - was übrigens nicht stimmt -, könnte sich so dumm verhalten.
Eine andere Variante sozialer Schwäche, die nicht auf mangelndem Einfühlungsvermögen beruht, sondern vor allem auf Selbstgerechtigkeit und Kritiklosigkeit sich selbst gegenüber, zeigt das folgende Beispiel, das durch zahllose ähnliche ergänzt werden könnte:
Eine Dame rutschte auf einem etwas veralgten Stein aus und zog sich eine leichte Prellung zu. Zwei der Herren aus der Gruppe hatten versucht, der Frau durch Dirigieren und Anweisungen beim Umgehen der glitschigen Stellen zu helfen. Die Hinweise waren nicht befolgt worden, und es kam, wie es kommen mußte, Schrammen und Prellungen. Alles bedauerte die leidende Frau, die ihr Leid mit der Bemerkung unterstrich: „Wäre mir nicht so dumm geholfen worden, wäre mir das natürlich nicht passiert". Diese Gemeinschaftsreise dauerte noch einige Wochen, aber keiner der anwesenden Mitreisenden half ihr von jetzt an. Sie trug ihr Gepäck allein, mußte die Hoteltür selbst öffnen, und jeder rechtfertigte sich den anderen gegenüber mit der Bemerkung, daß man ja nicht schon wieder einen schlimmen Unfall verursachen wolle. Hier wurde die soziale Schwäche einer Mitreisenden mit schwachem Sozialverhalten der anderen Gruppenmitglieder „belohnt".

2.7 Dummheit, Mangelernährung und Ernährungsverhalten

Wenn wir uns kurz mit diesem Thema befassen, so nicht zuletzt deshalb, weil wir meist die Folgen von Unter- und Mangelernährung von

Völkern und einzelnen Personen falsch einschätzen und diese Menschen für dumm und unterentwickelt und deshalb für bevormundungswürdig halten. Auf einer Vortragsreise durch Namibia begegneten wir einem Farmer - ein netter, gastfreundlicher und in vielen Bereichen toleranter Herr -, der uns über die Schwarzafrikaner folgenden Vortrag hielt. „Ich heiße Masche. Vor vierhundert Jahren waren demnach meine Vorfahren noch Schäfer, denn die Schäfer strickten. Jetzt sind wir sehr weit entwickelt, wir Weißen. Ich habe nichts gegen die Schwarzen, aber wir müssen doch ehrlich sein, die sind in ihrer geistigen Entwicklung dort, wo wir vor vierhundert Jahren waren, und in vierhundert Jahren werden sie so weit sein, wie wir jetzt sind, dann müssen sich auch einmal die Verhältnisse hier (Apartheit u.ä.) ändern." Diese Gedanken wurden natürlich auch von der dortigen „Wissenschaft" unterstützt. Auf einem Kongreß berichtete ein Biologe, und er führte Beweise vor, wie das Gehirn der Schwarzen undifferenzierter und unterentwickelter wäre als das der Weißen. Seine Bilder und Vergleiche der Zentralnervensysteme mögen vielleicht sogar wahrheitsgetreu gewesen sein, aber er „vergaß" zu berichten, daß sich das Gehirn in frühester Kindheit durch äußere Anregungen differenziert und daß die Markscheidenreifung, das Funktionsfähigmachen der Nervenbahnen und -zellen, auch von der Qualität der Nahrung abhängig ist. Es ist seit vielen Jahren bekannt, daß der Prozeß dieser Myelinisierung von einer angemessenen Protein-Kalorien-Zufuhr anhängig ist. Findet diese nicht in adäquater Weise statt, kommt es zu Entwicklungsverzögerung, zu dauernden Leistungs- und Intelligenzschäden, ja phänomenologischer Schwachsinn kann die Folge dieser Mangelernährung sein. Kommt Jodmangel (soweit ist unser heutiges Wissen über diese Entwicklungszusammenhänge) hinzu, ist Intelligenzmangel unausweichlich, der wiederum zu sozio-ökonomischer Deprivation und zu einer kulturellen Isolierung führt. Die Kinder und Kindeskinder dieser Menschengruppen werden wiederum fehlernährt, und die Vererbungsforschung hat den „Beweis der Vererbbarkeit dieses Schwachsinns". UNICEF hat nachgewiesen, daß in den ärmsten Ländern unserer Welt hiervon mindestens jedes zweite Kind betroffen ist. Besonders gravierend macht sich die Fehl- und Unterernährung in der Schwangerschaft und in der frühen Kindheit bemerkbar. Hier können auch kurze Zeitspannen ausreichen, um irreversible Schäden zu setzen. Im ersten Lebensjahr z.B.

benötigt der Säugling das Zwei- bis Dreifache an Proteinen des Bedarfes eines Erwachsenen, und da das Gehirnwachstum sich phasenweise vollzieht, entstehen die Schädigungen vornehmlich in den Bereichen, in denen ein bestimmter Hirnbereich die größten Wachstumsraten aufweist. Ein Erlebnis aus allerneuester Zeit: Meine Frau und ich betreten mit zwei schwarzen Kindern, drei und vier Jahre alt, spät abends ein Hotel in Zimbabwe. Eine etwas ältere weiße Dame steht an der Rezeption, sieht unsere beiden fröhlichen herumtänzelnden Kinder, beugt sich zu ihnen herab und fängt an, beide Kinder zu drücken, zu herzen und zu küssen. Meine Frau und ich stehen verlegen dabei und wissen nicht, was wir tun sollen. Man hat ja nun eben keine Verhaltensmuster bereit für solch eine unvohergesehene Situation. Die Dame merkt unsere Hilflosigkeit, schaut zu uns auf, wobei sie die Kinder immer noch fest umarmt hält und sagt: „Ich komme gerade aus Mozambique und habe noch nie so wache, lebhafte, interessierte und zugewandte schwarze Kinder gesehen wie diese beiden. Die schwarzen Kinder, die ich bisher gesehen habe, waren alle unterernährt, dünn oder aufgedunsen, apathisch, ohne Leben und Energie und völlig verängstigt. Sie wirkten subaltern und dumm". Nachdem sie uns dies gesagt hatte, stand sie auf, stammelte verlegen „sorry" und verließ die Rezeption. Meine Frau und ich waren nach dieser Begegnung sehr nachdenklich. Herr Farmer Masche, so dachten wir wohl beide, hatte mit seiner „Schäfertheorie" eine sehr dumme Theorie vertreten, und wir freuten uns beide, daß unsere Kinder haarscharf dem Schicksal der anderen Mozambiqekinder entgangen waren.
Aber auch in unseren Breiten finden wir Fälle genug, in denen Fehlernährung für intellektuelle und sonstige Leistungsschwäche verantwortlich ist. Das fängt schon bei der Schwangerschaft an: Selbst rauchende Mütter setzen Gesundheit und Intelligenz ihrer noch ungeborenen Kinder aufs Spiel, wie neuere amerikanische Langzeituntersuchungen behaupten. Kinder rauchender Mütter haben einen niedrigeren Intelligenzquotienten, und bei ca. zehn Zigaretten pro Tag soll die Intelligenz um ca. 10% geringer sein, als sie ohne Zigaretten zu erwarten gewesen wäre. Betrachten wir weiter die Pausenbrote: Viele Kinder kennen gar nichts anderes als ein Stückchen Kuchen, und häufig sehen auch das Mittagessen und das Frühstück nicht anders aus. Spricht man mit der Mutter, erhält man zur Antwort. „Ich bin auch auf diese Weise groß

geworden, und es hat mir nicht geschadet". Durch Mangelernährung im späteren Alter ist zwar die Schädigung nicht mehr so groß, aber das Zentralnervensystem wird auch dann erheblich in Mitleidenschaft gezogen; und selbstverständlich leidet auch die Leistungsfähigkeit des Zentralnervensystems älterer Menschen durch Fehlernährung, wenn auch die Schädigungen ev. nur temporärer Natur sind. Man sollte also auch hier auf ausgewogene Nahrung achten. Da alte Leute weniger Nahrung zu sich nehmen, besteht schon dadurch die Gefahr der Unterernährung des Gehirns. Darüber hinaus sind mit zunehmendem Alter die Stoffwechselvorgänge in den Zellen des Gehirns gestört, und möglicherweise ist auch für diese Dysfunktion ein kleiner Ausgleich durch entsprechende Nahrung möglich. Durchblutungsstörungen, die sich besonders in dem viel Nahrung benötigenden Gehirn bemerkbar machen, lassen den alternden Menschen dumm erscheinen und vor allem auch sich selbst als dumm erleben.
In Amerika ist „brain-food", Gehirnnahrung zur Steigerung der geistigen und körperlichen Leistungsfähigkeit, in jedem Kaufhaus mit Drogerieabteilung zu kaufen. Allmählich entwickelt sich auch bei uns das Bewußtsein für die Bedeutung einer durchdachten Ernährung auch für unser nach speziellen Nahrungszusammensetzungen verlangendes Zentralnervensystem. Vielleicht sind wir dadurch wenigstens an einigen Punkten unserer geistigen Leistung, wie Gedächtnis, Wachheit, Reaktionsfähigkeit, Ausdauer, Schlagfertigkeit, Konzentration u.ä. etwas vitaler und fühlen uns auch im Alter etwas weniger dumm.
Unser Ernährungsverhalten ist aber auch ganz allgemein noch von einem weiteren wesentlichen Faktor abhängig. Wir haben nicht nur biologisch gegebene Ursachen für unser individuelles Eßverhalten, sondern unser Eßverhalten hat auch eine psychologische Seite, es ist auch ein gelerntes oder, wie wir sagen, ein konditioniertes Verhalten, und mindestens diese Seite können wir beeinflussen. Es gibt z.B. Ansichten oder Theorien von Ernährungsexperten, die behaupten, Heißhunger auf Süßigkeit sei andressiert worden. Bei Rapunzel, die in ihrer Schwangerschaft Heißhunger auf Salat hatte, wird dieses Bedürfnis auf biologische Mangelerscheinung zurückgeführt. Doch wir wollen bei dem psychologischen Aspekt unserer Eßgewohnheiten bleiben. Dazu ein Beispiel aus meinem eigenen Leben, das sicher bei manchem Leser ein „aha-Erlebnis" auslösen wird.

Als ich vor meiner Doktorprüfung stand, die Dissertation schrieb und noch nebenbei Geld verdienen mußte, als ich mich also in einer sehr angespannten Lebenslage befand, nahm ich annähernd zwanzig Kilo zu und überschritt bei weitem das sog. Normalgewicht. Nun wollen wir nicht über Sinn und Unsinn solcher Bezugspunkte diskutieren, aber in vielen Bereichen unseres Lebens benötigen wir irgendwelche Normpunkte, um überhaupt Beziehungen herstellen zu können. Im sogenannten Streß aß ich also wohl erheblich zuviel. Später wurden mir die Zusammenhänge meines Eßverhalten klar, und zwar als ich meine Mutter beobachtete, auf welche Weise sie unsere Kinder tröstete. Beim geringsten physischen oder psychischen Kummer der Kinder brachte sie ihnen irgend etwas zu essen. Sie brachte nicht Süßigkeiten, die es ja auch zu meiner Kinderzeit auf dem Dorfe kaum gab, nein, sie tröstete und beruhigte mit irgendeiner kleinen Essensgabe. Was tat sie da eigentlich psychologisch? Sie verknüpfte Kummer, Sorge, Aufregung, Schmerz immer mit Nahrungsaufnahme. Die Folgen dieser Zusammenführung zweier Ereignisse hat uns ja schon Pawlow mit seinem Hundebeispiel erklärt. Bringt man einem Hund einige Male Futter, während gleichzeitig ein Glockenton ertönt, hat der Hund bald auch dann Speichelfluß, wenn der Glockenton allein erklingt. Die beiden Ereignisse wurden also miteinander konditioniert. Bei mir als Kind wurde Aufregung, Kummer oder Schmerz immer mit Essen zusammengebracht, was ich bei meinen Kindern hoffentlich noch verhindern konnte. Später mußte ich immer dann essen, zwanghaft etwas zu mir nehmen, wenn ich mich in einer streßbeladenen Situation befand, sonst hätte ich meine Aufregung nicht in den Griff bekommen. Da man Konditionierungen heute auch dekonditionieren kann, also die Prägungen wieder etwas aufheben kann, habe ich selbstverständlich heute kein Übergewicht von zwanzig Kilo mehr. Wir wollen das Verhalten meiner Mutter und mein Verhalten jetzt nicht im Sinne unseres Themas bewerten, aber zumindestens der verhält sich dumm, der die Zusammenhänge kennt und sich nicht danach richtet.

2.8 Motorische Ursachen für dummes Verhalten

Wenn wir gerade „Brainbuilding“ zur Sprache gebracht haben, so können wir natürlich unter diesem Abschnitt auch das „Bodybuilding“

erwähnen als Mittel körperlicher, motorischer Beweglichkeit und Schulung. Ob wir mit Mitteln aus Apotheken und Trainingszentren auch körperlich so beweglich werden, daß wir uns motorisch geschickter, reaktionsfähiger, intelligenter und geistig beweglicher verhalten, kann ich nicht nachweisen. Unabhängig davon ist unbestritten, daß es eine motorische Intelligenz - sogar motorische Intelligenztests - gibt, und schon die alten Lateiner behaupteten, daß in einem gesunden Körper auch ein gesunder Geist wohnen müsse. Die Motorik unterliegt starker psychischer Beeinflussung, und der Fachbegriff, der diese Zusammenhänge und die Wechselwirkung von Motorik, Geist und Psyche darstellt, wird als Psychomotorik bezeichnet.
Unter Motorik verstehen wir die körperlichen Bewegungen und die Bewegungen von Körperteilen, die sich an räumliche und zeitliche Bedingungen anpassen. Motorische Abläufe werden wieder vom ausführenden Körper selbst wahrgenommem und so in ständigen Rückkoppelungen und Regulationsprozessen zur angemessenen Motorikausführung gebracht. Diese Geist-Motorik-Verständigung muß funktionieren. Wenn ich über einen Graben springen will und die Motorik nicht richtig Raum mit Kraft und Einschätzung der eigenen Fähigkeiten und der äußeren Bedingungen koordinieren kann, klappt der Sprung nicht. Dann war ich nicht motorisch dumm, sondern ich habe mich wegen meiner geistigen Fehlberechnungen dumm verhalten. Wenn der Stein, den ich werfe, um meinem Sohn zu imponieren, doch weiter fliegt, als ich geglaubt hatte, und in einer Scheibe landet, dann bin ich zwar für einen kurzen Augenblick stolz, aber dumm benommen habe ich mich auf alle Fälle. Ich habe nicht nur Kraft und Raum falsch eingeschätzt, sondern ich hätte zudem auch eine andere Richtung wählen können. Viele motorische Fehlleistungen sind demnach psychomotorische Fehleinschätzungen, dumme Fehleinschätzungen der motorischen Grenzen und Möglichkeiten, und sind also auch ein Mangel an konkreter Erfahrung. Hier ist auch einer der Kritikpunkte gegen eine nicht erfahrene, sondern nur geschaute Welt anzuführen. Die Fernseherfahrung wird in der Wirklichkeit angewendet, und das heißt, daß ich z.B. durchaus mit dem Knüppel zuschlagen darf, der Getroffene schüttelt sich ja nur ein bißchen durch. Viel Fehlverhalten ist also nicht nur unter dem Aspekt der Verrohung - die natürlich leider häufig auch zutrifft - zu betrachten. Unter Mangel an Wirklichkeitserfahrung leiden nicht nur Groß-

stadtkinder, sondern auch früh eingeschulte Kindergartenkinder u.a. Man glaubt, mit „Sozialübungen“ das Problem kompensieren zu können, aber eine einzige fehleingeschätzte motorische Handlung, etwa einem Partner einen harten Gegenstand zu kräftig zuzuwerfen, reicht aus, um dessen aggressive Reaktion auszulösen. Die Spirale der Eskalation beginnt. Der Lehrer, dem (s. einige Zeilen tiefer) die Ministerin empfiehlt, sich motorisch und durch Karatetechniken zu wehren, klinkt sich nur in diese eskalierende Spirale ein und wird zum Mittel wie jeder andere in dieser aggressiven Gruppe. Doch diese Problematik gehört wohl eher in das Gebiet der Massenpsychologie und Gruppendynamik. Deshalb haben auch viele motorische Fehlleistungen ihren Ausgangspunkt in psychischer Problematik, und viele motorische Insuffizienzen sind in anderen Abschnitten beschrieben, weil die motorische Minderleistung oder Fehlleistung psychischem Versagen zuzuschreiben ist, - der Neurotiker, der beim Erscheinen seines „Alphatieres“ wie Espenlaub zittert, der Ängstliche oder der Schüchterne, der über seine eigenen Füße stolpert, der verunsicherte Gemobbte oder der Angeber, der sich wegen seines Angebenmüssens schon am ersten Tag des Skiurlaubes ein Bein bricht, auch der übergebildete Herr Professor, der sich jedesmal auf den Finger klopft, wenn er versucht, ein Bild an die Wand zu hängen. Besonders gravierend zeigen sich motorische Probleme beim Sprechen, denn Sprechen bedeutet eine höchstkomplizierte Koordination von feinmotorischen Muskeln. Kleinste Aufregungen oder auch ein kleines „Gläschen“ können ausreichen, um die Sprechmotorik zu desynchronisieren. Wir werden auch diese Problematik unter „Sprache“ würdigen.

Ganz allgemein muß bedauert werden, daß in der Erziehung kein angemessener Platz mehr für das motorische Lernen zur Verfügung steht, denn selbst der Sportunterricht wird weitgehend für Leistungssport und für die olympische Elitebildung verbraucht und nicht für das Trainieren einfachster „geist-orthopädischer“, psychomotorischer oder sensomotorischer Übungen. Psychologen und Psychiater empfehlen zwar immer häufiger asiatische Bewegungsmethoden, die für einen Ausgleich der psychophysischen Spannungen in uns sorgen sollen und die uns zu Konzentration und Ruhe führen können, aber in den Bereichen unseres Lebens, z.B. Schule, Büro, wo dies besonders nötig erscheint, hat sich noch nichts getan. Als man das Gebet vor dem Unterricht abschaffte, war den Politikern gar nicht bewußt, daß in dieser Übung auch eine irdische Komponente zu finden war. Der Schüler, der noch vor wenigen Minuten Straßenkämpfe tätigte oder über sich ergehen lassen mußte und vor wenigen Sekunden noch eine Klassenschlacht führte, wird mit dem Kommando „still, setzen“ (wenn dies überhaupt noch geschieht) an die Mathematik geführt, denn die sog. schweren Fächer sollen ja möglichst an den Anfang gelegt werden. Wie soll sein Nervensystem hier aufnahmebereit sein. (Zur Erklärung bitten wir, im Abschnitt „Hektik“ noch einmal die physiologischen Vorgänge zu betrachten.) Der Schüler zwingt sich vielleicht sogar noch unter Einsatz aller Willenskraft dazu zuzuhören, sich zu konzentrieren, aber gerade dieser erzwungene Kraftakt kostet psychophysische Energie, führt zu innerer Spannung und macht aggressiv, was die Schulhofaufsicht bereits in der nächsten Pause beobachten und der niederrangige Schüler in der Hackordnung des Schulhofes schmerzlich zu spüren bekommen wird. Hier entlädt sich motorisch, was vorher an Spannung aufgeschaukelt wurde. Der Aufschaukelung von Spannungen, die zu motorischen Entladungen führen, wird übrigens in unserem Gesellschaftssystem ganz allgemein, also nicht nur in der Schule, wo dieses Phänomen besonders gravierend auftritt, viel zu wenig Bedeutung beigemessen. Welcher Lehrer weiß schon, daß er bei einem Linkshänder, den er zum Rechtsschreiben zwingt, eine unvorstellbare Spannung im Zentralnervensystem (siehe z.B. Entstehungsursache des Stotterns) erzeugt, die zur motorischen Entladung führen muß. So ein Kind bekommt dann das Prädikat aggressiv. Ein einfaches Beispiel für so einen Vorgang, das in Untersuchungen und Literatur vielfältig belegt ist: Ein Linkshänder muß in der Anfängerklasse rechts schreiben. Alle psychophysischen Impulse werden bei ihm also die rechte Hirnhemisphäre innervieren, denn seine linke Seite wird von der rechten Hirnhälfte her gesteuert. Nun sagt aber seine Motorik, dort darf ich nicht schreiben. Die Energie der einen Seite muß also auf die andere Seite hinübertransferiert werden. Das Gehirn wird zu etwas gezwungen, was es gar nicht will. Solche Kinder stehen z.B. nach einigen Minuten des Schreibens plötzlich auf, gehen auf und ab, stören den Nachbarn oder richten sonst irgend etwas an. Der Lehrer zwingt sie zum Weiterschreiben, und je nach Temperament und Verarbeitungsmechanismen entwickelt sich verschiedenartiges auffälliges Verhalten. Der eine wird

Stotterer, der andere Schläger, ein dritter näßt wieder ein, und ein anderer wird Schulschwänzer oder bekommt sogar Fieber. Unsere Physis und damit unsere Psyche läßt sich einfach nicht so willkürlich gängeln. Falscher Umgang mit den Gesetzmäßigkeiten der Natur verlangt eben seinen Tribut. Ähnliche motorische Entladungen finden wir natürlich auch bei anderen psychophysischen Spannungen wie Stellung in der Hackordnung, Lehrertadel, Elternstreit usf. Doch hier zeigt es sich schon, wie verwoben und verflochten innere Bedingungen und äußere Anlässe sind. Wenn die Kultusministerin eines Bundeslandes ihren Lehrern ernsthaft empfiehlt, Selbstverteidigungslehrgänge zu absolvieren, damit sie sich, ev. auch ihre Kolleginnen und notfalls einen schwächeren Schüler schützen können, so ist dies wirklich eine Kapitulation vor veränderungsnötigen und veränderbaren Bedingungen. Hier weiß die gute Kultusministerin nicht einmal, daß der Einsatz der Selbstverteidigung bei einem ausgebildeten Selbstverteidiger im juristischen Sinne als Waffengebrauch gilt. Aber viel schlimmer ist es, daß die Wurzeln des Übels nicht erkannt werden. Eine dieser Wurzeln ist das Aufstauen motorischen Überschusses, der irgendwann zur Entladung drängt.

Wir haben vor einigen Jahren großflächige Untersuchungen in Kindergärten und Vorklassen unter der Frage durchgeführt, wie man rechtzeitig Sonderschulbedürftigkeit verhindern könne, und stellten hochsignifikant fest, daß eine der Hauptursachen späteren Schulversagens in der leicht auffälligen und retardierten Motorik zu finden ist. Das Kultusministerium ließ Durchführung und Ergebnisse drucken - damit waren die schulpolitischen Konsequenzen gezogen.

3. Über die mehr konsekutiven Bedingungen

Wir haben in Punkt 2., "konstitutiv erklärbare Ursachen", kurz unser Einteilungsprinzip zu begründen versucht. Deshalb hier nur der Hinweis, daß wir dem konsekutiven Verhaltensbereich die Verhaltensweisen zuordnen möchten, die nicht vornehmlich in der Natur, im Charakter, in der Konstitution u.ä. begründet sind, sondern als ein abgeleitetes Verhalten, eine Konsequenz aus innerem Trieb und äußeren Bedingungen zu verstehen sind. Obwohl letztendlich die gesellschaftlich begründbaren Verhaltensweisen auch in diesem Bereich erscheinen müßten, wollen wir sie wegen der noch mehr nach außen verlagerten Bedingungen gesondert aufführen, wissend, daß eigentlich alles verwoben und verflochten ist und daß die Einteilung nur um einer wenigstens diffusen Übersicht willen geschieht. Aus diesem Grunde wird, wie schon gesagt, auch der Sprachbereich als Ursache dummen Verhaltens gesondert behandelt.

3.1 Dummheit als Auswirkung von Kreisdenken

Wir denken in folgendem Abschnitt nicht an Zirkelschlüsse, an Artefakts, wie wir sie in der Phiolosophie, in der Wissenschaft und in vielen anderen Bereichen vorfinden. Beim Zirkelschluß gewinne ich z.B. die Erkenntnis, daß ein Kind intelligent sei, und ich habe dies festgestellt mit einem Verfahren, das ich gerade an diesem Kinde entwickelt und erprobt habe. Wir wollen hier geschlossene Beziehungssysteme betrachten, in denen der Mensch oder eine Gruppe gleichsam „im eigenen Safte schmort", wo so starre Verhaltensweisen oder Systeme vorhanden sind, daß die Betroffenen aus diesem Denkungskreis nicht ausbrechen können.
Ein einfaches Beispiel aus der ehemaligen DDR: wir schrieben das Jahr 1992 und gingen in Sachsen mit einer dort aufgewachsenen Dame spazieren. Den folgenden Monolog - da wir sprachlos waren, war es ein Monolog - werde ich in schriftdeutsch wiedergeben. „Sieh dir doch am Straßenrand und dahinter mal das viele Unkraut an. Ein bißchen was sollten die Menschen hier doch wirklich auch für den Umwelt-

schutz tun. Dabei macht es doch gar nicht viel Mühe, hier einmal mit der Giftspritze entlangzufahren. Du solltest Dir den Weg zu meinem Garten mal ansehen, alles sauber, kein bißchen Unkraut, hat aber auch Arbeit gemacht, die vielen Kannen Gift dahin zu schleppen." Hier werden Umweltschutz, Umweltpflege noch in einen Topf mit Unkrautvernichtungsmitteln geworfen. Das festgefahrene Denk- und Handlungsschema dominiert noch, und der neue Begriff Umweltschutz wird in dieses alte Kreisdenken problemlos eingebunden, ohne daß der alte Inhalt verändert wird. Vieles „unverständliche Denken" unserer „integrierten" Schwestern und Brüder ist eben auf dieses Denken in alten, auch unpolitischen Schemata zurückzuführen, und wir aus der anderen Welt können auch nicht umdenken, wir verstehen nicht, warum die nicht verstehen.

Ein weiteres ähnliches Kreisdenken aus dem gleichen Lebensraum: Unterhaltung über ein Geschirrspülmittel in einer sog. Sparflasche: „Sieh Dir diese Betrügerflasche an, Sparflasche steht drauf, und wenn man ein bißchen ausgießen will, schwuppt die halbe Flasche leer." Gast: „Das glaube ich nicht." Sächsische Dame: „Komm her und guck Dir's an." Der Flaschenverschluß wird abgeschraubt, und beim vorsichtigen Auskippen wird eine größere Menge des Geschirrspülmittels ausgegossen. Gast: „Ja hast Du denn nicht das kleine Verschlüßchen da oben bemerkt?" „Nein, das kann man ja nicht wissen."

Vier von fünf weiter befragten Hausfrauen öffneten den ganzen Deckel und beklagten sich auch über die Betrügerflasche. Auch hier dominierte das alte Handlungs- und Denkschema, aus dem man nicht einfach ausbrechen kann. Das kleine Verschlüßchen in dem Verschluß wurde nicht gesehen, das Wort Sparflasche war keine Aufforderung zum Nachdenken, zum Umdenken, sondern man nahm eher an, daß man wieder einmal von irgend jemandem betrogen werden sollte.

Viele Mißverständnisse zwischen Ost und West wären uns erspart geblieben, wenn wir uns die Mühe gemacht hätten, das Denken - Form, Strukturen, Inhalt, Entwicklung - zu ergründen. Statt dessen befaßten wir uns global mit der Verwerflichkeit des anderen Denkens und Verhaltens.

Doch wir finden Kreisdenken auch in anderen Lebensbereichen vor.

Die Mitmenschen etwa eines Psychopathen sind so verstrickt, verfangen und befangen in diesem Beziehungssystem, daß ihr Verhalten unentrinnbar von diesem System dominiert wird. Dadurch werden immer neue Fehler provoziert, es wird dummes Verhalten geradezu unausweichlich herausgefordert. Wir finden diese Verstrickungen auch in einer Familie vor, in der z.B. eines der Mitglieder süchtig ist. Die Mitmenschen solcher bedauernswerten Personen können eigene Fehler gar nicht vermeiden. Sie tolerieren etwa unangemessen Schwächen ihrer Beziehungspersonen. Eine Sekretärin, eine geistig bewegliche und umsichtige Frau, wäre heute noch in Amt und Würden, wenn ihr Mann nicht in ihrer „midlife-crisis“ das Trinken von Alkohol unterstützt und toleriert hätte. Bei jeder Mißstimmung gab es zu deren Bewältigung ein Schnäpschen. Einer an Krebs erkrankten jungen Frau erging es ähnlich: Sie wurde mit Alkohol getröstet. Nun schwebt das Damoklesschwert des Krebses nicht mehr über ihrem Haupt, aber die Alkoholsucht ist entstanden und geblieben - sicher nicht immer das kleinere Übel.

In so einem geschlossenen Beziehungssystem von Partnern, Familienmitgliedern oder Kollegen, das nicht im Gleichgewicht ist, profitieren erst einmal die Kranken selbst, die wir im Abschnitt „nicht wollen können...“ behandeln werden, weil Rollenmuster, die dem Partner seit seiner Kindheit vertraut sind, hier zum Tragen kommen. Die Frau, der Mann, das Kind eines Süchtigen werden zum „Mitsüchtigen“. Sie verdecken, klagen an, kaschieren, unterstützen, versuchen zu verhindern, leiden, ertragen, wehren sich, umsorgen oder hassen den Süchtigen, - nicht selten zeigen sie viele dieser Reaktionsweisen gleichzeitig oder in unkonsequenter Reihenfolge und sich ständig widersprechend. Dieses inkonsequente Verhalten verursacht bei diesen Mitmenschen, die wir als „Mitsüchtige“ bezeichnen wollen, ein schlechtes Gewissen; und eben dieses ist wiederum Antrieb für weiteres Fehlverhalten, das von dem Nichtwissenden verniedlichend mit „das war doch eben wieder ganz dumm, wie du dich verhalten hast,“ umschrieben wird.

Der Teufelskreis ist so geschlossen, da jeder seine Rolle vertritt. Der eine trinkt, und der andere versucht erfolglos, es mit den vielen Reaktionsmöglichkeiten, die sich bei ihm entwickelt haben, zu verhindern bzw. - leider - unabsichtlich zu stimulieren. Dies führt zu dem traurigen Ergebnis, daß alles, was versucht und getan wird, falsch und dumm ist. Viele Fehler werden also nicht vom Abhängigen, sondern vom „Mitabhängigen“ gemacht. Der circulus vitiosus beginnt dadurch immer wieder von neuem. Die vermeintliche Reue des Abhängigen oder die Versuche der Wiedergutmachung führen erneut zu dummem, falschen Verhalten. Das schlechte Gewissen des Süchtigen wird eigenen Zwecken nutzbar gemacht,- die Mutter deckt ihr Kind und bringt es immer tiefer ins Suchtverhalten - wie verständlich alles, und doch, wie dumm und töricht.

Es gibt natürlich auch ein „im Kreise Denken“, das nicht so verheerende Wirkungen hat wie das in den obigen Beispielen. Man sieht den Wald vor Bäumen nicht, denn man hat sein Sinnen, Denken und Tun auf irgend etwas ausgerichtet, so daß das Naheliegende nicht gesehen wird. Ich suche meine Brille, obwohl sie auf der Nase sitzt; und da das Suchen nun einmal in der Umgebung stattfindet und nicht an mir selbst, komme ich nicht auf den naheliegendsten Gedanken. Meine innere Programmierung ist auf das Suchen ausgerichtet, und die „Suchmuster“ in meinem Zentralnervensystem laufen eben nach bestimmten Schemata ab. Das geht manchmal sogar so weit, daß ich z.B. meine Frau frage, nach was ich eigentlich suche, denn das Programm „suchen“ läuft ab, obgleich ich vergessen habe, nach was ich suche - und das hat nichts mit dem Alter zu tun. Um nicht ganz dumm zu wirken, werden wir sicherlich diese und ähnliche Fragen häufig unterdrücken. Einem Ingenieur-Praktikanten widerfuhr am ersten Tage seines Praktikums folgendes: Die Arbeitsgeräte wurden für eine ganz bestimmte Wassermeßarbeit bereitgestellt. Der Meister gab dem Praktikanten Anweisungen, was am nächsten Morgen alles noch zu kaufen sei. Nun war auch ein Stück Rohr nötig, das am Eingang dicker als am Ausgang sein mußte, zusätzlich sollte es eine Biegung aufweisen. Der Meister erklärte, was zu besorgen sei.

Plötzlich griff er nach einem Rohrstück im Lager und sagte: „So muß das Verbindungsstück aussehen“. Der verblüffte Praktikant, der ja nicht in dem Kreisdenken - morgen muß alles Benötigte eingekauft werden - verhaftet war, fragte erstaunt, „warum nehmen wir dann nicht dieses Stück?“ Kurze Geistesabwesenheit des Meisters und dann etwas verlegen: „Ach ja, natürlich“. Auch hier lief das vorgenommene Schema ab, der Betreffende mußte sogar aus seinem Denkkreis herausgerissen werden.

Daß Kreisdenken die Folgeabschätzung blockieren und dadurch groteske Formen annehmen kann, sei folgendem Beispiel zu entnehmen, das ich in einer Apothekerzeitschrift unter der Überschrift, „ein ganzes Dorf überzuckert“, fand und gekürzt darstellen will. Eine Krankenkasse wollte den Blutzuckerspiegel einer willkürlich ausgewählten Population untersuchen. Statistisch ist sicher gegen die Methode der Zufallsauswahl, möglichst viele Menschen jeden Alters eines mittelgroßen Ortes zu erreichen, nichts einzuwenden. Um die sterile Atmosphäre eines Krankenhauses oder eines Schulgebäudes zu vermeiden, kam man auf die „glorreiche Idee“, die Blutzuckeruntersuchung auf einem Kirchweihfest vorzunehmen. Ergebnis dieser Stichprobe? Der ganze Ort war überzuckert - angesichts der Schlemmerbuden kein Wunder. Der Initiator dieser Aktion hatte nur sein Ziel, die Untersuchung möglichst reizvoll und vollständig durchzuführen, im Sinn, und in dieses enge Kreisdenken konnten keine störenden Außengedanken eindringen, denn die Wirkung von Würstchen und Zuckerwatte auf den Blutzuckerspiegel war ihm sicher bekannt.

Ein weiteres Beispiel für das Gefangensein im Kreisdenken:

Man hat z.B. einmal als junger Mensch Probleme mit den Bronchien gehabt. Jahre später treten wieder Brustschmerzen auf. Um nicht einer ev. gravierenden Gefahr ins Auge schauen zu müssen, wird alles - dem inneren Wunsche entsprechend - wieder den Bronchien zugeschrieben, und notwendige Konsequenzen werden dadurch einfach nicht gezogen. Folge dieser Realitätsferne kann sogar ein Herzinfarkt sein. Gefährlich wird dieses Kreisdenken also, wenn Wunschvorstellungen zur Realitätsferne führen. Jeder von uns kennt das Enttäuschungsgefühl, wenn man bei Ankunft am Urlaubsort sieht, daß Vorstellungen und Wünsche mit der Wirklichkeit nicht voll übereinstimmen. Die Leistung wird an der Wunschvorstellung gemessen, nicht an der Realität. Dies führt zur Unzufriedenheit und zur Falschreaktion. Bei nüchterner Betrachtung klaffen aber Information und Realität gar nicht so weit auseinander. Nur man ist nicht zu überzeugen, denn die Wunschvorstellung war hier dominant. Die Unzufriedenheit von Patienten in Kliniken ist hiermit vergleichbar. Man empfindet Behandlung und Service als schlecht, weil man die Situation falsch beurteilt. Hier könnte vielleicht etwas Aufklärung (notwendige Voruntersuchungen brauchen Zeit, ein Akutfall ist dazwischen gekommen, aus diesem oder jenen Grund verzögerte sich die Essensausgabe etc.) die Fehlbeurteilung und die Unzufriedenheit, die man als Kranker ohnehin hat, etwas dämpfen.

Daß der Ärger über eine zu teuer gekaufte Anschaffung unser Verhalten oft so beeinflußt, daß sich der Kauf noch mehr verteuert, oder daß das ganze Stück nicht verwendbar wird, weil ich beim letzten notwendigen Zusatzstück dem leicht drängenden Gefühl, sparen zu müssen, endlich nachgebe, ist uns allen aus eigener Erfahrung geläufig. Kaum einer, der sich bei solchen Käufen nicht erst einmal dumm verhält. Der eben gekaufte Staubsauger wird ja wirklich erst verwendbar, wenn ich die Zusatzdüse noch mitkaufe, aber die wird eingespart, und so ist das Ganze kaum oder nur uneffektiv verwendbar. Ein anderes Beispiel: Der Arzt stellte bei einer älteren Dame Blutzucker fest und bestellte sie, schon wegen der Beobachtung, für mindestens einmal jede Woche in seine Praxis. Da die Dame gehört hatte, daß man den Blutzuckerspiegel auch selbst messen könne, ging sie in ein einschlägiges Geschäft und verließ dieses im Besitz des teuersten und kompliziertesten Blutzuckermeßgerätes. Die Gebrauchsanweisung erschien ihr dann aber so kompliziert, daß sie das Gerät beiseite legte, bis schließlich das Rückgaberecht erlosch. Als eines Tages jüngerer Besuch erschien, wurde dieser gebeten, mit ihr die ganze Versuchsanordnung doch einmal durchzuspielen. Nun wird vom Hersteller verlangt, daß der Patient unbedingt erst einmal einige Testversuche durchführen müsse, da sonst die Messung nicht funktionieren könne. Dafür solle man die normalen Meßblättchen verwenden und sie mit einer beigelegten Testflüssigkeit erproben. Dem Meßgerät lagen nur zwanzig Meßblättchen bei, und man muß nach dem Aufbrauchen neue nachkaufen. Nun sollte also ein Meßblättchen mit der Testflüssigkeit - und noch nicht mit dem eigenen Blut - verbraucht werden. Dies wurde von der Dame sehr zögernd akzeptiert. Der erste Versuch verlief ohne Ergebnis, und er sollte mit einem zweiten Blättchen wiederholt werden. Die Dame weigerte sich kategorisch, noch ein zweites Blättchen zum Wegwerfen zu benutzen. „Dann lasse ich das Ganze, es ist sowieso schon so schrecklich teuer!" Erst beim nächsten Besuch der jungen Leute wurden die Versuche fortgesetzt, solange, bis die Dame das Gerät gebrauchen konnte. Auch hier bedurfte es erst einer angemessenen Zeit, um aus dem festen Kreisdenken - das Ganze wird ja teurer, als wenn ich zum Arzt gehe - herauszukommen.

Aber auch innere Haltungen, Temperament, unser Wesen können uns in die Nähe des starren Kreisdenkens bringen. So sieht etwa der Pessimist durch diese seine Grundeinstellung durchgehend die negativen Aspekte einer Sache, Situation oder Herausforderung, und er ist aus diesem Zirkel seiner Weltsicht schwer herauszubringen. Ein junger Mann fährt mit seinem Motorrad zu einer Sportveranstaltung ins Berliner Olympiastadion. Es ist schon spät, und er hat es deshalb entsprechend eilig. Innen läuft er noch herum, um einen angemessenen Platz zu finden. Als alles zu Ende ist, findet er sein Motorrad nicht mehr. Sein Pessimismus allem Geschehen der heutigen Zeit gegenüber bewirkt bei ihm die sichere Erkenntnis, daß das Fahrzeug gestohlen sei. Er geht sofort zur Polizei und meldet den Verlust an. Wir leben eben doch in einer schlechten Welt! Nach einigen Tagen entschließt er sich, noch einmal ins Sportfeld hinauszufahren. Er rekonstruiert seine Anfahrt und versucht, an die Stelle zu gelangen, wo er sein Fahrzeug abgestellt hatte. Es stand verlassen und allein noch dort. Er hatte nämlich auf der gegenüberliegenden Seite gesucht. Ob dieser junge Mann seine skeptische und negative Grundhaltung ab jetzt generell wohl etwas änderte?

Ein älteres Ehepaar ging in einem Lübecker Wald spazieren und hatte seinen Wagen in einem Siedlungsgebiet abgestellt, in dem mehrere Straßen fast gleich aussehen. Auch ihnen war das Auto bei ihrer Rückkehr „gestohlen" worden. Die Polizei, die auf Suche geschickt wurde, fand das Auto einige Straßen weiter friedlich abgestellt. Hier müßte durch Erziehung zu positivem Denken wieder positiv Einfluß auf das Denken und Verhalten genommen werden. Natürlich kann umgekehrt auch der unverbesserliche Optimist - eben wegen seiner einseitig positiven Grundhaltung - Fehler machen. So rügte ein gut deutsch sprechender schwedischer Camper auf einem schwedischen Rastplatz seinen naiven deutschen Camping-Nachbarn ob seiner Dummheit. Was war geschehen? An einem Waldrand übernachteten zwei befreundete Ehepaare mit ihren Fahrzeugen. Der herrliche fast nicht stattfindende Sonnenuntergang wurde genossen, und man ging schlafen. Da in Schweden, wie man gehört hatte, nichts gestohlen wird, ließ man neben der mitgebrachten Bierdose auch Autopapiere und Geldtasche liegen. Im Laufe der Nacht füllte sich der Platz mit weiteren Gästen, und schließlich klopfte einer der Gäste kopfschüttelnd an die Campingwagentür, reichte die Wertsachen hinein und tadelte, siehe oben.

Ebenso führt dogmatische Erziehung zu einem sich dem Dogma unterwerfenden unkritischen Kreisdenken.
Gerade auch im Alltag können wir oft nicht aus diesem festgeschlossenen Kreis heraustreten. „Wir wohnten schon zwei Jahre in der neuen Wohnung, nichts funktionierte richtig, und auch das warme Wasser lief vom ersten Tage an langsam und kümmerlich, wie wir es von dieser vom Wirt vernachlässigten Wohnung erwarteten. Endlich riefen wir doch den Klempner an. Nach dem Anruf dachte ich", so erzählte der Student weiter, „ich schau mir das Ganze mal selbst an. Was war los? Die Zuleitung unter dem Warmwasserhahn war gedrosselt. Zwei Umdrehungen an dem unter dem Becken befindlichen Hähnchen reichten aus, um den Schaden zu beheben." Erst der Anruf beim Klempner stellte die Stabilität des alten Systems in Frage. Der junge Mann hatte den fatalistischen Kreis seines Denkens verlassen, der da lautete: alles in dieser Wohnung ist unzulänglich und Pfusch. Erst durch den Anruf beim Klempner war der Weg frei geworden zum Nachdenken, Nachschauen und Probieren. Nur wenn die Gedanken sich frei bewegen, kommen neue Ideen, wird man kreativ.
Vor allem auch die Schule sollte darauf achten, ihre Schüler im Denken und Handeln nicht in solche festen Kreise hineinzuzwängen. Selbst die meisten sog. Intelligenztests, die aussagen wollen, wie hoch oder wie niedrig die Intelligenz eines Menschen ist, lassen nur genormte Antworten als positiv zu wertende Antworten zu. Originelle Reaktionen werden als falsche Lösungen eingestuft und kosten „Intelligenzpunkte". Übertroffen wird diese Ignoranz, dieses Denken in festen Formen und Bahnen und ohne Chance, aus dem Zirkel ausbrechen zu können, wohl nur noch von unseren staatlichen Verwaltungen.
In Kiel wird gerade ein fünfzehn Jahre alter Bebauungsplan realisiert und nach Einsprüchen damit begründet, daß ja ein fester Beschluß der Ratsversammlung vorliege.
Im Schleswig-Holsteinischen Bauernblatt vom 19.März 1994 beanstandet Johannes Baden in einem Artikel „Bauern werden geschröpft - neue Abwassersatzungen schaffen Unrecht für die Landwirte -" die völlig undurchdachte, unkompetente und geradezu schwachsinnig erstellte Landessatzung über die Gebühren der Abwasserbeseitigung. Die Berechnungsgrundlagen sind so unrealistisch vorgegeben, daß ein Bauer mit einem größeren Hof mehr als 100.000 DM zu zahlen hat,

hingegen ein Haus- und Gartenbesitzer mit gleich großer Familie mit weniger als 1.000 DM zur Kasse gebeten wird. Berechtigter Umweltschutz oder Kreisdenken und Verfangensein im alten Denkschema vergangenen Klassenkampfes, Gleichheit schaffen um jeden Preis, - oder einfach nur Dummheit, Ignoranz und Inkompetenz der Bürokratie?

3.2 Minderwertigkeitsgefühl, Unsicherheit und Schüchternheit

Wer von uns sich einmal allzu dumm fühlt, sollte mit dem großen Pädagogen Wilhelm Flitner sagen: Ich verdränge vieles, da ich nicht dauernd an mir herumnörgeln will. Leider verfügen nicht allzuviele unserer Mitmenschen über dieses gesunde Selbstbewußtsein. Viele zerfleischen sich an den eigenen und fremden Vorwürfen über tatsächliche oder vermeintliche Fehler der Vergangenheit. Wir sollten uns an Eugen Roth halten, der treffend bemerkt: „Wer gar nichts tut, macht nichts verkehrt". Allerdings möchte ich diese gesunde selbsterhaltende Verdrängung von der der beruflichen, politischen oder notorischen „Verdränger" abgrenzen. Viele Heeresgenerale seien gegen Hitler, so hieß es z.B. damals, aber erst müsse das äußere Problem -Krieg- in Ordnung gebracht werden, dann würde man die Angelegenheit innen -Hitler- schon lösen. Eine typische und verhängnisvolle Verdrängung der Realitäten. Ebenso verdrängt der Beamte, der die persönlichen Folgen seines „Erlasses", etwa für einen Schutzwürdigen, nicht durchdenkt. Auch die Mutter, die die Klage ihres Kindes über Bauchschmerzen damit abtut, daß ja heute mittag zu viele Weintrauben gegessen wurden, ohne zu erforschen, ob das Kind nicht vielleicht von den Pilzen am Wegesrand probiert haben könnte, verdrängt mit ev. verhängnisvollen Folgen. Eine Verdrängung von nutzlosen Schuldgefühlen zur Erhaltung eines gesunden Selbstwertgefühles ist wünschenswert, und wir sollten nicht auf diese Selbsthilfe verzichten; eine Verdrängung wegen Fehlens eigener Zivilcourage oder um Probleme und die Notwendigkeit zu handeln nicht zur Kenntnis zu nehmen, sollten wir versuchen zu vermeiden.
Leider mußte ich in den letzten Jahren zunehmend feststellen, daß viele Psychotherapien ihre Therapieerfolge einer „Sündenbocktheorie" ver-

danken. Meist ist die Mutter an allem schuld; Tochter oder Sohn verhalten sich wieder annähernd normal, nur sie führen jetzt alle ihre Probleme auf die ach so versagende Mutter zurück. Das kostet Selbstwertgefühl und bringt Minderwertigkeitsgefühle.
Wie soll sich ein solcherart psychisch belasteter Mensch noch richtig verhalten? Macht er nicht nun sein ganzes Leben lang nur noch Fehler, sich, seinen Partnern, seinen Kindern, Enkeln oder anderen Mitmenschen gegenüber? Hierzu ein Beispiel: Eine relativ junge Witwe mit zwei Kindern wurde vom Psychotherapeuten ihrer Tochter so belastet, daß diese mit ihren achtzehn Jahren das mütterliche Haus nicht mehr betritt. Was war geschehen? Die Tochter litt unter Magersucht, und der Psychiater, das sollte positiv vermerkt werden, brachte sie wirklich nach vielen Wochen soweit, daß sie wieder Nahrung zu sich nahm und ihre Schule noch beendete. Als die Tochter zwölf Jahre alt gewesen war, hatte die Familie ihren Ernährer verloren. Der zwei Jahre jüngere Bruder war geistig schwer retardiert, und die ältere Schwester wachte mit Argusaugen über ihn. Sie brachte ihn zu den Treffen der Behinderten und Nichtbehinderten, engagierte sich selbst in der Betreuung auch der anderen und konnte weinen oder wurde böse, wenn man über ihren Bruder lachte, wenn dieser z.B. einen seiner beliebten „Vorträge“ hielt. Man merkte dann dem zarten Mädchen die Peinlichkeit an. Das Verhältnis zur Mutter war gut und ungetrübt. Plötzlich, mit ca. siebzehn Jahren, verweigerte sie die Nahrungsaufnahme, und sie mußte nach einiger Zeit in psychiatrische Behandlung. Dort wurde sie zwar „geheilt“, machte aber der Mutter ständig Vorwürfe, daß diese sie falsch behandelt und überfordert habe. Auch um den Bruder kümmerte sie sich nicht mehr und suchte sich ein Zimmer in der Stadt, wofür die an der Sozialgrenze lebende Mutter noch mit aufzukommen hatte. Mußte die so arg geplagte Mutter hier wirklich als Sündenbock dienen? Verständlich, daß die Therapie gelingt, wenn die Ursache des Problems nach außen verlagert wird und man einen naheliegenden Schuldigen präsentieren kann. Das mag dem Patienten das Selbstbewußtsein wiedergegeben haben, aber die Mutter, die ohnehin durch das behinderte Kind Kraft und Selbstwertgefühl eingebüßt hatte, kostete es den Rest an innerer Sicherheit. Wer ist hier der Dumme? Betrogen wurde die Mutter und letztlich auch die Tochter, die mit Sicherheit an der Trennung von der Mutter noch zu leiden hat. Bezahlt wurde der

erfolgreiche Psychiater.
Ein anderes Beispiel über Minderwertigkeitsgefühle, die in der Familie gesetzt werden und sich auf die nächste Generation übertragen können. Der Mutter dreier eigentlich wohlgeratener Kinder wurde in ihrer Kindheit von ihrer Familie viel Unrecht zugefügt. Sie war angeblich anders als die so tüchtigen Geschwister, sah anders aus als diese, war zwar ausreichend, aber schlechter als die anderen in der Schule, was möglicherweise schon ein Rückkoppelungseffekt ihrer erlebten Minderwertigkeit war, weiter galt sie als langsam und faul. Wie sehr die in einen Menschen hineinprojizierten Eigenschaften in ihm langsam wirksam werden, dürfte uns allen bekannt sein - der für dumm Gehaltene wird tatsächlich bald dumm, das „Aschenputtel" identifiziert sich bald innerlich mit dieser „niederen" Rolle in der Familie, und selbst ein Prinz hat es schwer, sie aus dieser Untertanenrolle herauszuholen. Daß aber diese selbst erfahrene Rolle von dem Betroffenen in der Folgegeneration weitergegeben und damit fortgesetzt wird, ist nicht so leicht logisch ableitbar. Die selbst erlebte Minderwertigkeit wird weiter in die Tochter hineinprojiziert, die der Mutter äußerlich am ähnlichsten ist. Auch ihr werden Sebstsicherheit und Selbstvertrauen genommen, diese junge Frau der folgenden Generation wagte es z.B. nicht einmal, ihrem Fahrlehrer zu sagen, daß sie zu klein sei und auf diesem niedrigen Autositz eigentlich nur das sehen könne, was im zweiten Stock der Häuser an der Straße geschehe. Auch die dritte Fahrprüfung wurde also nicht bestanden, und das nun fällige Gutachten brachte den eigentlich simplen Tatbestand ans Tageslicht. Dieselbe junge Frau wechselte spätestens dann jedesmal ihr Studienfach, wenn sie dort ein Referat gehalten hatte. Sie war davon überzeugt, daß es so schlecht gewesen sein müsse, daß sie sich in diesem Kreise nicht mehr sehen lassen dürfe. Selbst wenn sie von Kommilitonen auf ihr gutes Referat angesprochen wurde, änderte sie ihre aus Minderwertigkeitsgefühlen erwachsene Fluchthaltung nicht. Nun, so wird der in Deutschland erzogene Leser sagen, das ist doch offensichtlich ein Beispiel der Vererbung. Mutter und Tochter sind sich so ähnlich, daß sie sich eben gleich verhalten. Wer aber den Lebenslauf beider kennt, selbst wenn er Anhänger der Vererbung sein sollte, würde zugestehen müssen, daß hier Erziehung der dominante Faktor war. Die Mutter wurde als Kind von ihrer Mutter gleichsam „gemobbt", und die junge Mutter wandte die

gleiche Methode wiederum bei ihrer Tochter an.
Minderwertigkeitsgefühl und Unreife sind nach Ansicht vieler Psychologen auch die Ursache für Eifersucht, ein Mißtrauen dem Partner, aber auch Geschwistern und anderen nahestehenden Personen gegenüber. Literatur, Geschichte, Opern und die Mythologie sind voll von Begebenheiten, deren Thema die Eifersucht ist. Eifersüchtige begehen dem nahestehenden Mitmenschen gegenüber so viele Fehler, daß man fast den bagatellisierenden Begriff „Dummheit" nicht mehr verwenden sollte.
Die Angst vor dem Treuebruch des Partners kann sich bis zum krankhaften Wahn steigern. Das Minderwertigkeitsgefühl ist in dieser speziellen Konstellation so stark ausgebildet, daß Gegenbeweise zur Entlastung beider Seiten meist nicht mehr ausreichen. Dumm verhalten sich in solch einer Situation dann meist beide Seiten. Eine Aufschaukelung des Konfliktes bis hin zur Unerträglichkeit kann die Folge sein. Dummes Verhalten infolge Eifersucht kann sicher nur durch Abbau der Minderwertigkeitsgefühle und Aufbau eines gesunden Selbstbewußtseins erfolgen. Die Eifersucht ist ein Beispiel dafür, daß Gefühle der Unzulänglichkeit, der Minderwertigkeit gleichsam als persönliches Markenzeichen vor sich hergetragen werden.
Wir können uns allerdings auch kurzfristig als minderwertig auf Zeit erleben. Ein bekanntes Ehepaar berichtete, nachdem sich beide von der inneren Blamage gelöst hatten, ein eigenes Erlebnis. Dieses kinderlose Ehepaar, sie Direktorin einer großen und angesehenen Schule, er Oberst a.D., wollte gern einmal in aller Abgeschiedenheit Weihnachten verbringen. Sie wählten sich hierfür ein Hotel in einem kleinen Kurort, der um die Weihnachtszeit verschlafen genug ist, um entspannen zu können. Zum Weihnachtsmenue wurden diese Eheleute mit einem etwas jüngeren Ehepaar an einen Tisch gesetzt und vom Hoteldirektor gegenseitig vorgestellt. Unsere Freundin stellte mit etwas Entsetzen fest, daß sie sich wohl hätte besser kleiden müssen, und unser Freund flüsterte seiner Frau zu, daß er bedaure, nicht seinen Smoking angezogen zu haben, denn die Tischnachbarn waren in Ballkleidung mit viel Schmuck erschienen. Eigentlich treten unsere Freunde immer sehr selbstsicher auf, und sie sind sehr beredte Gäste oder Gastgeber. Doch die erste Verunsicherung in dieser überhöhten Umgebung war gegeben. Das Menue begann, und schon nach dem ersten Löffel Suppe kritisier-

te die junge Dame, die Suppe sei kalt und ungenießbar, und der Ober fragte beim Entfernen der unmöglichen Suppe unsere Freunde, ob auch ihre zu kalt sei. Aus einem inneren Zwang heraus baten sie den Ober, auch ihre Suppe zu entfernen - sie hofften ja auf die weiteren Gänge. Diese kamen, und schon wieder mußte der Ober das „schlecht abgeschmeckte“ Essen nach erstem Probieren abdecken. Unsere Freunde konnten sich einfach diesem Druck der selbstbewußt und sicher auftretenden Gäste nicht entziehen, auch sie verzichteten auf das Weiteressen, obwohl, wie sie sagten, der Hunger immer größer wurde. Abendfüllend können unsere Freunde die Nacht ihrer großen Schwäche darstellen. Sie waren, obwohl sie niemand zwang, zu Marionetten dieser beiden ihnen gegenübersitzenden, unbekannten, überfeinen Nachbarn geworden. Hungrig und darüber hinaus sich noch gegenseitig Vorwürfe machend, gingen sie an diesem Heiligen Abend ins Bett. Am nächsten Morgen trafen sie beim Frühstück - nun endlich konnten sie ihren Hunger stillen - eine Bekannte, die einer Dame an einem weiter entfernten Tisch zunickte; und auf die Frage, ob sie noch jemanden kenne, kam die Antwort, „ja, dort drüben sitzt meine Friseuse“. Unsere Freunde schauten beide hinüber und entdeckten ihre Tischnachbarn vom vorangegangenen Abend.

Es gibt Situationen oder soziale Konstellationen, in denen jeder von uns Verunsicherungssymptome zeigt. Man kann sie kompensieren durch besonders forsches Auftreten, oder man reagiert hilflos und unsicher. So verhalten wir uns z.B. nach einem Streit mit alten Freunden oder Bekannten, wenn wir nach der Versöhnung mit ihnen zusammen sind, noch eine längere Zeit tolpatschig, eben unsicher und deshalb fehlerhaft und dumm.

Minderwertigkeitsgefühle können auf vielerlei Art durch das Verhalten der Mitmenschen gesetzt werden.

Eine junge Angestellte in einem Verkaufsbetrieb mit gehobenen Artikeln wird von ihrer Chefin kritisiert und „heruntergemacht“, wann immer es möglich ist und vor allem, wenn ein Zuschauer, einer der vier weiteren Mitarbeiter oder ein Kunde zugegen ist. Nach wenigen Wochen war dieser stille, bescheidene Mensch, der sich auch nicht wehrte, so verunsichert, daß er wirklich alles falsch machte. Wir kennen alle solche Beispiele aus Betrieb, Nachbarschaft oder anderen Bereichen menschlichen Zusammenseins; und von unseren Kindern erfahren wir allzuoft, daß solche Schikanen auch in der Schule vorkommen, meist solange, bis der geschundene Schüler aufgibt. Auch aus dem Tierreich, vor allem bei einigen Rudeltieren, kennen wir diese Fakten. Nur das Alphatier darf Junge bekommen, und wirft - man müßte fast sagen aus Versehen - ein anderes Muttertier auch Junge, so werden diese vom Alphatier, von deren Jungen und besonders von denen, die in der Hackordnung einen sehr niedrigen Rang haben, so schikaniert, daß sogar ihr Leben gefährdet ist. Diese „Instinkte" scheinen auch bei der genannten Chefin wirksam zu sein: „Konkurrenz gefährdet meine Stellung"; aber der Angegriffene ist nicht etwa die erste Verkäuferin, die ist zu „stark", ich projiziere meine gesamten Konkurrenzsorgen in das schwächste Glied der Gruppe, und außerdem spielt in diesem Falle auch noch der direkte Konkurrenzneid auf Anmut und Jugend dieser jungen Frau eine Rolle. Sie muß also „gebissen" werden. Die Folgen dieses ungleichen Kampfes haben wir schon genannt, es wird alles falsch gemacht. Die junge Kollegin stolpert buchstäblich über ihre eigenen Füße, sie wird zum Trottel und Purzel in diesem Geschäft. Entlassen wird sie selbstverständlich nicht, denn das per institutio ernannte „Alphatier" im Geschäft, die Chefin, braucht ja einen Sündenbock. Warum die junge Frau zum „Purzel" wird, ist psychologisch leicht zu begründen: Jede Verneinung einer Leistung verstärkt die Unsicherheit. Dieser Mechanismus wird als negative Konditionierung bezeichnet. Selbst im Experiment wurde es den Studenten unerträglich, wenn sie ständig eine mißglückte Lösung suggeriert bekamen, und gute Intelligenztests sind so aufgebaut, daß der Kandidat nicht erfährt, ob eine Antwort falsch war, denn jede negative Bewertung vermindert die Leistungsfähigkeit. Im Examen kann auf diese Weise fast jeder Kandidat zum Versager werden, wenn sein Hormonspiegel mit soviel blokkierenden Hormonen angereichert ist, daß auch die einfachste Frage nicht mehr beantwortet werden kann.

Auch aus dem Familienleben sind uns solche Beispiele bekannt.

Wenn junge Menschen kosmetische Probleme haben, Brille, Pickel etc., dann können sie leicht zu solchen Fehlleistungen kommen. Freilich, hierbei kann es auch zu Kompensationsverhalten kommen, so daß der junge Mensch besonders selbstsicher auftritt bis hin zu unqualifizierter Besserwisserei. Er will um jeden Preis etwas darstellen, pflegt u.U. seine Häßlichkeit, genauer gesagt, seine selbstsuggerierte Häßlichkeit, und tritt besonders forsch auf. Alternativvereinigungen sind willkommene Zufluchtsorte und stellen das gewünschte Podium mit Publikum zur Verfügung.

3.3 Geltungsstreben und Mobbing

„Neue Leute sollen nicht Bäume ausreißen, nur um zu sehen, ob die Wurzeln noch dran sind“, hat einmal Henry Kissinger gesagt, und ein Emnid-Sprecher kommentierte seine Analysen im Fernsehen mit den Worten: „Wer das Unmögliche möglich machen will, macht schließlich das Mögliche unmöglich“. Diese Worte gehören in das Stammbuch eines jeden Geltungssüchtigen. Doch gehen wir der Reihe nach. Wer sich in der Geschichte der Psychologie, insbesondere in der Geschichte der Tiefenpsychologie, etwas auskennt, weiß, daß der Denkansatz von S. Freud - Neurosen entstehen durch Verdrängungen und Zwänge im Bereich der Libido - von seinem Schüler Alfred Adler in den Leitgedanken umgemünzt wurde, daß die Enststehungsursache von Neurosen vornehmlich in der Nichtbefriedigung des menschlichen Geltungsbedürfnisses zu finden ist. Sicher sind in diesem Denkansatz gerade für die heutige Zeit einige plausible Erklärungen für eigentümliches, falsches, dummes, neurotisches, aggressives, diskriminierendes Verhalten zu finden. Das Streben um Anerkennung in der Gemeinschaft ist ein legitimes Grundbedürfnis eines jeden gesunden Menschen, und ich erlebe mich eben als minderwertig, wenn mir diese Anerkennung versagt bleibt. Oft wird mir diese Chance der Einbettung und sicheren Stellung schon in der Familie vorenthalten, der pädagogische Ansatz der Anerkennung in der Gemeinschaft, „ich werde auch hier gebraucht, man vermißt mich, wenn ich nicht da bin“, ist auch im Kindergarten nicht mehr zu finden, außerdem ist nicht mein „Dasein“ wesentlich, sondern mein „Sosein“ wird hervorgehoben und bestimmt das Verhaltenssoll und das der anderen Leidensgenossen; die Schule weiß in der Regel nicht einmal mehr, daß es so etwas wie „anerkannt werden“ in einer Gemeinschaft gibt, und die Arbeitswelt mit ihrer hohen Spezialisierung und Technisierung verschafft kaum noch Anerkennung im „Alltäglichen“.

Hier setzt der Sinn der kleinen und kleinsten Vereinchen ein. Selbst ein Kegelclub mit zwölf Kegelbrüdern und -schwestern hat einen Ehrenpräsidenten, einen Präsidenten, einen Vizepräsidenten, einen Kassenwart, einen Spielleiter, drei Vorstandsmitglieder, zwei ständige Festausschußmitglieder usw. Nur der Filialleiter der Bank verzichtete auf ein Funktionsamt, er wird genügend hofiert bei der Kreditvergabe für Nachbarn und Freunde. Anerkennung durch die Mitwelt ist also unerläßlich für uns alle - der Mensch ist ein gemeinschaftsabhängiges Wesen.
Nun hat aber schon der Schüler S. Freuds, Alfred Adler, festgestellt, daß dieses Streben nach Anerkennung in der Gemeinschaft das legitime Bemühen um Anerkennung in der Gemeinschaft übersteigen kann, oder es werden falsche Mittel eingesetzt, um dieses Grundbedürfnis zu befriedigen. Und hier wird mancher unter uns unfair, gefährlich, den Mitmenschen bedrängend und schikanierend. Der Vorgang ist bekannt, seitdem die Menschheit Geschichte über sich schreibt. Das einfachste Mittel der Selbsterhöhung ist, den anderen zu erniedrigen, ihn zu blamieren, zu verunsichern, ihn unmöglich erscheinen zu lassen. In der deutschen Sprache gibt es eine Fülle von Begriffen, die diesen Vorgang beschreiben. Meist sind in diesen Begriffen auch Ursache, Absicht oder Wirkung zu erkennen. Im Zuge der verallgemeinernden Beschreibung und im Zuge unseres Bestrebens, möglichst unklare Sammelbegriffe zu verwenden, benützen wir für all diese Vorgänge des Diskriminierens und Bedrängens, des geschnitten und verleugnet Werdens, des Herabwürdigens und des Stigmatisierens den englischen Begriff „Mobbing“. Der Vorteil dieser verallgemeinernden Bezeichnung ist, daß man jetzt ein gemeinsames Wort hat und über den Tatbestand spricht.
Mehr als eine Million Arbeitnehmer sollen in Deutschland Opfer solch dauerhafter Kränkungen sein, und die Betroffenenen schweigen, weil sie sich nicht blamieren möchten und weil sie Angst vor breiteren Sanktionen haben. Der Gemobbte kann sich auch juristisch kaum wehren, weil meistens der konkrete Beweis des Schikanierens fehlt. Der Rufmord, auf den es in der Regel hinausläuft, wiederholt sich solange ständig, bis das Opfer aufgibt oder sich - und das sind leider die selteneren Fälle - doch endlich wehrt. In bestimmten Berufen häufen sich solche negativen kommunikativen Handlungen, und sie treten beson-

ders dort intensiv auf, wo ein soziales Umfeld den Arbeitsbereich tangiert, denn hier kann man sich selbst am besten erhöhen und den anderen erniedrigen. So ist im Bereich des öffentlichen Dienstes ein besonders fruchtbares Feld für Mobbing. Hier ist die Führungskompetenz der Vorgesetzten nicht klar umrissen, und Beförderungsposten und -pöstchen sind zahlreich. Die Qualifikationen sind vor der Einstellung oder zum Zeitpunkt der Einstellungen für fast alle Tätigkeiten erbracht, ich bin durch mein Examen als junger Mensch etwa ebenso geeignet für den Posten des Direktors des Wasserwirtschaftsamtes, wie als Leiter des Jugendamtes oder als Kanzler einer Universität oder, oder; ich muß nur vor dem anderen ins Gespräch gebracht werden. Ein gemobbter Kollege ist keine Konkurrenz mehr.
Aber Mobbingfälle finden wir nicht nur im Arbeitsbereich, sie sind in allen sozialen Begegnungsbereichen wie Schule, Verein, Nachbarschaft, Zwangsgemeinschaften wie Militär u.a. zu finden. Die Brust eines Feldwebels an der Front erweiterte sich immer wieder bei der Frage nach dem Abitur seiner Untergebenen. Da jeder die Folgen des Handhebens schon kannte, herrschte Schweigen. Nun suchte sich dieser mächtige Herr, von dem wir alle glaubten, daß er Schwierigkeiten beim Schreiben seines eigenen Namens habe, zwei sogenannte Abiturienten zum Klosettschrubben heraus. In der Hoffnung, von den anderen Anwesenden Beifall zu erheischen, machte er noch einige diskriminierende Bemerkungen über die „Abirenten", wie er sie nannte. Hier war klar, der Schikanierende erhöhte sich nicht, sondern er machte sich besonders lächerlich. Eindeutig war er also der Dumme. Ein anderes Beispiel: Eine schwerhörige junge Frau, Bankangestellte im Innendienst einer großen Bank, war fleißig und zuverlässig. Sie war ja auch, da geräuschunempfindlich, viel weniger abzulenken als die Kolleginnen. Das störte eine der Damen so sehr, daß sie schließlich die junge Frau mit vielerlei Unannehmlichkeiten und Verleumdungen ärgerte, sie verstellte den Computer, verlegte Unterlagen etc.. Die anderen Mitarbeiter sanktionierten mit Wohlwollen oder Neutralität. Zu Hilfe kam der schwerhörigen Kollegin, die ja nur dann etwas verstand, wenn sie den Mitarbeitern auf den Mund (ablesen) schauen konnte, niemand. Als sie eines Tages den Verursacher erkannte, wehrte sie sich und ging zum Chef der Bank, der Dumme war in dieser Auseinandersetzung eindeutig der Neider. Auch das folgende Beispiel macht die Gefahr des

Mobbings deutlich, häufig wird die Dummheit des Anstifters zum Mobben leider erst zu spät offensichtlich:
In einen „Altenclub" wurde durch Umzug eine neue alte Dame eingeführt. Sie wirkte gepflegt und vornehm, war freundlich und nett. Außerdem tat sie bald kund, daß sie ein sehr gläubiger und frommer Mensch wäre. Dies wurde der Ansatzpunkt einer anderen alten Dame, die ihre Stellung als angesehenes Mitglied in diesem Club gefährdet sah, sie zu isolieren und zu verleumden. „Diese Frau ist evangelisch, sie kann ja gar nicht fromm sein, sie frömmelt nur und will damit imponieren, sie ist falsch und lügt". Falsch sein und lügen waren nun die Stigmata, die dieser alten Dame angeheftet wurden. Jeder Leser kennt die nun in Gang gesetzte Spirale. In diesem Fall wurde das makabre Spiel dadurch beendet, daß der Sohn dieser alten Dame eine neue Wohnung für sie in einem anderen Stadtteil suchte. Die erneute Wohnungsänderung leitete das physische Ende der gemobbten alten Dame ein.
Zehnte Klasse eines Gymnasium, in einer Zeit, wo es noch nicht das sog. Kurssystem gab. Eine neue Schülerin wird eingeführt, etwas älter als die anderen, sicher eine Gefahr für die feste Kommunikationsstruktur in dieser Klasse. Wir hören Gespräche mit, die bei einem Klassentreffen nach dreißig Jahren Abitur geführt wurden. „Was macht eigentlich das 18te Jahrhundert?" „Ich hab immer noch ein schlechtes Gewissen, wenn ich an die denke", „wer von uns hat eigentlich aufgebracht, daß sie stinken soll?" - Schweigen - „ich hatte ja immer etwas daran gezweifelt, daß sie riecht, aber weil wir alle der Meinung waren, war ich auch davon überzeugt", „ich habe nie geglaubt, daß sie unseretwegen die Schule vorzeitig verlassen hat, sie hatte sicher andere Ambitionen", - „weiß einer, was aus ihr geworden ist?" - „ich hab sie mal bei X als Verkäuferin gesehen, aber das war vor 10 bis 15 Jahren, ich habe mich aber nicht zu erkennen gegeben". Eine uncharakteristisch lange Pause setzte nun ein, bis man das Thema „Lehrer" einleitete. In diesem Beispiel hatte eine diskriminierende Behauptung genügt, und das alte Gleichgewicht in der Gruppe war wieder hergestellt worden. Jeder hatte wieder seinen sicheren Platz im Gefüge der Geltung, und dieser Platz ist in diesem Alter durchaus viel differenzierter, als uns die einfache Vorstellung von der Hackordnung glauben macht. Die „Neue" hatte alle irgendwie in ihrer Stellung in der Gruppe gefährdet.

Es war also nicht nur der sog. „Star", der erste in der Hackordnung der Klasse, gefährdet. Die Diskriminierung kann also durchaus von einem mittleren Bereich oder dem unteren Ende der Hackordnung gekommen sein. Nach mehr als dreißig Jahren kamen sich aber alle nun schon älter gewordenen Frauen ziemlich dumm, schäbig und bösartig vor.

Eine Studienrätin macht selbstlos in ihrem Gymnasium die Stundenpläne und die Vertretungseinteilung, nun schon fünfzehn Jahre lang. Angefangen hatte es damit, daß man als Mathematiklehrer eben so etwas können müsse. Los wird man solch ein „Amt", auch bei 120 Kollegen, nur durch Ausscheiden oder Verscheiden. Das jährliche Angebot, „wer macht es nun weiter?", verlischt in den Gesprächen über Gehalt oder Reisepläne und wird in der Regel mit einigen Blumensträußen beantwortet. Der alte Inhaber bleibt auf seinem undankbaren „Job" sitzen. Nun kommt ein neuer Direktor an diese Schule - unbeschrieben, unsicher, Parteibuch als Befähigungsmerkmal. Wie versucht er nun, Respekt und Geltung zu erlangen? Sein „Können" wird gar nicht erst eingesetzt, das wäre mühsam, langwierig, und außerdem müßte man ja eben dann etwas können. Wie ist sein Geltungsstreben auf einfachere Weise zu befriedigen? Er versucht es mit einer - nennen wir es - „Stammtischrenommiermethode", häufig ein probates Mittel zur Befriedigung des Geltungsbedürfnisses. Die allen Kollegen bekannte und wegen der Vertretungspläne manchmal kurzzeitig unbeliebte Kollegin wird ins Visier der Herabstufung genommen. In einer Einführungsveranstaltung für seine Referendare berichtet er, daß an seiner Schule eine alte Frau so geltungssüchtig sei und eifersüchtig über ihre herrschende Stellung wache, daß sie deshalb viel zu gern die eigentliche Dreckarbeit der Schule mache. Um die mehrheitlich männlichen Hörer noch auf seine Seite zu ziehen, kommen noch einige machohafte Bemerkungen über das überspannte Geltungsstreben männerloser Frauen hinzu. Dümmer konnte sich dieser Mann gar nicht verhalten. Zwar erntete er wegen der Abhänggigkeit seiner Zuhörer nicht gleich Widerspruch, aber die Empörung ging raunend durch die Gymnasien dieses Stadtbezirks. Das Kollegium entschuldigte sich mit großem Aufwand bei dieser fleißigen Mitarbeiterin und sprach ihr das Vertrauen aus, der nun unvorbereitete Schulleiter war isoliert und wird sich so dumme Entgleisungen nicht mehr allzuoft leisten können. Vermutlich wird er bald als Oberoberschulrat in der Zentralverwaltung sitzen und hat dann nur noch zu bestimmen, braucht aber mit den Menschen keinen Kontakt mehr zu halten.

Die Diskriminierung derer, die in der Gruppe unbeliebt oder wegen ihrer Tätigkeit zeitweilig unbeliebt sind, ist ein oft benutztes Mittel, um sich selbst in vordere Stellung der Hackordnung zu bringen. So hatte ein junger Lehrer in einer sehr schwierigen neunten Klasse, in die kein Kollege gern ging, erstaunlich wenig Probleme. Bei einer Beobachtung in der Pause wurde den anderen Kollegen klar, warum es bei ihm so gut klappte. Er betrieb auf seine Weise Mobbing. In der Klasse war ein Junge, der bei fast allen unbeliebt war und als Sündenbock für alles herhalten mußte. Dieser Lehrer bediente sich dieser Hackordnung. Als einige Schüler seiner Klasse auf dem Schulhof bei einer Regelüberschreitung ertappt wurden, kam er hinzu und sagte, ohne über die Zusammenhänge informiert zu sein, „wieder dieser Diethelm!“ Auf Diethelm, der abseits des Geschehens stand, stürzte sich nun die ganze Klasse. Nun war der Schulleitung und den Kollegen klar, warum dieser Kollege in der Klasse halbwegs zurechtkam. Er heulte mit den Wölfen und riß fleißig mit am Opfer der anderen. Da diese hohe Anpassungsfähigkeit an den Ungeist einer Klasse nicht gewertet wird wie etwa „silberne Löffel klauen“, wird dieser Kollege, vermutlich sogar mit großer Gesundheit, die Höchstpensionsstufe erreichen. Beruhigend angesichts solcher Erziehungsmethoden ist nur, daß Statistiken beweisen, daß der erziehende Einfluß in der Schule signifikant gering sei.

Die Chefin einer Drogerie mimt den demokratischen Kollegen, duzt sich selbst mit der jüngsten Helferin und versucht so, ihr Wissensdefizit, sie ist aus einem östlichen Bundesland zugewandert, auszugleichen. Da diese Anbiederung aber nicht ausreicht, ihr Anerkennung und Respekt zu verschaffen, spielt sie Mitarbeiter gegeneinander aus, schikaniert die schwächsten Mitarbeiter, deren Verunsicherung sie garadezu zu genießen scheint. Gefährlich wird sie für ihre Mitarbeiter besonders noch dadurch, daß sie beiläufig über die Unfähigkeit einiger Kollegen spricht. Nicht immer glaubt man ihr, aber wenn diese Falschinformationen über Umwege weitergereicht werden, können sie doch großen persönlichen Schaden anrichten, so z.B. über den Computereinrichter, der an diesem Tag ja noch zwei oder drei weitere Drogerien besucht. Den Ursprung solcher Verleumdungen kennt bald keiner

mehr. Eugen Roth persifliert am Gedicht über einen Kuhfladen, der breitgetreten wird, diesen Vorgang sehr anschaulich. Wo ist hier das dumme Verhalten der Drogeriebesitzerin? Sie hat bald keine motivierten Mitarbeiter mehr um sich, trotz des anfangs so verlockenden Du.
Man könnte nun verallgemeinernd fragen, sind diese oben beschriebenen Chefs, Vorgesetzten und alten Damen nicht letztlich sozial schwache Menschen? Man könnte aber auch fragen, haben sie nicht ein so großes soziales Bedürfnis, daß sie schnell und unkonventionell ihr Ziel einer angemessenen sozialen Stellung erreichen wollen? Letzteres ist durchaus anzunehmen, und man könnte es mit dem oben genannten Alfred Adler begründen. Soweit die Methode des Mobbings als Mittel zur Stillung des Geltungsbedürfnisses, das natürlich auch auf andere Weise seine Befriedigung sucht.
Das folgenschwerste Mobbing, oft in Verbindung mit Geltungsstreben und Eifersucht der Eltern, ist das Familienmobbing. Hier ist die Wurzel vielen Übels zu finden. Wenn z.B. amerikanische Untersuchungen behaupten, daß nur ca. ein Viertel der Kinder in Mehrkinderehen vom angetrauten Ehepartner abstammen, schürt man Skepsis, Mißtrauen, Eifersucht. Das „einfache Gemüt", das auf solch gefährliche Zahlenspielereien hereinfällt, beobachtet voreingenommen alles Familiengeschehen und das Verhalten jedes seiner Kinder. Wie soll hier Harmonie entstehen, und wie schnell kann eines der Kinder, weil es möglicherweise etwas anders wirkt, gemobbt werden.
Nicht wenige Eltern benützen auch eines der Kinder für ihre Erziehungsmaßnahmen, es dient gleichsam als Sündenbock. Das eine wird dadurch in seinem Verhalten immer schwieriger, und die anderen werden ehrgeiziger und fanatischer im Bestreben, den Eltern wohlgefällig zu sein. Das kann schließlich soweit führen, daß ein Kind seine eigene verheißungsvoll beginnende Zukunft opfert, nur um den Eltern zu gefallen. Im immer wieder stattfindenden „Zweikampf" mit dem gemobbten Geschwister will es unbedingt als Sieger hervorgehen, selbst noch als Erwachsener und selbst zu Lasten der vielleicht schon gebildeten eigenen jungen Familie. Vor allem in Familien mit nur einem verbliebenen Elternteil bleibt das auf Wohlgefälligkeit konditionierte Kind ein Lebenlang im Würgegriff dieses Elternteils. Somit ist dann das Elternziel erreicht, denn letztlich wurde eines der Kinder auch zum Zwecke der Wohlgefälligkeit eines der anderen Kinder gemobbt. Die-

ses Familienmobbing kann zu neurotischen Verhaltensweisen führen, beim Gemobbten, aber auch bei dem, der sein Leben darauf ausrichtete, sich dem Mobbing zu entziehen. Geltungsstreben und Liebesstreben kommen nicht zu ihrem Recht. Diese Grundbedürfnisse werden verdrängt, können ev. im Unbewußten weiter wirken und - bei entsprechender Disposition - zu neurotischem Verhalten führen.

Viele Eltern mobben letztlich auch, wenn sie ihre nicht erreichten Ziele und ihre nicht erfüllten Wünsche in ihre Kinder hineinprojizieren. Gerade diejenigen, die ihr Versagen auf „die Umstände" zurückführen, erwarten von ihrem Kind, daß dieses nun den Weg der Eltern weitergehe, da sie ja für ihr Kind die günstigen Bedingungen schüfen, die sie selbst damals leider nicht gehabt hätten. Die Methoden, die das Kind hierbei „anfeuern" sollen, ähneln meist mehr dem Mobbing als einer echten, ehrlichen Hilfestellung. Geschwister, Nachbarkinder und Klassenfreunde sind meist hierfür die Muster.

Doch die Einstufung bestimmter Familienbedingungen und Konstellationen, die zum Quasi-Mobbing führen, trifft natürlich nicht jede unserer Familien. Der Mißbrauch ist nicht die Regel, er ist Gefahr. Gerade eine Mehrkindfamilie, ja besonders auch die immer seltener werdende Großfamilie bieten der Erziehung und der Charakterbildung große Chancen. Die Kinder lernen, die Unstimmigkeiten unter sich auszutragen, sie lernen Konfliktbewältigungsstrategien innerhalb physischer und sozialer Verträglichkeit, sie lernen, daß ihr Geltungs- und Anerkennungsbedürfnis nur gerechtfertigt ist, wenn es von der Gemeinschaft getragen wird, sie lernen, nach außen für einander einzustehen bei trotzdem erhaltener Selbständigkeit und „Gegnerschaft" nach innen. Sie entwickeln auch Verhaltensstrategien gegen die Dominanz der Eltern, ja auch gegen das Mobbing durch Eltern, durch andere oder durch die eigenen Geschwister. Ein Einzelkind kann in all diesen Bereichen benachteiligter sein, was auch chinesische Beobachtungen bestätigen, da es „von oben" frustriert, verwöhnt, bevormundet, verunselbständigt wird. Die mögliche Folge: Aggressionsbereitschaft, und als Effekt der Verwöhnung als Mittel der Lebensbewältigung ohne Anstrengung wird das Mobben anderer bevorzugt.

3.4 Dummheit durch falsch verstandene Ehrbegriffe und aus Stolz

Eine der größten Dummheiten unserer Zeit ist die selbstgewählte Isolation, in die sich sog. elitäre oder esoterische Menschen, eben wegen des Gefühls, etwas Besonderes zu sein, begeben. Politiker, die längere Zeit im Amt sind, umgeben sich nur noch mit Mitarbeitern, die ihnen in all ihrem Sagen und Tun recht geben, nicht anders als weiland Cäsar oder seine Majestät der Kaiser.

Selbsternannte Künstler bestätigen sich gegenseitig, kaufen einander häufig sogar ihre kunstlose Kunst ab, bis die Zeit für die allgemeine Anerkennung ihrer Kunst denn reif sei. Übereifriges Betätigen im sozialen Bereich oder in der Entwicklungshilfe ohne fundiertes Wissen - z.B. Brunnen bohren, die nicht tief genug und damit nicht sauber genug sind oder Milchziegen einführen ohne die Möglichkeit, sie auf Krankheiten wie Brucellose untersuchen zu lassen - ist ohne die Bereitschaft zu kompetenter Kommunikation nutzlose oder gar gefährliche Dummheit.

Besonders sog. Hochintelligente sind in dieser Hinsicht sehr gefährdet. Da der „Intelligenz-Kult" gerade in Amerika besonders große Blüten treibt, hierfür Beispiele von drüben.

In einem amerikanischen Boulevard-Blatt (Reader's Digest, The Reader's Digest Association, Pleasantville, N.Y., June 1993:) wird am Beispiel eines Unternehmensberaters gezeigt, welche persönlichen Folgen und geschäftlichen Konsequenzen sich aus solch einer Selbstisolierung aus überzogenem Selbstgefühl und dem Erfolgsbewußtsein der elitären Unfehlbarkeit ergeben können.

Hierbei wird besonders die sog. hohe Intelligenz als Faktor der Isolation hervorgehoben. Aber auch schon mein Doktorvater Paul Moor, Zürich, begründete sehr glaubhaft, daß überdurchschnittliche Intelligenz den inneren Halt, das innere Gleichgewicht des Menschen, mindestens ebenso gefährden kann wie zu niedrige Intelligenz oder körperliche Insuffizienz.

Doch nun zur Essenz des amerikanischen Beispiels:

Sehr aufgeweckte junge Leute fühlen sich von den anderen Kindern ausgeschlossen und schließen sich schon früh zusammen. d.h., „kluge Leute tendieren dazu, sich mit anderen klugen Leuten zu umgeben", sagt James W. Wesley Jr., der Präsident und CEO der Sumnit Com-

munications. „Das ist gut. Aber wenn die Gruppe anfängt, sich nur auf die Klugheit und Brillianz zu verlassen und jede Erfahrung ausschließt, passieren schlimme Dinge." (frei übersetzt)
Eine Gefahr ist es, daß man nicht bereit ist, seine Pläne oder seine Meinungen zu ändern. „Wenn kluge Leute alle miteinander übereinstimmen, daß ein Plan gut ist", beobachtet Wesley, „sind sie geneigt, an dem Plan zu lange festzuhalten, selbst dann noch, wenn andere längst gesehen haben, daß die Richtung falsch ist". Ein neueres Beispiel ist ... . Jahrzehnte hatte die Gesellschaft annähernd das Monopol in der Computer-Industrie. Dann nahm der Groß-Bild-Computer-Markt ab, und der Kunde fragte nach kleineren, weniger kostenintensiven Systemen. Aber die ...-Manager nahmen die rapide Entwicklung in diese Richtung einfach nicht wahr. Das Ergebnis? Massive Entlassungen und Arbeitsunterbrechungen, als ... Rekordverluste in Höhe von 7,8 Milliarden Dollar in den letzten zwei Jahren bekanntgeben mußte".
Rückkoppelung mit anderen ist eben wesentlich, um effektiv zu arbeiten. Aber viele sog. kluge Leute sind ungeduldig mit jedem, der weniger intelligent ist als sie, und durch ihre Intoleranz wird es unmöglich, einem „Dümmeren" oder „Untergebenen" zuzuhören. „Diese Ungeduld", sagt Robert Shiver, CEO der Senses International, einer Kommunikations-Gesellschaft, „kann für manche Firma eine gefährliche Falle sein; sie ignorieren die Warnungen erfahrener Untergebener. Wir sind so klug und erfolgreich, so glauben diese Manager, und nur Einfältige haben Rückkoppelung nötig."
Doch auch in unseren Breiten gibt es ähnliche Probleme. Wenn auch bei uns nicht soviel Kult um den hohen Intelligenzquotienten gemacht wird, so doch um das vollakademische Examen. Die Tochter eines Inhabers eines gutgehenden Geschäftes übernahm dieses von ihrem Vater. Selbstbewußt veränderte sie alles, wollte alles besser machen: Man kommunizierte nicht mehr persönlich, sondern schickte teure Prospekte ins Haus, die Verkaufspalette wurde verändert, der hundertmal verkaufte einfache Schreibtisch wurde gegen Exklusivmodelle ausgewechselt usf., die Methoden des einfachen Kaufmannes wurden abgeschafft, man mußte das ganze Geschäft wissenschaftlich angehen, denn man hatte das alles ja studiert und damit keine Kommunikation zu Mitarbeitern oder Vorgänger nötig. Bilanz nach drei Jahren: Der Konkurs steht vor der Tür.

Aber auch im Kleinen kann man sich aus Stolz und falsch verstandenem Ehrbegriff dumm verhalten. Meiner Mutter stand als Heimatvertriebener mit ihrer kleinen Rente ein sogenanntes Wohngeld zu. Sie weigerte sich, auf unser Sozialamt zu gehen und die Unterschrift auf den Wohngeldantrag zu geben. Nicht viel klüger verhält sich ein Freund, der sich weigert, obwohl in großer wirtschaftlicher Bedrängnis, die Rente, die seiner Frau, einer ehemaligen Witwe, zusteht, in Anspruch zu nehmen.
Mit Sicherheit dummer verhält sich eine „vollakademische Familie", die wegen der guten Luft und der größeren moralischen Sicherheit ihrer Kinder auf ein kleines Dorf gezogen ist, aber den Kontakt mit den „einfachen" Nachbarn verweigert. Folge: Die alte Mutter ist völlig isoliert, wird sogar von den Nachbarkindern mit Sand beworfen, und als die alte Dame einmal in Lebensbedrängnis geriet, wurden nicht ihre Kinder zu Hilfe geholt, sondern man alarmierte die Polizei. Man muß eben wissen, daß die Kommunikationsgesetze auf einem kleinen Dorfe andere sind als in einer Großstadt.

3.5 Egoismus und Egozentrik

Hatten Sie schon einmal ein größeres Loch im Strumpf, wußten es und mußten doch durch die Straßen der Stadt laufen? Dann können Sie sich ungefähr vorstellen, was diejenigen empfinden, die glauben, daß alle Welt nur auf sie schaue und nur sie beachte.
Der Autofahrer, der sie zufällig das zweite Mal überholt, überholt nur ihretwegen oder wegen des Modells, das sie fahren, und der Anrufer „falsch gewählt, Entschuldigung", hat nicht wirklich falsch gewählt, sondern es war jemand, der sich mit ihnen befassen wollte, der sie ärgern, belästigen, sie „anmachen" oder nur ihre Stimme hören wollte. Dieses egozentrische Lebensgefühl mancher Menschen kann für sie geradezu zum alles bestimmenden Verhalten und zu völlig falschen Situationsanalysen führen. Sie haben eben immer ein Loch im Strumpf und glauben ernsthaft, daß alles Verhalten der Umwelt nur auf sie oder gegen sie gerichtet ist.
Das muß nicht immer gleich Verfolgungswahn sein, eine Phobie, die Krankheitswert haben kann, sondern es ist einfach eine egozentrische

Weltsicht: Die Leute nebenan sprechen leise, also sprechen sie von mir - und deshalb muß ich sie ablehnen. Der Egozentriker fühlt also alles Tun und Handeln seiner Mitmenschen als ein auf sein Ego, sein Ich gerichtetes Tun und Handeln und reagiert unangemessen. Ein etwas profaneres Beispiel: Mein Freund rief seine Schwiegermutter an und erzählte ihr, daß es seiner Frau, also ihrer Tochter, nicht gut ginge, weil sie beim Spritzen der Rosen zuviel Gift eingeatmet hätte. Die Reaktion seiner Schwiegermutter: Ach ja, ich muß ja auch noch den Rasen mähen. Diese Frau ist bei ihrem egozentrischen Wesen, das sich in allen Bereichen immer wieder äußert, überhaupt nicht egoistisch, sondern sehr hilfsbereit.

Ähnlich die Reaktion einer Freundin meiner Frau, als ich im Krankenhaus operiert werden sollte: „Ach, das tut mir aber leid. Also, als ich operiert wurde, da hatte ich so interessante Vorstellungen und Träume, Du kannst Dir nicht vorstellen, was für Farben und Bilder und Gedanken mir dabei durch den Kopf gingen." Dann folgte eine minutiöse Schilderung ihrer eigenen völlig anders gelagerten Operation vor einigen Jahren. Auch diese Frau ist eine sehr hilfsbereite und gar nicht egoistische Frau. Ihre Welt hat einfach sie selbst als Mittelpunkt, das Ego steht im Zentrum ihres Denkens.

Egoismus führt selbstverständlich auch zu unangemessenem Verhalten. Der Egoist richtet sein Streben und Handeln einzig und allein auf die Befriedigung seiner eigenen Bedürfnisse. Gleichsam aus Versehen kann sein enger Clan mit in den Genuß seines selbstsüchtigen Strebens kommen, aber meist ist auch dies nur Mittel zum Selbstzweck. Nun könnte man meinen, der Egoist verhielte sich gerade klug, denn er befriedigt ja vor allem seine eigenen Bedürfnisse. Zur Verdeutlichung ein Beispiel:

Ein erfolgreicher Versicherungskaufmann feierte seinen fünfzigsten Geburtstag. Morgens um 4 Uhr schon ließ er im Flur des großen Mietshauses, das ihm gehört, eine zwölf Mann starke Blaskapelle antreten, die „nun danket alle..", die Nationalhymne und Lieblingslieder des Geburtstagskindes ca. eine Stunde lang ertönen ließ. Die Musiker bekamen noch Getränke gereicht, der Gastgeber versuchte sich selbst an Tuba, Horn und Trompete - alles in den frühesten Morgenstunden, wo die übrigen Hausbewohner noch Ruhe nötig hatten. Da der Lärmverursacher der Hausbesitzer war, wurde die Belästigung geduldig

ertragen. Ähnlich rücksichtslos verhielt sich dieser Herr in vielen Bereichen seinen Nachbarn gegenüber: Ich bin hier, ihr interessiert mich nicht, ich lebe mein eigenes Leben. Ein Egoist also, wie er im Buche steht. Daß sein Verhalten dumm war, zeigte sich erst, als er nach einem Unfall hilfsbedürftig wurde, denn nun blieb es dabei, seine Nachbarn und Mitarbeiter richteten sich nach seinem Motto: jeder lebe sein eigenes Leben, und er war bald völlig isoliert.
Wie Dutzende von zusammengelaufenen Menschen sich bar jeden Mitgefühles und jeder Bereitschaft zur Hilfe egoistisch, nur ihren eigenen Bedürfnissen nachgehend, verhalten können, berichtete uns jüngst unser Hausarzt. In einem Einkaufszentrum unweit seiner Praxis kippte am Durchgang zu einer der Kassen eine ältere Dame um. Da er von seinem Parkplatz aus den Vorfall mitbekommen hatte, lief er mit seiner Arzttasche schnell zu den Kassen hinüber. An der Kassensperre versuchte der Arzt, der Dame zu helfen und erste Hilfe zu leisten. Obwohl noch vier andere Kassen in Betrieb waren, wich keiner aus der Schlange vor der Kasse der Verunglückten. Man rief von hinten dem Arzt zu: „Ziehen Sie doch die Frau weg, Sie versperren uns den Weg“, „wir haben uns doch nicht umsonst hier angestellt“, „wo bleibt die Geschäftsleitung“ usw. Schließlich zog der Arzt die Dame aus dem Kassendurchgang heraus und schleppte sie - so sagte er wörtlich - allein in seine Praxis hinüber. Nicht einmal die Tasche wurde ihm nachgetragen. So ein Bericht ist einfach nicht kommentierbar. Diese schlangestehenden Menschen schütteln sicherlich am Abend bei den Nachrichten den Kopf über das unglaubliche Verhalten der Milizen im ehemaligen Jugoslawien. Dieses Verhalten ist nicht auf den einzelnen bezogen dumm, sondern dumm in bezug auf uns als menschliche Gemeinschaft, deren jedes einzelne Mitglied in die Lage der Hilfsbedürftigkeit geraten kann. Doch weiter mit einem ähnlichen Beispiel: In unserem Postamt war vor dem Paketschalter eine Warteschlange entstanden. Es war sehr heiß, und eine Dame erlitt einen Kreislaufzusammenbruch. Ein Arzt, der zufälligerweise mit seinem Paket mit in der Reihe stand, konnte sofort Wiederbelebungsversuche einleiten. Während er sich mitten im kleinen Warteraum des Postamtes um das Leben der Patientin bemühte, stiegen die nachfolgenden Paketschalterbesucher über die mit dem Tode ringende Dame hinweg, um auf kürzestem und ihnen zustehenden Wege an den Schalter zu gelangen, denn der Hintermann könnte sie ja

überholen. Haben hier nicht Erziehung, Vorbilder, mitmenschliche Maximen versagt? Leben wir in einer Gesellschaft, wo sich wirklich jeder selbst der Nächste ist, wo die Ellenbogen wichtiger sind als Kopf und Herz? Doch gehen wir als Ablenkung von der Erkenntnis unseres Versagens schnell wieder über das große Wasser.

Ein Beispiel aus „Readers..“, in dem die Egozentrik mit der gleichen Form der Rücksichtslosigkeit einhergeht wie in unseren Beispielen, hier allerdings wenigstens mit unmittelbaren Folgen und damit im Bezug auf die in dieser Schrift im Vordergrund stehenden Dummheit.

„Irgend etwas in den superintelligenten Menschen treibt sie zu dem angeberischen Gefühl: 'nun zu meinem nächsten Streich.' Angetrieben durch das Gefühl der Allwissenheit können sich brillante Menschen in große Risiken hineinmanövrieren, wie z.B. der ehemalige Colorado Senator Gary Hart. Einstmals durch die New York Times als 'eine der intelligentesten Persönlichkeiten der zeitgenössischen amerikanischen Politik' hervorgehoben, war Hart einer der aussichtsreichsten Kandidaten für die Nominierung des Präsidentschaftskandidaten der Demokratischen Partei Anfang des Jahres 1987. Wütend über Gerüchte ehelicher Untreue, forderte Hart die Reporter heraus: 'Bitte, kommen Sie zu mir nach Haus.' Sie taten es und fanden Hart mit dem 29 Jahre alten Mannequin Donna Rice. Ein Skandalblatt brachte ein Photo, auf dem die Rice auf dem Schoß von Hart auf seiner Yacht namens Monkey Business posierte.

Harts Ambitionen auf den Präsidentenstuhl wurden sehr schnell Geschichte dank seines eigenen rücksichtslosen und dummen Verhaltens.“

So mancher Mensch stellt sich aus Rücksichtslosigkeit und Egoismus allerdings auch dumm, nur um sich einer Tätigkeit, Verpflichtung oder Verantwortung entziehen zu können. Das beginnt bei einfachen Hilfeleistungen - ich brauche bald nicht mehr beim Abwasch zu helfen, wenn mir jedesmal ein wertvolles Stück zerbricht - und endet bei wirklicher unterlassener Hilfeleistung, wenn wir uns wie Kain der Verantwortung entziehen: Soll ich denn der Hüter meines Bruders sein? Da der Erfolg bei solchem Verhalten in unserem Gehirn als positive Lernerfahrung verbucht wird, kann dieses „Dummsein“ ganz schnell auch auf weitere Gebiete übergreifen. Die Pädagogik warnt vor den Ergebnissen einer so gehandhabten Kindeserziehung, wie wir sie u.a. bei verwöhnten Kindern vorfinden können.

3.6 Selbstzufriedenheit und Oberflächlichkeit

„Er ist sich so sicher, daß er glaubt, nicht mehr nachdenken zu müssen". Diese Empfindung hat man nicht nur bei vielen Politikern, Kirchenmännern, Lehrern und Vorgesetzten, sondern man begegnet dieser Haltung überall und immer häufiger. Die Spezialisierung durch Bildung und Wissen ist hier sicher ebenso mitverantwortlich wie die Tatsache, daß nur, wer sicher auftritt, in unserer Zeit Erfolg hat. Und dadurch, daß wir uns so leicht durch Erfolg blenden und für dumm verkaufen lassen, können es sich die Menschen im sog. öffentlichen Leben sehr einfach machen: Geraten sie in Argumentationsnöte, benützen sie vorgestanzte „Legowörter", die sich in beliebige Formen und Wortkombinationen zusammensetzen lassen. Dieser Wortschwall soll verbergen, daß sie nichts Relevantes zu sagen haben. Als Beispiel hierfür sei mir gestattet, den ironischen Kommentar Kai-Uwe Drews' aus den Kieler Nachrichten vom 25.03.94 zu zitieren (ich erlaube mir nur, den Namen des Redners und den seiner Partei wegzulassen): „Dafür verfügt der (Parteiname) über ein profundes Fachwissen, wenn es darum geht, zunehmende Kriminalität und Gewalt zurückzudrängen. Sein richtungweisendes Gesamtkonzept erläuterte er jüngst auf einer Veranstaltung der Senioren (Parteiname) in Bad Oldesloe. Ungekürztes Zitat aus der Pressemitteilung: 'Wir brauchen in Deutschland wieder eine Besinnung auf Pflichterfüllung, Vaterlandsliebe, Ehre, Unbestechlichkeit, Sparsamkeit im öffentlichen wie im privaten Bereich, Liberalität, Toleranz, Tapferkeit, Mut, Fleiß, Arbeitslust, Sauberkeit, Pünktlichkeit, Abkehr von Konsumsucht, Hilfsbereitschaft, Nächstenliebe, Gastfreundschaft, Freundlichkeit, Höflichkeit, Ehrlichkeit, Loyalität und Solidarität, Furchtlosigkeit, Disziplin, Kameradschaft, Geist, Friedensliebe, Heimatliebe, Güte, Mitleid, Patriotismus, Tatendrang, Phantasie und die Entwicklung künstlerischer Fähigkeiten. Kurz: Mehr Sein als Scheinen.' Ob (Name des Vortragenden) den Senioren auch sagte, wie diese Eigenschaften und Ideale in der Gesellschaft verankert werden sollen, ist nicht überliefert." Soweit Kommentar und wörtliches Zitat eines unserer größten Landespolitiker, der auf diese Weise die zunehmende Kriminalität bekämpfen will. Mit solcher Sprache wird die Demokratie ihrer Substanz beraubt. Solche Schlagwörter tauchen auf, und wer sich ihrer nicht in vielfältigster Zusammensetzung bedient, glaubt den Eindruck der Inkompetenz und Ignoranz zu erwecken. Vor vielen Jahren sagte mir einmal eine Staatssekretärin, daß das Wort Behinderung und das Einsetzen für Behinderte nicht mehr „in" sei und daß nur der den Wahlkampf gewinne, der mit dem Wort Umwelt umzugehen wüßte. Und in der Tat: Im nächsten Wahlkampf wurden alle Stichwörter umgewidmet. Der unverbindliche Text, seine Phrasen und Floskeln brauchten dabei nicht einmal allzusehr umgeschrieben zu werden. Die obige lexikalische Aufzählung von Tugenden für den Kampf gegen die Kriminalität kann problemlos für den Umweltschutz, für soziale Sicherung, für Europa, gegen Ausländerfeindlichkeit usw. verwendet werden. Mit Lego läßt sich vieles zusammensetzen, zumal der Zahlenfetischismus des Deutschen hierbei noch Hilfestellung leistet. Ein paar sogenannte Statistiken, Umfragen und Untersuchungen, die keiner der Zuhörer überprüfen kann, werden als gesicherte Argumentationshilfe herangezogen. Zahlen und medialer Schamanismus werden den Zuhörer schon zum Glauben dessen, was man ihm weismachen will, führen, und durch ausreichend häufige Wiederholung wird das Ganze zur „unumstößlichen Tatsache". Der Rückkoppelungseffekt in der Demoskopie ist leider nur den Insidern bekannt, weshalb uns ja die verschiedenen Parteien die verschiedenen Zahlen servieren. Die Bevölkerung selbst glaubt an die Demoskopie, und viele machen sich deren Ergebnisse zu eigen, denn unbewußt wird der Anschluß an die Mehrheit gesucht. Dies gibt innere Sicherheit, denn ich fühle und denke wie die meisten. So wird die Vorhersage zur richtigen Prognose, und wir werden zur manipulierten Masse. Als ich als junger Wiss.Assistent bei einer Untersuchung den damaligen „Papst" der psychologischen Statistik nach einer Berechnungsformel befragte, stellte er mir erst die Gegenfrage: „Was wollen Sie denn herausbekommen?" Wie ich bald merkte, eine berechtigte Frage, denn mit meinem Material konnte ich sowohl das eine als auch das andere beweisen. Hinzu kommen bei unseren Politikern das selbstsichere Auftreten, das Amt und die Unverfrorenheit beim Ignorieren jedweden Widerspruches. Mit derselben Unverfrorenheit werden an Stelle von Argumenten die persönlichen Schwächen aus Gegenwart und Vergangenheit des politischen Gegners zum Gegenstand der Diskussion gemacht.

Aber auch im Alltagsleben treffen wir häufig auf ein solches sich-Zurückziehen auf Floskeln. Als einer meiner Freunde im Krankenhaus lag, erzählte er mir ein bißchen bitter: In dieser meiner Situation ist mir klar geworden, wer wirklich mit mir mitfühlt. Floskeln und Gemeinplätze wie „das Leben geht weiter", „von nun an ist Dein Leben geschenktes Leben, das verpflichtet Dich zu positivem Denken", „man soll sich nicht zuviel Sorgen machen, das führt zu nichts", helfen einem Menschen in Not nicht. Wenn die Worte fehlen, was in manchen Situationen der Fall ist, dann sollte man sich nicht oberflächlich auf Floskeln zurückziehen, sondern lieber nichts sagen. Innere Anteilnahme ist auch ohne Worte erkennbar. Mein Freund hatte die nichtssagenden Äußerungen als Gleichgültigkeit empfunden, obgleich sie vielleicht nur dumm waren.

In diesem Zusammenhang seien drei wesentliche „Verdummungsbereiche" nur kurz gestreift, da sie den Rahmen der vorliegenden Arbeit sonst sprengen würden: Konfession, Selbstverwirklichung, Politik. Im Bereich der Konfessionen verhindern die historischen Tabus noch weitgehend Infragestellungen von Bedingungen und Aussagen, geistigen und geistlichen Positionen und ideologischen Bindungen. Gewissensbindungen blockieren die freien Entscheidungen selbst dann, wenn rationale Erwägungen andere Entscheidungen als vernünftig erscheinen lassen. Für die christlichen Konfessionen könnte man sagen, daß jede Zeit gewisse Schwerpunkte der Bibel akzentuiert und verabsolutiert. Die Maxime der heutigen Zeit: „Ich kenne ihn nicht ..." (Mark.14.68; Mark.14.71; Math.26.72 u.a.) Ich kenne Gott nicht mehr, ich kenne den heutigen Menschen mit seinen Ängsten, Nöten, Problemen schon gar nicht mehr, und ich kenne die Konstellationen einer dynamischen und sich dramatisch weiterentwickelnden Welt und Welterkenntnis nicht mehr. Folgsam bleiben die „Schäfchen" dann, wenn man ein schlechtes Gewissen erzeugen kann. Setze die Tabus so, daß sich ein schlechtes Gewissen schon bei kleinen, unwichtigen Überschreitungen regt, und dieses schlechte Gewissen verhindert innere Befreiung in wichtigeren Angelegenheiten. Ich komme mir z.B. sündig vor, weil ich sonntags zu spät in die Kirche gegangen bin, und eben diese „Sündigkeit" reicht aus, um der Kirche wenigstens bei meiner Wahlentscheidung für den Landtag meinen inneren Gehorsam zu erweisen. Allein mit meiner Kirchensteuer könnte ich laufend zehn bis zwanzig Kindern aus einem sog. Entwicklungsland Schul- und Weiterbildung ermöglichen, aber ich bezahle, wie mir mein ach so gutes Gewissen

befiehlt, „dem Stellvertreter des Herrn lieber seine vielen Schreiber, Kopisten, Notare, Advokaten, Sekretäre, Eseltreiber, Pferdewächter, Geldwechsler, Kuppler und Makler“, meine monatlichen Steuern. Ich habe übrigens eben Erasmus von Rotterdam zitiert, der sich vor fast fünfhundert Jahren mit seinem Buch „Lob der Torheit“ nicht nur Freunde im Establishment geschaffen hatte.
Die Kirchenfürsten und die Regierenden legen weniger Wert darauf, ihre „Untergebenen“ zu überzeugen oder zu einem Glauben zu bekehren, als darauf, sie zu einem rituellen Verhalten zu bringen, ja zu konditionieren, denn dieses schaltet sich dressurhaft ein, wenn es durch die äußere Situation abberufen wird. Wir alle wollen eigentlich glauben und nicht Formalien erfüllen, - deshalb soviel Aberglauben besonders in der katholischen Kirche.
Ein Beispiel dafür, wie leicht die Bereitschaft des Menschen zu glauben zum Mißbrauch führt, sind die in den letzten Jahren immer wieder auftretenden „Kornkreise“. In unserer Nachbargemeinde hatten sich Studenten erlaubt, einen „mystischen Kreis“ in ein Getreidefeld zu trampeln. Obwohl die Diskussion um dieses Thema durch die vorangegangenen Kreise aus aller Welt bereits erschöpft war, füllte die örtliche Tageszeitung mit Expertengutachten etc. über Wochen ihr Sommerloch, und der Bauer verdiente durch Autoparkgebühren und Besichtigungsgeld ein mehrfaches des EG Getreidepreises.
Dummes Verhalten, ausgelöst durch ein weiteres Verdummungsinstrumentarium, die Selbstverwirklichungsideologie, mußte ich leider nicht nur einmal bei Nachbarn, Freunden, Verwandten beobachten, nur weil sie einer vermeintlichen Selbstverwirklichung nachgelaufen sind. Da dieses „Selbst“ aber eines der größten Unbekannten ist und sich ständig in einem neuen Gewande zeigt und sich verändert, denn Leben heißt ja Dynamik, Bewegung, Veränderung, läuft man im Zickzackkurs allem Unbekannten nach und steht sich immer wieder selbst im Wege. Erreicht man wirklich einmal ein Ziel, stellt man enttäuscht fest, daß das Selbst wieder nicht verwirklicht wurde, daß man wieder einmal einem von außen bestimmten Ziel nachgelaufen ist. Mein Selbst, ja meinen Selbstwert kann ich nur dort erfahren, wo es durch die und in der Gemeinschaft bestätigt wird. Zu häufig werden wir Opfer von Schlagwörtern.

Dem Stichwort Selbstverwirklichung dienen heute eine Unmenge von Ideologien, die den Unzufriedenen zu immer neuer Suche nach seiner Selbstverwirklichung verführen. Wenn man an irgendeiner Stelle seines Selbst eine Beeinträchtigung hat (berufliche, familiäre, gesellschaftliche oder Selbstwertprobleme) steht von den verschiedensten Angeboten aus vielen Geistesrichtungen eine „probate" Selbstverwirklichungstheorie zur Verfügung. Es ist eben leider möglich, daß ich bei dem Nachlaufen hinter dem Phantom einer solchen Selbstverwirklichung meine besten und ehrlichsten Freunde verliere. Ebenso kann man auch über verbale Lockvögel wie „Emanzipation", „ Held", „ich bin stolz auf dich" und andere unklare Verstärker isoliert und verdummt werden.

Man setzt sich für von außen vorgegebene Pseudoideale ein, opfert Freunde und sich selbst.

Am augenscheinlichsten allerdings erleben wir uns als dumm im Bereich der Politik.

Vier-, fünf-, vielleicht auch noch sechs- oder siebenjährige Kinder leugnen, eine Missetat begangen zu haben, auch wenn sie bis in's kleinste Detail überführt oder bei ihrer Missetat beobachtet worden waren. Mit wachsender Einsicht, Übersicht - auch über Erkenntnisgewinnung und Beweisführung -, geistiger und sittlicher Reife gelangen sie allmählich zu der Erkenntnis, daß das Abstreiten nicht immer die richtige Reaktion ist. Anders das Verhalten von z.B. Sportlern in Fällen von überführtem Dopingmißbrauch oder von Straftätern, die auf diese Weise zu geringeren Strafen gelangen. Unerträglich dreist und unverfroren erscheinen uns in diesem Zusammenhang besonders Politiker, die z.T. dumm und primitiv lügen, einfach weil sie in ihrer Selbstzufriedenheit das Volk für dumm genug halten. Schleswig-Holstein, Bonn, Bayern - wir können und wollen die einzelnen Begebenheiten nicht aufführen, wo immer noch dreist geleugnet wurde, wo eine juristische Überführung schon lange beweiskräftig geworden wäre. Das Muster der Verdummung wiederholt sich: Untersuchungsausschüsse - natürlich aus den eigenen Reihen - werden ernannt, die die Luft erst einmal aus dem ganzen Problem herauslassen. Scheindiskussionen über Randprobleme und persönliche Stilprobleme werden solange geführt, bis man glaubt, daß das öffentliche Interesse erloschen sei. Man verläßt allerdings bei dieser Spiegelfechterei nie das „Krähenprinzip" - keine Krähe hackt der anderen das Auge aus. Je sicherer und arroganter hierbei aufgetreten wird, desto „versicherter" wird die Unschuld von den Gleigesinnten, und schließlich glaubt man als Anhäger dieser Geistesrichtung oder Anhänger dieser politischen Richtung selbst an die Unschuld, denn ein Mensch, der in vielen Bereichen so denkt wie ich, kann diese Schlechtigkeit nie begangen haben, und der Missetäter und seine von ihm politisch Abhängigen beteuern ja seine Unschuld, wir sind also wieder einmal einer Meinung. Mehr als diese politische Zustimmung seiner Anhänger will der Politiker häufig gar nicht erreichen. So kann er selbstgerecht und ohne Schuldgefühle bleiben. Die Angriffe der bösen Zeitungen, des unobjektiven Rechnungshofes oder des politischen Gegners haben sich wieder einmal als Bumerang erwiesen. Die eigenen Reihen werden dichter geschlossen. Nachrichten, daß der Absturz aus den politischen Elitezirkeln erfolgt sei, hört man selten oder gar nicht. Selten also sind die Verdummer auch einmal die Dummen. Warum sind wir eigentlich so sehr bereit, dem einen mehr zu glauben als dem anderen? Die Ursachen dazu liegen - wie eben dargestellt - sicher nicht in der aktuellen Situation. Zur Ergründung sei uns ein kleiner Exkurs in ein Alltagserlebnis erlaubt. Beim Wegräumen eines Holzhaufens im Garten entdeckte ich ein schönes, kunstvoll gebautes, leeres Nest. Dieses Nest konnte eigentlich nur von einer Maus stammen. Maus? Unmöglich! Schon als Junge vom Dorf hatte ich mich, wie alle Dorfbewohner, über Mäuse geärgert. „Eine Maus kann ein so schönes Nest gar nicht bauen". Es paßte einfach nicht in mein Weltbild, meine Gefühle waren ambivalent, einerseits war dieses Nest wirklich schön und liebevoll gebaut, andererseits konnte es eigentlich wirklich nur von einer Maus stammen. Diese Vorstellung lehnte ich ab. Dieses Nest ähnelte doch so sehr dem Nest eines Zaunkönigs, der unter einem Dachvorsprung auf der Terrasse ein Nest gebaut hatte. Es kann nicht sein, was nicht sein darf, würde Wilhelm Busch gesagt haben. Eine Maus kann kein schönes Nest haben, und der politische Gegner kann nie recht haben. Der sympathische Vogel hingegen baut ein schönes Nest, und der politische Freund handelt nur richtig. Haben wir es hier mit einem angeborenen Verhaltensmuster des Menschen zu tun, denn ich glaube, daß es vielen von uns so ergeht, oder war ich mit meinem Mäusenest nur Opfer irgendeiner manipulierten Erziehung? Vater, Mutter, Pfarrer, Lehrer mußten von uns als Autorität angesehen werden und waren selbstverständlich ohne Fehl und Tadel. Hatte selbst mich, der jahrzehntelang Erzieher von Erziehern war, meine Erziehung noch so im Griff? Lassen sich aus dieser Beobachtung die sogenannten Stammwähler erklären? Der Holzhaufen war liegengeblieben und ich glaubte, mich mit meinen Reflexionen dem Gefühlsdruck entzogen zu haben. Weit gefehlt, es störte mich immer noch, daß eine Maus usw.usf. Schließlich lösten die Tierbeschreiber Schmeil und Grzimek diesen einen meiner Konflikte auf. Dieses Nest wird von einer bestimmten Maus errichtet, die zwar als solche bezeichnet wird, aber nicht der Familie der Mäuse angehört. Der bittere Nachgeschmack ob meiner politischen Manipulierbarbeit blieb mir allerdings noch lange erhalten, denn wer Nester so subjektiv betrachtet und sich seiner selbst so wenig sicher ist, sollte eine eventuelle innere Unfreiheit auch auf anderen Gebieten, sei es in der Politik, sei es im alltäglichen Leben, nicht ausschließen. Vielleicht erscheint es dem einen oder anderen nun angezeigt, das Kapitel über die Vorurteile zu betrachten.

3.7 Arroganz, Selbstherrlichkeit und Selbstüberschätzung

Ein Studiendirektor beendete einen Disput mit einem Küstenfischer mit den Worten: Ich muß es ja wissen, ich habe schließlich studiert; und die Diktatoren der Weltgeschichte ließen sich ob ihrer „Tüchtigkeit und Einmaligkeit" wie Halbgötter feiern. Sehr oft begegnet uns diese Alltagsdummheit in Verbindung mit einem anderen psychischen Phänomen, mit dem Phänomen der Selbstgerechtigkeit: Der Selbstgerechte versetzt sich nicht in die Situation des anderen oder analysiert die Konstellationen und Situationsbedingungen nicht, denn er geht ja nicht fehl, nie fehl.

Er ist eben ein „perfekter Typ"! „Ich bin erst zufrieden, wenn alles in Ordnung ist." „Ich liebe keine Halbheiten." „Es ist schon fünf Minuten zu spät". „Du weißt ja, wie ich bin". Sehr oft empfinden sich nervöse, intolerante Menschen als übergewissenhafte Menschen. Sie sprechen eigentlich nur von sich und ihrer Liebe zur Gerechtigkeit, Genauigkeit, Gewissenhaftigkeit. Der andere Mensch ist meist schlecht, unzuverlässig, Betrüger. Er kommt zu der Besprechung nicht zu spät, weil vielleicht ein Stau auf der Autobahn war, sondern weil er unzuverlässig ist oder die Besprechung boykottieren will. Gott sei Dank gibt es wenigstens einen ehrlichen, guten Menschen auf der Welt, und Gott sei Dank bin ich es!

Jedem von uns sind Menschen mit einer solchen Haltung bekannt. Hierzu ein paar Beispiele krasser Selbstüberschätzung aus Amerika.

„Viele Superintelligente können die einfache Tatsache nicht begreifen: Brillianz auf einem Gebiet ist keine Garantie für Erfolg auf einem anderen.

Victor Kiam, Havard-Absolvent und sehr erfolgreicher Geschäftsmann, verdiente Millionen durch den Verkauf seiner Remington Produkte in der Fernseh-Werbung. 1988 kaufte Kiam die New England Patriots. Aber die Vermarktung eines kämpfenden Footballvereins erwies sich als völlig unterschiedlich von der Vermarktung elektrischer Rasierapparate. Er wurde bald mit schweren Verlusten konfrontiert. Dann kam eine von den Medien öffentlich diskutierte Katastrophe hinzu, als eine Reporterin Spieler des Vereins beschuldigte, sie sexuell belästigt zu haben und Kiam anfangs das Problem herunterspielte.

Er entschuldigte sich bei ihr, aber nach ein paar Monaten wurde ihm nachgesagt, er hätte seine Witze über den Zwischenfall gemacht. Als Kiam das Footballteam wieder abgab, mußte er einen Verlust in Millionenhöhe hinnehmen.

Viele der erfolgreichsten und klügsten Persönlichkeiten lernen aus solchen Katastrophen. Sie horchen auf andere, sie vermeiden, sich selbst zu ernst zu nehmen. Sie suchen aktiv Rückkoppelung und kennen ihe eigenen Grenzen.

Der späte Sam Walton war ein Geschäftsgenie, indem er ein fünf- und-zehn-cent-Angebot in sein 55 billionen Dollar-Imperium aufnahm. Aber das erreichte er nicht isoliert und durch Konferenzen mit seinen Gesellschaftern, sondern er unterbreitete und diskutierte seinen Plan in seinen über das ganze Land verteilten Geschäften, und so konnte er seinen „Partnern“ im ganzen Land zuhören und sogar Schokoladen- und Erdnußautomaten bei seinen Kunden aufstellen. Waltons Bescheidenheit war Teil seines Erfolgsrezeptes: Konkurrenten unterschätzten ihn, und seine eigenen Arbeitnehmer fühlten, daß sie ihm alles erzählen konnten. Wir sind nicht so klug, aber wir sind in der Lage, uns zu ändern, sagte Walton kurz vor seinem Tod. Diesen Satz sollten wir nur

zur Hälfte glauben.
Harold Tinker hatte in den 39 Jahren seiner Lehrertätigkeit an der Choate School in Wallingford festgestellt, daß es fast nie die top-Studenten sind, die die Erfolgreichsten werden. Das liegt zwar zum Teil daran, daß sich die Überklugen selbst im Wege stehen, aber dazu kommt ein ebenso wichtiger Grund: Wenn du Nr.2 bist, arbeitest du härter."
(Adapted from The Wall Street Journal Mortimer R. Feinberg)

Doch wieder zurück in unsere Breiten. „Ich muß es doch wissen, schließlich habe ich studiert". Mit diesem Zitat leiteten wir ja diesen Abschnitt ein. Wenn derselbe Chemielehrer an einem Gymnasium aber noch an anderer Stelle sagt, „sie kann ja gar nicht süchtig werden, denn sie weiß ja nicht, daß dieses Suchtmittel im Medikament mit enthalten ist", dann ist dies mit Sicherheit nicht Ignoranz, Unwissenheit oder Naivität medizinischen Tatsachen gegenüber, sondern es ist Selbstüberschätzung und Arroganz.
Von einem Lehrer, der seit Jahrzehnten die Fächer Chemie und Geographie unterrichtet, muß man mehr Allgemeinkompetenz erwarten dürfen, zumal dann, wenn er so imperativ auftritt. Seine Selbsteinschätzung als guter und engagierter Lehrer ist selbstverständlich. In seiner Familie genießt er unbestrittene Autorität, ohne daß er sich despotisch verhält, er glaubt an sich, und alle in seinem Einflußbereich glauben auch an ihn. Die zwei-jährige Tochter antwortete auf das Kompliment, daß sie ja schon bis fünf zählen könne, „mein Vater kann schon bis hundert" - und deine Mutter? „die nicht!" Hier liegt eine psychologische Gesetzmäßigkeit vor, zumindest bei den Populationen, die ganz allgemein einer Art autoritärer Beeinflussung unterworfen sind - Vater/Mutter können nichts falsch machen. Wer demnach von sich denkt, daß er unfehlbar sei, von dem wird auch in der abhängigen Umgebung so gedacht. Es ist manchmal erstaunlich, wie unkritisch z.B. eine zwanzigjährige Tochter über Vater/Mutter denken kann. Hinzukommt: Wer auf einem Gebiet eine Autorität ist, erhebt für sich den Anspruch auf Kompetenz auch in anderen Lebensbereichen. Lehrer unterliegen dieser Gefahr der Selbstüberschätzung und Arroganz besonders. Wer offene Augen und eigene Kinder in der Schule hat, findet bei sog. fortschrittlichen Lehrern die gleiche gefährliche Selbst-

überschätzung wie bei konservativeren. Bei Ärzten gehört angemaßte Kompetenz in vielen Bereichen sogar mit zum Ausbildungsprogramm - mit der Begründung, daß alles unfehlbar wirken müsse, auf daß der Patient es auch glaube; für die Menschen des 19.Jahrhunderts mit seinen unumstößlichen hierarchischen Strukturen eine sicherlich nicht falsche Einstellung.
Dieses Unfehlbarkeitsdenken, also diese Arroganz, finden wir immer häufiger auch bei Politikern. Da sie ja nicht die Tochter oder Patienten oder eine Klasse als zu ihnen aufschauende Gläubige haben, umgeben sie sich mit satellitenhaften Mitarbeitern, die die Selbsteinschätzung des Meisters immer höher aufschaukeln lassen. Wer sich selbst erhöht, wird von seinen Vasallen und Lakaien und schließlich vom ganzen Volk erhöht werden.
Wenn ein nicht ganz unbekannter Politiker und Verleger sagt, „jemand muß sich in heutiger Zeit an die Spitze dieser Hammelherde stellen", so grenzen hier Verdummung und Arroganz schon an puren Chauvinismus.
In einigen westlichen Demokratien hat in Folge dieses Politikerverhaltens bereits ein Zusammenbruch stattgefunden. Die Selbstaufschaukelung hat sich von der Basis - Volk - soweit abgehoben, daß der Zusammenbruch die logische Folge ist.
Hier spätesten sind wir nicht mehr allein die Dummen.
Bei den religiös strukturierten Gemeinschaften verläuft dieser Prozeß langsamer, die Erhaltungsfaktoren sind stabiler, weil hier schlechtes Gewissen, Kindheitsprägungen, Gemeinschaftserlebnisse, religiöse Grundmuster im Menschen und Archetypen ein endgültiges Fallenlassen verhindern oder möglicherweise nur verzögern. Es ist uns eben eingeredet, ja ankonditioniert worden, daß wir auch Gottes Wohlwollen verspielen, wenn wir die kirchliche Institution verlassen.
Um der Klarheit willen müssen wir in diesem Abschnitt noch erwähnen, daß diese selbsternannte, selbstdargestellte oder von der Mitwelt erzwungene Kompetenzanerkennung auch bei Geltungssüchtigen - Geltungssucht und Arroganz sind nicht identisch, sie können weite Strecken miteinander gehen - zu finden ist. Generalisierten Kompetenzmißbrauch finden wir auch in starkem Maße bei Neurotikern, psychopathischen Persönlichkeiten und als Kompensation, als Umkehrung des Bedürfnisses im Phänomenologischen, bei unsicheren und unter

Minderwertigkeitsgefühlen leidenden Persönlichkeitsstrukturen.
Aus Angst, dumm zu erscheinen, vermeiden diese Mitmenschen das „Zugreifen“ auf ihnen nicht sicher erscheinenden Gebieten und bauen um sich herum eine gläserne Wand auf und verbreiten das Image, daß allein sie in ihrer esotherischen Welt kompetent bewandert seien. Ein Schulfreund, von Beruf Professor, hinterläßt den Eindruck, daß er nicht einmal das Licht selbst einschalten könne, aber für ihn sind alle Tätigkeiten außerhalb des Bücherlesens niedrige Tätigkeiten für deren Inangriffnahme Ausbildung, Können und Stand einfach zu schade seien. Ursache für diese seine Arroganz ist seine Unfähigkeit in praktischen Bereichen, die auf diese Weise kaum jemand bemerkt. Für all die genannten Persönlichkeitsbilder trifft die Schopenhauer'sche Vorstellung von „intensiver Zusammenarbeit von Dummheit und Bosheit“ nicht zu.
Dazu nochmals einige Beispiele aus Amerika (Notizen aus: Why smart people do dump things and how to avoid their career-killing mistakes, aus Reader's Digest, s.o.)
Stephen Chao war ein erfolgreicher Sprößling einer der wohlhabenden Familien des vorkommunistischen China, der als Havard-Absolvent sein Glück in Hollywood gesucht hatte. Er erfreute sich eines kometenhaften Aufstieges, und im Alter von 36 Jahren wurde er Präsident des Fox Fernsehsenders und der Fox News.
Plötzlich,im vorigen Sommer, stürzte Chao's Glücksstern ab. Als er eine Rede vor einer angesehenen Konferenz halten wollte, die unter der Schirmherrschaft des Fox Präsidenten Rupert Murdoch stand, setzte sich ein junger Mann in seine Nähe und begann, sich auszukleiden. Während Chao über die Zensur sprach, entkleidete sich der Darsteller, den er gemietet hatte, vollständig. Murdoch nannte das Kunststück einen „furchtbaren Fehler“ und feuerte Chao.
- Warum tun kluge Leute wie Stephen Chao so dumme Dinge?
Als Direktionsberater habe ich eine große Anzahl von dummen Entscheidungen und eigenartigen Handlungen von Leuten mit sehr hohem IQ erlebt. In Jahrzehnten persönlicher Beobachtung habe ich erfahren, daß die meisten von uns solche Fehler manchmal in unserem Leben machen. Solche Karriere-tötenden Fehler von überklugen Leuten zu verstehen, kann uns helfen, selber solche Fehler zu vermeiden.
Hier sind einige Gründe:

Arroganz:“Kluge Leute haben sich daran gewöhnt, mehr als alle anderen zu wissen“, sagt Brendan Sexton, der Vizepräsident der New Yorker Rockefeller Gruppe. „Es ist nur ein ganz kurzer Schritt zu der Annahme, daß man alles weiß.“
John Sununu hat einen hohen IQ, und er macht daraus kein Geheimnis. Der kampflustige frühere New Hampshire Gouverneur und Personalchef des Weißen Hauses machte sich viele Feinde im Congress, weil er jegliche Diplomatie bei Auseinandersetzungen vermissen ließ. Sununu beleidigte einmal Mississippi Senator Trent Lott dadurch, daß er ihn unbedeutend nannte. Wenig später erhielt ein Mitglied des Senats die Republikanische Führerschaft. Trotz seines genial-hohen IQ’s machte Sununu einen Fehler, der derart töricht war, daß es auf beruflichen Selbstmord hinauslief. Er benutzte für persönliche und politische Besorgungen quer durchs Land Militärflugzeuge und kostete den Steuerzahler dadurch Hunderttausende von Dollars. Als der Ruf nach seiner Abdankung immer lauter wurde und er Verteidiger benötigte, beeilten sich Legionen von aufgebrachten Insidern, ihm möglichst schnell den Rest zu geben.
Ebenso wie die isolierte Welt von Washington ist der Elfenbeinturm der Wissenschaft ein äußerst fruchtbares Milieu für das Entstehen von „Überklugheits-Arroganz“. 1990 wurde entdeckt, daß die Elite-Stanford-Universität einen Ausgabe-Posten auf Kosten des U.S.-Steuerzahlers führte, der nichts mit Regierungs-Forschungsprogrammen zu tun hatte, sondern der einzig und allein eine 72 Fuß große Yacht finanzierte und den Empfang der neuen Ehefrau des Stanford-Präsidenten Donald Kennedy. Aber Kennedy war uneinsichtig. Er räumte zwar ein, daß Regierungsgelder als „indirekte Forschungskosten“ mit herangezogen worden waren, um Servietten, Tischtücher und einen Dinner-Empfang in seinem Wohnsitz zu finanzieren, aber er sagte, „es brächte mich nicht in Verlegenheit zu sagen, daß jede verdammte Blume im Haus eine indirekte Ausgabe gegen die Forschung sein sollte“. Kennedy handhabte den Umgang mit Beleidigungen mit selbstzerstörender Selbstzufriedenheit. „Er schien zu denken, daß alles, was er tat, richtig war, bloß weil er es tat“, sagt ein Stanford-Angehöriger. Wenige Monate später verkündete Kennedy seinen Rücktritt als Präsident.“
Ich habe hier mit Absicht amerikanische Beispiele angeführt, da dieser Abschnitt für unsere Breiten ein ganzes Buch benötigte und ich mir

nicht sicher bin, ob dieser Beitrag auch genügend ausgewogen ausfiele. Sollen wir Bonn, München, Kiel, Magdeburg, Saarbrücken usw. als repräsentative Beispiellieferanten anschauen? Lieber noch ein Beispiel aus der Wirtschaft: Der Sohn eines angesehenen Kaufmanns einer mittleren Großstadt übernahm dessen Betrieb, ein Unternehmen, das im Detailbereich ein sog. Allesanbieter war, in der Engrosabteilung wurden Großunternehmer, Banken, Behörden etc. voll ausgestattet. Unter den ca. hundertfünfzig Mitarbeitern verschiedenster Qalifikation und Aufgaben herrschte eine kollegiale verbindliche Atmosphäre. Die Behindertenquote - jedes Unternehmen muß nach dem Gesetz einen Prozentanteil Behinderter beschäftigen oder es zahlt eine kleine Ausgleichsabgabe an den Fiskus - wurde hier immer übererfüllt. Man kann auch den Schwachen sinnvoll einsetzen. Dem Engagement der Mitarbeiter entsprechend hoch waren auch die Erfolge. Kaum ein Bankneubau, kaum eine Behördenerweiterung, kaum ein Altersheim, das nicht von dieser Firma ausgestattet wurde. Der Generationswechsel vollzog sich in der Firma unter der Bedingung, daß der Seniorchef voll ausstieg, denn „ich hab ja schließlich studiert, und wir müssen die Verkaufsmethoden grundlegend ändern und die Betriebsstruktur erst einmal optimieren“, so der neue Chef. Der Entlassung der uneffektiv arbeitenden Behinderten folgten freiwillig und halbfreiwillig die Prokuristen. Es gab keine Prokura mehr für andere Mitarbeiter, es gab auch keine Beratungen mehr, sowohl über das Verkaufssortiment als auch über die Ausschreibungsverfahren bei Großaufträgen. Mitarbeiter berichteten, daß der neue Chef sich geweigert hätte, die Neubauausschreibung an einem Samstag mündlich zu vertreten, eben weil Samstag war und weil die Einladung hierfür nur über die Sekretärin der Bank erfolgt war. „Wir sind auch wer!“ Als nach knapp fünf Jahren Konkurs angemeldet werden mußte, war das Unternehmen von 150 Mitarbeitern auf 10 zusammengeschrumpft, und im ehemals breit gefächerten Einzelhandelsbereich gab es nur noch wenige exklusive, fast unbezahlbare Gegenstände. Auch das Angebot im Ausstattungsbereich beschränkte sich auf eine kleine, sehr teure Auswahl. Zur Beurteilung der Entwicklung dieses Unternehmens ist kein Unternehmensberater nötig, selbst dem Laien ist klar: Hier wirkte ein Unfehlbarkeitstyp als Geschäftsführer. Auf die Frage an einen Mitarbeiter: „Was hat denn der neue Chef wirklich gelernt“, kam die Antwort: „Sohn“.

3.8 Affekte

Die Affekte spielen uns bei unserem dummen und „nichtdummen" Verhalten immer einen besonderen und nicht berechenbaren Streich, da das rationale Kontrollsystem weitgehend außer Funktion gesetzt wird. Wut, aber auch übergroße Freude lassen uns dumm handeln.
Jemand hat etwas erlebt, das ihn in höchste Erregung versetzt.
Er ist nun nicht mehr in der Lage, alle Ereignisse, die sich um ihn herum abspielen, wahrzunehmen. Er läuft vor ein Auto, stolpert über einen Stock, schneidet sich mit einem Küchenmesser oder eckt mit seinem engsten Mitmenschen an. Sportler berichten, daß man ihnen erst nach der Verleihung der Goldmedaille erklären mußte, daß sie eben gewonnen hätten. Wie sieht es bei einem Ehestreit aus? „Sei doch bitte mal still, ich will es dir erklären" - nur das Wort „still" greift bei dem im Affekt Befindlichen: „Still mußte ich immer sein, das ist ja unser Problem etc."
Auch Gefühle können unser Handeln zu dummem Verhalten werden lassen. Zwischen den Gefühlen als einfache Zuständlichkeiten und dem, was wir hier unter Affekt verstehen wollen und was im Volksmund als solcher verstanden wird, bestehen zwar keine scharfen Grenzen, aber in den Auswirkungen können durchaus gravierende Unterschiede auftreten.
Zorn, Wut, Rache, Schreck, Freude, Begeisterung, Trauer, Sorge, Hoffnung, Erregung und ähnliche Gestimmtheiten könnte man zu den Affekten zählen. Bei Kindern kann man diese Zuständlichkeiten noch an der Gesichtsfarbe, am Zittern, am zornsprühenden Blick oder an der Hypermotorik erkennen. Jeder Affekt ist somit Zustand und Reaktion, also Stellungnahme zu etwas. Diese Stellungnahme kann Gegenwärtiges betreffen, sie kann aber auch - und das kommt oft vor - Vergangenes betreffen. Ich bekomme z.B. Wut, wenn mir ein bestimmtes Vergangenes vergegenwärtigt wird - und schon wird mein Verhalten unkontrollierbar, der Situation nicht mehr angemessen - ich verhalte mich dumm, und spätestens am nächsten Tag ärgere ich mich darüber. Wie läßt sich die Wirkung der Affekte, die uns zu temporären, vorübergehend Dummen macht, erklären? Der Affekt sammelt alle Vorstellungen, die ihm dienen, zieht sie in seinen „subjektiven" Problemkreis hinein und ballt sie zusammen, weswegen man von einer „agglutinie-

renden“ Wirkung des Affektes spricht. Für den Affekt Unbedeutsames wird aus dem Bewußtseinsbild ausgeschlossen. Man sieht gleichsam nur noch das Affektziel, z.B. das Objekt der Rache. Durch diese Bewußtseinsverengung werden von uns auch ungerechtfertigte Verallgemeinerungen aus Einzelerfahrungen gezogen.

Wie läßt sich dieser Zusammenhang physiologisch erklären?

Nerven, einschließlich Zentralnervensystem, können nur elektrische Reize leiten, die durch chemische Vorgänge ausgelöst werden. Alle Reize, ob über Auge, Hand, Ohr etc. aufgenommen oder ob sie innerhalb unseres Nervensystems Erfahrungen reproduzieren oder neue geistige Kombinationen neu produzieren, werden identisch codiert und am Endpunkt, also in der motorischen Exekutive oder als Gedanke, Gefühl, Empfindung, wieder repräsentiert. Die Gleichartigkeit der Übertragungssysteme läßt auch eine Umpolung zu - ein Beweis für ein mehrkanaliges erfolgversprechendes Lernen, aber auch als Erklärungsprinzip für eine Möglichkeit von Fehlschaltungen, Fehlhandlungen, Verhaspelungen und Versprechungen. Unsere Speicher sind also über die verschiedensten informationsübertragenden Bahnen erreichbar und verschaltbar.

Um auf die verheerende oder sinnvolle Wirkung der Affekte zurückzukommen: Die meisten Informationsflüsse, also die elektro-chemischen Reize zu unserer Hirnrinde (weitgehend als Cortex bezeichnet) laufen über den sogenannten Thalamus, den wir wieder grob vereinfacht als Gefühlszentrum bezeichnen können. Das ist für unsere Existenz nicht ganz unwichtig, da somit alle Durchflüsse und Zuflüsse subjektiv bewertet werden. (Wir werden auf diesen Fakt noch oft zu sprechen kommen, denn wir brauchen Warnsignale, Wiedererkennungszeichen und müssen Bedrohliches von uns freundlich Gesonnenem unterscheiden können.)

Das Zirkulieren dieser elektrischen Reize zwischen Thalamus und Cortex ist praktisch auch der Vorgang, der sich auf dem Wege vom Ultrakurz- in den Langzeitspeicher abspielt, er ist aber auch verantwortlich für Hemmungen und Blockaden bei Patienten mit Zwangsneurosen und Neurosen. Wir selbst erleben diesen Vorgang bei starken affektiven Erlebnissen: In Wut nehmen wir keine Informationen auf, und wir können keinen vernünftigen Gedanken mehr fassen, ebenso verdummt uns fanatische oder hingebungsvolle Liebe. Alles was den

Geliebten oder das zu Liebende anzugreifen scheint, wird gehaßt. Es kommen nur die Gedanken durch, die dem Affekt dienen (agglutinierende Wirkung). So hatte sich z.B. meine Frau sehr über eine Nachbarin geärgert. Diese Nachbarin hatte die Erlaubnis erhalten, ihren Wohnwagen auch bei unserer Abwesenheit in unseren Garten zu stellen, weil sie für ihre Silberhochzeit viele Schlafplätze brauchte. Nun wollte es das Pech, daß unser Sohn kurzfristig zu derselben Zeit nach Hause kam, kurzfristig ein Treffen mit seinen Schulfreunden vereinbarte und in unserem Garten feierte, wobei es wohl recht lautstark zuging. Die Wohnwagenschläfer wurden in ihrer Nachtruhe gestört. In der Nachbarschaft wurde nun erzählt, der Sohn von J. und seine Freunde seien alle Säufer. Und hier setzte die affektive Reaktion meiner Frau ein. Weil sie ihren Sohn ihrer Meinung nach ungerechtfertigt angegriffen sah, interpretierte sie jedes Verhalten dieser Nachbarin negativ. Wenn die Dame lächelte, sah meine Frau darin ein schlechtes Gewissen, schaute sie mürrisch, dann suchte sie nach neuen Gründen, unseren Sohn zu diffamieren, unterhielt sie sich mit anderen, glaubte meine Frau, sie würde schon wieder irgendwelche Schandtaten unseres Sohnes verbreiten; kurz, jede Aktion dieser Dame wurde von meiner Frau in Richtung des Affektes - Verteidigung des Sohnes - gedeutet; und wenn jetzt nicht ein Bewußtmachen dieses dummen Verhaltens eingesetzt hätte, hätte diese eine Begebenheit durch Generalisierung der Gefühle zu einer dauerhaften „Feindschaft" und Ablehnung führen können. Affekte trüben die Objektivität des Erlebten. Das erlebte ich auch besonders eindrucksvoll bei Freunden, deren Kinder, ein junges Ehepaar, zwei schwarze Kinder adoptiert hatten. Die allgemeine Atmosphäre war durch die Berichte über den Ausländerhaß hochgepeitscht, und der junge Vater schien immer in Verteidigungsbereitschaft zu sein. Ein betrunkener Mann lief plötzlich gestikulierend und Unverständliches schimpfend in Richtung dieser Familie. Der Vater sprang spontan vor, stellte sich vor seine Kinder und verteidigte sie laut gegen die vermeintlichen Angriffe des wütenden Betrunkenen. Im Hintergrund sprang ein junger Mann in sein Auto und entfernte sich schnell. Erst jetzt wurde allen klar, daß der Angriff nicht den „ausländischen" Kindern gegolten hatte, sondern daß der Betrunkene den flüchtigen jungen Mann hatte ergreifen wollen. Nun allerdings war seine Aggression auf die junge Familie gerichtet und nun schimpfte er auch auf die fremden Kinder. Der Vater, der zwar jetzt seine dumme Reaktion einsah, beendete die Aufkärungsaktion der Anwesenden mit den Worten, daß wir doch wohl alle gehört hätten, daß der Angreifer ein Rassist und Nazi sei und daß der Angriff durchaus auch den Kindern hätte gelten können. Hier stoßen zwei affektgeladene Personen aufeinander, beide gleichsam nicht mehr mit sich selbst identisch, und es hätte sicher nicht vieler weiterer irrtümlicher Interpretationen der Situation bedurft, um einen mittelgroßen „Flächenbrand" auszulösen. Vielleicht hätte ein Scharfmacher für irgendeine Richtung schon ausgereicht. Nur wenn wir über die Wirkung der Affekte ganz allgemein und über den Affektverlauf bei uns selbst etwas informiert sind, können wir uns eventuell ein wenig vor eigenem gar zu dummem Verhalten schützen. Nun, für den eben dargestellten Fall, der Schutz des Nachwuchses unterliegt dem Arterhaltungs-, also dem Pflegetrieb, und mag hierdurch seine Entschuldigung finden, und bei Trunkenheit erkennt heute jeder Richter auf Unzurechnungsfähigkeit. Doch vor der Theorie noch ein weiteres Beispiel, das uns die Entschuldigung nicht gleich mitliefert, denn unverständlich ist es, wenn sauer verdientes Geld im Affekt verschleudert wird. Freunde hatten ein schönes kleines Appartement in einem bekannten Badeort erstanden und vermieteten es an Feriengäste, damit sich die Belastungen ein wenig amortisierten. Alles klappte gut, bis auf den Fernseher. Der ging unseren Freunden auf die Nerven, da er ständig nicht funktionierte. Zuerst schlossen sie deshalb die Fernbedienung weg, weil die Gäste angeblich mit dieser herumspielten. Dadurch wurde der Apparat noch mehr in Mitleidenschaft gezogen, kurz, es waren ständig Reparaturen am Fernseher nötig. Als schließlich mehrere Reparaturen kurz hintereinander nötig wurden, entschlossen sich die Freunde impulsiv, das Appartement sofort zu verkaufen, ohne sich über die Preislage auch nur annähernd zu informieren. Sie erzählten, daß sie „die Nase voll hätten", fanden schon am nächsten Tag einen Käufer, der ihnen ein Angebot machte, sie akzeptierten, verkauften und erzählten uns, daß sie nun keinen Ärger mehr mit dem Fernseher hätten. Während unserer Unterhaltung stellten wir gemeinsam fest, daß das Appartement knapp das Doppelte wert ist. Ihr Kommentar: „Wir sind also wieder einmal betrogen worden, wir werden ja immer betrogen, aber wir haben keinen Ärger mehr mit dem Fernseher dort." Für wenige Mark hätte eine Werkstatt die

Betreuung des Apparates übernommen, aber sie hatten sich am ständig reparaturbedürftigen Fernseher festgebissen und deshalb mehr als zwei Jahresgehälter verschenkt. Der Affekt läßt eben keine vernünftigen Gedanken durchkommen.
Die oben beschriebene Wirkung trifft selbstverständlich nicht nur auf sogenannte negative Affekte zu - auch „Liebe macht blind", wie der Volksmund sicher zu Recht feststellt. Der Verliebte sieht die Fehler des anderen nicht, sein Blickfeld ist auf wenige Eigenschaften verengt, der Verliebte ist zur objektiven Beurteilung seines Partners nicht mehr in der Lage, er verirrt sich im Gestrüpp seines Affektes Liebe und findet seinen eigenen Weg nicht mehr.
Liebe verdummt uns auch dann, wenn wir versuchen, diejenigen, die das Objekt der Liebe oder die Liebe selbst zerstören wollen, zu hassen oder sie zu schädigen. Eifersucht, die ich an anderer Stelle behandelt habe, gehört sicher in diesen verdummenden Affektbereich.
Dummheit kann auch auftreten aus falsch verstandenem und Gefühlen nachgebenden Mitleid, das selbstverständlich auch Affekt ist. Auch hier werde ich in meiner Entscheidungsfreiheit beeinträchtigt, mein Denkhorizont wird durch Mitleid erheblich eingeengt.
Ein Beispiel aus der Erziehung von Behinderten: Hans-Georg, ein spastisch-gelähmter junger Mann, wurde von seiner Umgebung so „mitfühlend" verwöhnt, daß er später scheiterte. Nach Erreichung der Mittleren Reife war es ihm nicht möglich, sich in irgendein Berufsleben einzufügen, obwohl ihm adäquate Beschäftigungsmöglichkeiten geboten wurden. Spätestens jetzt rächte sich die aus falsch verstandenem Mitleid entstandene falsche Rücksichtnahme, die von den Eltern selbst beim Spielen durchgehalten wurde und eine normale Persönlichkeitsentwicklung des Kindes verhinderte: Unser zehn- bis zwölfjähriger Sohn ging einmal in der Woche zum Schachspielen zu ihm; die strikte Anweisung der Eltern lautete: H.-G. muß immer gewinnen, er hat es doch schon sowieso so schwer. Das bedeutete, daß unser Sohn bald nur noch höchst ungern und nur durch Mitleid motiviert Hans-Georg besuchte und daß dieser eine völlig falsche Lebenserfahrung machte: Ich muß nicht um Erfolg kämpfen, ich bin a priori tüchtig, trotz meines schweren Leidens. Als unser viel jüngerer Sohn es doch einmal wagte zu gewinnen, wurde er von der Mutter nicht mehr zum Schachspielen eingeladen. H.-G. konnte bei diesem Erziehungsstil seiner Mutter nie

ausprobieren, was in ihm steckte, und er konnte nie erfahren, was er zu leisten in der Lage wäre. Die Selbstgestaltungskräfte des Individuums kamen hier nicht zur Entfaltung. Die affektive Einstellung der Mutter hatte ihn zum wirklichen Behinderten gemacht.
Nicht immer ist affektives Verhalten so offensichtlich wie in den obigen Beispielen. Bestimmte Musikarten und die Art und Weise, wie uns diese Musik begegnet, haben besonderen Einfluß auf unsere Affekte und besonders auch auf die Nachhaltigkeit der Wirkung der Affekte. Untersuchungen bei Diskothekenbesuchern beweisen, daß nicht nur der Alkoholkonsum, sondern auch die Musik, die Art und Weise der Darbietung der Musik und die weitere Reizüberflutung Fahrtüchtigkeit und allgemeines Verhalten gravierend beeinflussen und zu ausgesprochen dummen Aktionen und Reaktionen führen können. Ursachenforscher für Verkehrsunfälle haben herausgefunden, daß das Autofahren nach einem Diskothekenbesuch deshalb mit einem besonders hohen Risiko verbunden ist - auch wenn kein Alkohol getrunken wurde -. Die aufputschende Musik, die aufreizenden Videovorführungen, die nervös machenden Lichteffekte und der enthemmende Tanz bewirken eine nachhaltige affektive Reizbarkeit, die nicht am Lokalausgang beendet ist. Die Sinnesleistungen, hiervon besonders das Hörvermögen, werden beeinflußt, Konzentration und Reaktionsvermögen lassen erheblich nach. Euphorische Stimmung und schlechte Laune zugleich führen zu aggressivem Verhalten; Kräftemessen und Auseinandersetzungen werden provoziert. Sachbeschädigungen und Personenbelästigungen können die Folge sein. Kommen noch Reaktionsmuster aus Vorurteilen, leichtfertige Schuldzuweisungstheorien von „Leitpersonen“ und Frust hinzu, kann es insbes. bei labilen Personen zu Exzessen kommen, wie wir sie gerade jetzt leider zunehmend erleben - unmotivierte Personenbelästigungen, Auto- und andere Sachbeschädigungen und verbale Affektausbrüche. Auch die zunehmende Tierquälerei ist ein Zeichen dieser inneren Krise. Bei der immer wieder auftretenden Frage nach dem Warum bei einem doch eigentlich so unauffälligen Menschen muß man als Antwort einfach wissen: wir müssen zwischen emotionalen, somatischen und kognitiven Aspekten von Reaktionsmustern mit individualspezifischen Reaktionen unterscheiden lernen.
Affekte sind Emotionen und steuern gnadenlos unser Verhalten über den Gefühlsbereich. In affektfernen Situationen bin ich ein anderer

Mensch, im Affekt stehe ich mir - bei selbstkritischer Reflexionsfähigkeit - als einem mir unbekannten Wesen gegenüber. „Wieso konnte ich gestern nur die Fassung verlieren“, fragen wir uns doch oft selbst, oder „so dumm habe ich mich schon lange nicht mehr benommen, dabei war doch nur das eine Reizwort von Frau X schuld“. Da ich an anderer Stelle beschreibe, daß und wie Wörter für die Sache selbst wirken (Konditionierung, zweites Signalsystem, Pawlows Hund), kann ich mir die Erklärung der psychodynamischen Zusammenhänge hier sparen. Affekte können durch Reizworte und natürlich auch durch Reizsituationen ausgelöst werden.

Kindheitserlebnisse, Frustrationen, Erinnerungen an Mißerfolge oder Demütigungen und vieles mehr, also alles, was unser Gemütsleben intensiv anspricht oder in Wallung bringt, kann uns zu affektiv gesteuertem Verhalten bringen.

Man sollte im Interesse eines harmonischen Miteinanders seine eigenen Schwachstellen und die empfindlichen Punkte unserer Mitmenschen kennen. Dem sichtlich abgespannten Ehepartner muß ja nicht unbedingt just zum Zeitpunkt seines Tiefs nahegebracht werden, daß er hier oder dort wieder einmal versagt habe oder daß seine Mutter wieder einmal unfreundlich gehandelt habe.

Noch einmal zur Abgrenzung: So ein Verhalten ist noch lange keine neurotische Verhaltensweise, bei letzterem würden Reize und Verhalten viel generalisierter und generalisierender auftreten.

Wir sollten also unsere und die sensiblen Stellen unserer Mitmenschen ein wenig kennen und berücksichtigen, um Affektausbrüche zu vermeiden; dazu gehört allerdings nicht nur, daß wir die Auslöser kennen, die zu diesem unkontrollierten Verhalten führen, sondern auch den Verlauf des Affektes, denn Affekte verlaufen individuell durchaus verschieden.

Ursachen für Affektausbrüche sind staubar, akkumulierbar. Reize werden aufgestaut, festgehalten - und das letzte kleine, möglicherweise unwesentliche Stichwort bringt das Faß zum Überlaufen. Der Affekt bricht aus, und alle stehen dem „inadäquaten“ Verhalten sprachlos gegenüber. Gerade diese Staubarkeit des Affektes und der Ausbruch durch ein „letztes i-Pünktchen“ sind ja das große Problem dessen, der in einen Affekt verfällt. Seine Reaktionen sind nicht dem Anlaß, genauer, dem allerletzten Anlaß, angemessen, und alle Anwesenden kritisieren die Überreaktion, denn diese Kleinigkeit war kein Grund zu so einem Wutausbruch. Physiologisch ist dieser Vorgang leicht zu erklären. Ein Nerv braucht ein ganz bestimmtes Quantum elektrischer Reize, um zu reagieren. Dieser Reiz kann auf einmal gegeben werden, es können aber auch mehrere weniger starke, unterschwellige Reize einwirken, bis dann plötzlich der Nerv etwa die Muskelzuckung auslöst. Die heutigen Medizinstudenten können diesen Vorgang am Simulator durchspielen. Früher experimentierten Medizin- und Psychologiestudenten an einem Froschschenkel. Bekam der Nerv kleine leichtere Stromstöße, zuckte der Schenkel erst nach mehreren Reizen - man konnte genau errechnen, wann der Muskel zucken würde - oder man gab die volle Menge Energie, um die Reaktion auszulösen. Hier war es eine Reaktion des Muskels auf bestimmte Reize, in unserer Thematik handelt sich es um affektive Reaktion, die Gesetzmäßigkeit Reiz - Reaktion ist die gleiche, wie ich an anderer Stelle schon ausgeführt habe. Dies erfuhren meine Frau und ich schmerzhaft an uns selber. Wir fuhren mit Freunden nach Afrika, allerdings ein bißchen origineller als mit einer Reisegesellschaft. Das Tropeninstitut empfahl uns die Sicherungsmaßnahmen, auch die Medikamente der Malariavorsorge. Auf dem Flugplatz in London mußten wir wieder einmal die verschiedenen Tabletten zu uns nehmen, und unsere Freundin verkündete, daß ihr der Hausarzt geraten habe, nur die einfachste und früher ja auch allein übliche Malariaprophylaxe zu nehmen, denn es sei gesünder für sie. Zwölf Stunden Flugzeit waren wir nun Gegenstand der Kritik mit unserem Tablettenfimmel. Als wir nun nach einigen schönen Hotelaufenthalten in den Städten - wo ja der Hausarzt wieder recht hatte, denn hier wären die Tabletten nicht nötig gewesen - im Sambesital bei schwirrenden Mückenschwärmen angelangt waren, gerieten unsere Freunde in Panik. Hier könnten sie nicht eine Stunde verweilen, das sei zu gefährlich. Unsere Reaktion wäre wohl mit dem Begriff Affekte zu schmeichelhaft umschrieben; meine Frau und ich stellten fest, daß wir diese Seite von uns auch nach vierzigjähriger Ehe noch nie kennengelernt hätten. Wir fuhren tatsächlich in die nächstgrößere Stadt zurück, lieferten unsere Freunde in einem mückenfreien Hotel ab und fuhren mit mehreren Tagen Verspätung zu unseren Krokodilen, Elefanten und Antilopen. Ein bitterer Nachgeschmack ob unserer Wutausbrüche ist bis heute geblieben. Die ständigen „Tablettenfimmelreize“ und dann das Versagen und die Notwendigkeit, die Reise abzubrechen, machten uns zu Menschen, die uns selber fremd waren. Daß der Wutausbruch schlimmer war, als wir uns je zugetraut hätten, ist Zeichen dafür, daß wir Stärke und Intensität unserer Affekte nicht haben einschätzen können. Es ist eben wichtig, die Intensität meiner eigenen Affekte und die meiner Mitmenschen und die Art ihres An- und Abschwellens zu kennen. Wichtig ist zu wissen, wie lange ich auf der Höhe (Akme) des Affektes bleibe, denn zu diesem Zeitpunkt bin ich ja kaum ansprechbar. Hierzu ein Beispiel: Affektausbruch bei einem Besuch einer Bekannten und die Reaktion der zehnjährigen Tochter: „Sei mal ganz still, Onkel Konrad, sie hat jetzt so einen Saft im Blut, und da weiß sie nicht, was sie tut, aber das ist gleich wieder vorbei und ist gar nicht schlimm, hat sie uns selbst gesagt."

Wichtig ist weiter zu wissen, wie die Nachwirkungen des Affektes sind. Der Affekt kann u.U. große Mengen von psychischer und physischer Energie verbrauchen, deshalb müssen wir uns fragen, ob Erholungszeit angezeigt erscheint. Der große Fehler der Mitmenschen und Erzieher: Noch im Abklingen des Affektes setzt Belehrung, Erziehung, Rechtfertigung ein. Wir dürfen nicht vergessen, daß die Auswirkungen des Affektes nicht ohne Einfluß auf Erinnerung, Vorstellung, Wahrnehmung und Denken sind und diese psychischen Leistungen verzögern oder beschleunigen, verdunkeln oder erhellen, verengen oder erweitern können.

Wichtig ist ferner für jeden einzelnen zu wissen, auf welche Weise die Gefahr eines Affektausbruches vermieden werden kann - vermeide z.B. das Stichwort „Mutti" oder „Nachbar" oder lenke durch Überspringen auf andere Gesprächsthemen oder Tätigkeiten ab. Um auf das obige Beispiel noch einmal zurückzukommen: Wir wußten ja, was in der Wildnis am Sambesi auf uns zukommen würde und wir wußten auch, daß der Ungeschützte dieses Gebiet meiden sollte, und trotzdem waren wir unterhalb der Ausbruchszone affektiv so gereizt, daß der Affekt dann vehement ausbrach. Wir hätten ja in der letzten Stadt schon abbrechen können, aber dafür war die Situation durch die ständigen kleinen Aufreizungen zu sehr aufgeschaukelt, das Kind mußte erst in den Brunnen fallen. Der eigentliche Auslöser des Affektausbruches war also nicht die Ankunft am Sambesi, sondern das ständige Reizen mit den Tabletten, denn an den Tablettentagen verzichteten wir natürlich

auf alkoholische Getränke usw. So ist bei vielen Mitmenschen und in vielen Situationen der letzte Auslöser, der zum Affektausbruch führte, nicht die eigentliche Ursache des Ausbruches. Ähnliche Phänomene beobachten wir übrigens in der Trotzphase unserer Kinder.
Diese Aufstauung können wir aber auch bei Fußballspielern beobachten. Plötzlich schlägt ein Spieler auf einen Gegenspieler ein, nur weil er aus Versehen an ihn angestoßen ist. Der aufmerksame Beobachter kann bemerken, daß sich die Gefühlslage in dem Spieler zu solch einem dummen Verhalten aufgeschaukelt hatte, die Atmosphäre war gereizt, kleine Provokationen gingen dem Affektausbruch voraus. Erziehung und besonders Selbsterziehung mit Selbstbeobachtung können solch verheerende Dummheiten vermeiden helfen, und die Trainer erziehen auch hier zur Selbstbeherrschung.
Astronauten, aber auch Skifahrer unterziehen sich einem mentalen Training, denn es darf zu keinem Affekterleben wie Angst, Panik, Verwirrung, Angriff kommen. Wir können also durch Training und mit Hilfe des Wissens über unsere eigenen Affektbedingungen verhindern, Fehler und Dummheiten zu machen. Wir nehmen es bestimmten Berufsgattungen (Politikern, Lehrern, Polizisten, Verkäufern, aber auch Eltern) sehr übel, wenn sie ihre Affekte nicht in ihrer Gewalt haben. Bei Selbstverteidigungs- und anderen Kampfsportarten ist die Affektbeherrschung ein wesentliches Erziehungsziel, und wir alle sollten uns dieses Ziel ein wenig zu eigen machen, um Dummheiten zu vermeiden und unser Miteinander erträglicher zu gestalten.

3.9 Angst

Franklin D. Roosevelt hatte in seiner Antrittsrede als Präsident der USA 1933 angesichts der allgemeinen kritischen Lage gesagt: „Das einzige, was wir zu fürchten haben, ist die Angst“.
Die Angst ist ein Affekt, und deshalb könnte dieses Kapitel voll in den vorangegangenen Abschnitt integriert werden. Wenn wir glauben, den Affekt Angst besonders hervorheben zu müssen, so deshalb, weil Angst ein wesentlicher Bestandteil unseres Menschseins schlechthin ist. Angst ist ein Existential, eine Regung in uns, ohne die wir unser Dasein nicht aufrechterhalten könnten, Angst ist auch eine Lebens-

qualität, durch die wir erst unser spezifisches Menschsein erfahren. Angst ist zugleich Motor und Bremse für unsere Handlungen. Dank der Steuerung durch die Angst verhalten wir uns klug, d.h. situationsgerecht, und mit der Angst im Nacken können wir unvorstellbare Dummheiten begehen, d.h. völlig falsche Entscheidungen und Handlungen vollziehen.

Wenn jetzt immer noch „Helden" davon sprechen, daß sie im Kriege nie Angt gehabt hätten, so kann man das nur dahin deuten, daß sie so schwachsinnig gewesen sein mußten, daß sie die Situation mit ihren lauernden Gefahren nicht erkannt, also sich dumm und naiv der lebensbedrohlichen Gefahr ausgesetzt hatten. Doch mein Bild vom schwachsinnigen Helden ist falsch, denn gerade bei den sog. geistig Retardierten ist das Angstgefühl meist sehr stark ausgeprägt. Das Unbekannte ist grundsätzlich bedrohlich, und wenn mir wenig über die Zusammenhänge der Welt bekannt ist, ist eben besonders viel in dieser Welt bedrohlich. Deshalb habe ich mich immer wieder mit Wort und Schrift dafür eingesetzt, daß gerade sog. Geistigbehinderte sehr viel lernen müssen. Die Welt muß für sie so überschaubar, strukturiert und bekannt sein, daß der unbekannte, der bedrohliche Teil auf ein größtmögliches Minimum zusammenschmilzt. Angst entsteht also, und das betrifft uns alle, vornehmlich dort, wo die Zusammenhänge der Situation nicht voll überschaut und eingeschätzt werden. Angst erzeugt Verteidigungsbereitschaft. Durch viele schlechte ängstliche Reaktionen ausgelöste Erfahrung kann sich aber auch Angstreaktion als generalisiertes Verhaltensmuster eingeschliffen haben. Dann reagiert der psycho-physische Organismus mit einem Angstsyndrom, ohne daß eine entsprechende Situation schon eingetreten ist. Diese gebündelte Angst wird auch in der Regel als Phobie bezeichnet, und Phobie ist ein seelisches Leiden. Als ich einige Jahre als Lehrer und Erzieher in einem Heim arbeitete, konnte ich feststellen, daß viele neuangekommene Kinder schon in Abwehrstellung gingen, wenn ein Erwachsener nur an ihnen vorbeiging. Sie hatten einfach in ihrem vorangegangenen Leben gelernt, daß jeder Erwachsene unberechenbar sei und ohne Vorwarnung zuschlagen könne. Es ist erkennbar, daß hier der Schritt zur Neurose, die aber Krankheitswert hat und damit nicht in unser Thema gehört, sehr kurz sein kann. Das ist besonders dann der Fall, wenn sich die Angstreaktion so generalisiert hat, daß man schon Angst vor der

Angst hat. Besonders „klug“ sind unter diesen Menschen diejenigen, die ihren Tagesablauf und ihre Einzelhandlungen zur Absicherung vor der Angst von äußeren Mächten wie Karten, Horoskope u.ä. bestimmen lassen. Jeder von uns kennt Zeitgenossen, die so abhängig von diesen fremdbestimmenden Faktoren sind, daß sie keine innere freie Entscheidung mehr zu treffen vermögen. Müssen sie wirklich einmal etwas gegen den „Rat der höheren Mächte oder Geister“ tun, haben sie meist tatsächlich Pech; nicht etwa, weil die „Vorhersage“ dies wußte, sondern weil sie wegen der Vorhersage ängstlich und damit unsicher waren. Der Mechanismus der Affekte wird wirksam: Ich nehme z.B. das kochende Wasser so übervorsichtig vom Herd, daß ich mich oder andere tatsächlich damit bespritze, oder ich übersehe die letzte Stufe einer schon oft begangenen Treppe, weil ich - wie der Tausendfüßler, der nicht mehr laufen kann, wenn er die Beine sortiert - meine automatischen Bewegungen beobachten und kontrollieren will. Zur Reflexion meiner Bewegung laufe ich eben doch noch ein bißchen zu schnell, und das Bewegungsprogramm kommt durcheinander. Die Vorhersage wird also wahr, weil mich die Erwartung eines Mißgeschicks verängstigte und damit verunsicherte. Unsicherheit macht ungeschickt.
Erzeugung von Angstgefühlen ist neben dem Gewissensdruck mit das meistbenutzte „Erziehungsmittel“. Hätte ein Studienfreund, der in seiner Doktorarbeit über die Angst schreiben wollte, sich auf Angsterziehung im Elternhaus oder Angst als wesenliches Mittel in der religiösen Erziehung oder Angstargumente im Wahlkampf einer Parteiendemokratie beschränkt, er hätte das komplizierte Thema bewältigt, sein Ziel erreicht und viele praktische Beispiele hierzu anführen können. Er beendete seine Arbeit nie, weil das Thema Angst ein viel zu umfangreiches und komplexes ist. Hier befassen wir uns aber nur mit dem dummen Verhalten, dessen Wurzel die Angst ist. Worauf ist denn der „Amtsinhaberbonus“ in der Politik zurückzuführen? Selbst hier liegt Angst vor dem Unbekannten, vor dem nächsten noch unbewährten Ministerpräsidenten vor, die möglichst klein gehalten werden soll. Angst ist somit der beste Wahlkampfhelfer, und wir haben fast immer vor den Wahlen „Krisenzeiten“ und unsichere wirtschaftliche und weltpolitische Bedingungen. Die, die an die Macht wollen, schlagen Verbesserungen und Veränderungen vor und bestätigen damit die Krisentheorie und plädieren somit für den alten Amtsinhaber - indirekt

und aus Dummheit - und die Regierenden, die am Job hängen, sind am sichersten im Amt durch das Schüren der Angst.
Bei der Religion kommt neben den kleinen Alltagsängsten vor der unmittelbaren Strafe Gottes noch die ganz große Angst hinzu: Ich verspiele mir den Himmel, wenn ich mir meine Freundin ohne Bluse vorstelle. Das Erziehungsmittel Angst in der religiösen Erziehung tangieren wir u.a. im Abschnitt über die dogmatische Erziehung. Ja, und wie sieht das Setzen von Angstgefühlen in der Familie aus? Vom schwarzen Mann, der im Wald oder im Keller lauert, bis zur langen Nase, die durch das Bohren in ihr entsteht, gibt es alle Variationen der Angstdrohung. Falsche Erziehung erzeugt hier falsches Verhalten, oder im Sinne unseres Themas ausgedrückt: Dummheit erzeugt Dummheit! Ich bekam als Kind nicht nur „Läuse in den Bauch" beim Trinken von Wasser (freilich, die Brunnen neben dem Schweinestall waren nicht die reinsten; aber sicher hätte ich bei objektiver Aufklärung auch nichts mehr getrunken). An den Bandwurm beim Essen eines „gestohlenen Apfels" glaubte ich schon bald nicht mehr, und daß ich nicht vom Blitz erschlagen würde, wenn ich in der Kirche fluchte, hatte ich aus Versehen erforscht. Aber meine Frau hat immer noch ein ungutes Gefühl, wenn sie zwischen Weihnachten und Neujahr Wäsche aufhängt, „weil dann jemand im Hause stürbe". Heute sind wir „aufgeklärter" und erziehen, sprich, verängstigen nicht mehr so „ primitiv". Da die physischen Verängstigungsmittel verpönt sind, müssen psychische Sanktionen herhalten. Liebesentzug, Ächtung, Bloßstellung, Ironie, Vereinsamung, Aussperrung von Familie und Freunden sind die Strafen, die unsere heutige Gesellschaft nicht ächtet. Wir wollen nicht wahrhaben, daß Ratschläge auch Schläge sind. Dabei wird gerade durch diese Strafmaßnahmen das Gefühl der Sicherheit und Geborgenheit genommen; der Heranwachsende erlebt sich nicht als geliebt wegen seines Daseins, sondern um seines „Soseins" willen, anders ausgedrückt: nicht ich werde geliebt, sondern ich werde durch meine Gefälligkeit angenommen. Wir finden ja deshalb sehr oft „Delinquenten", die zu Hause und in ihrer Umgebung als völlig angepaßt, freundlich und unauffällig beschrieben werden. Außerhalb dieser Einflußphäre sind es ganz andere Menschen, Menschen die Verbrechen begehen. Die sog. Freunde und Mittäter werden dann als die Verursacher bezeichnet, die den schlechten Einfluß ausgeübt hätten. In der Regel ist aber dieses

zweigesichtige Verhalten der Eltern verantwortlich, da das Urbedürfnis nach Sicherheit in Frage gestellt wird. Der Jugendrichter attestiert diesen Familien ein „korrektes, intaktes und heiles Milieu“ und projiziert die Schuld in Mittäter, Gesellschaft oder Zeitgeist.
Wie der einzelne oder auch wie die Gesellschaft Ängste in Ersatzziele projiziert, in Sündenböcke - Ausländer, anders Aussehende, Behinderte, Konkurrenten, anderes Geschlecht, anders Denkende -, die unsere Existenz bedrohen und uns Existenzängste und Identitätsängste machen sollen, erleben wir leider in letzter Zeit wieder gehäuft; und diejenigen unter uns, die dies schon einmal erlebten oder geschichtliche Erfahrung ernst nehmen, bekommen auch davor wieder Angst.
Ganz andere Existenzängste scheinen im Wahljahr in der Bonner Ministerialbürokratie vorzuherrschen. Hier setzt ein Postengerangel, entstandene Unruhe aus den Wahlergebnissen der Europawahl, ein. Ähnliche Symptome und gleichartiges Verhalten habe ich an anderen Stellen schon diskutiert, da aber die Kieler Nachrichten in einem Kommentar von Bernd Neuendorf die Postenjägerei unter dem Aspekt der Angst von Personen und Parteien bringen, scheint mir ein Zitat an dieser Stelle angebracht.
„Zeit der Angst! Im Bonner Regierungsviertel geht die Angst um: Erstmals seit der Wende 1982 riecht es nach Machtwechsel. Die günstigen Umfragen für SPD-Chef Scharping haben unter den Mitarbeitern in den Ministerien und Fraktionen zu hektischen Aktivitäten geführt: Was liegt näher, als zeitig das Pferd zu wechseln?
In vielen Ministerien steht derzeit nichts höher im Kurs als ein SPD-Parteibuch. Das gilt besonders für die von der FDP geleiteten Häuser. Sollten die Liberalen aus dem Bundestag fallen, gäbe es nicht mal mehr eine Fraktion, die in den Ruhestand versetzte Beamte mit FDP-Vergangenheit versorgen könnte. Außerdem gibt es auch Anzeichen dafür, daß die derzeitige Führung vorbaut. Verdiente Mitarbeiter werden noch kurz vor den Wahlen befördert. Sie sollen im Falle einer Niederlage Herrschaftswissen sichern. Und wenn sie unter einer SPD-Regierung wirklich in den Ruhestand versetzt werden, so wird ihnen dieser zumindest durch eine höhere Pension versüßt.
An den Steuerzahler wird bei dem Postenschacher zuletzt gedacht. Auch wenn derartige Praktiken von allen Parteien auf das schärfste verurteilt werden - letztlich verweist man doch darauf, daß es nur

menschlich sei, die eigene Haut zu retten. Dabei belegt das Gerangel: Die Ministerialbürokratie ist heute in erster Linie den politischen Parteien und nicht dem Gemeinwesen gegenüber loyal", soweit der ungekürzte Kommentar, den wir auch kommentarlos auf uns einwirken lassen wollen. Überall scheint sich das Prinzip durchzusetzen: Jeder ist sich selbst der Nächste! Ob die Motivation Angst, Geltungssucht oder Indoktrination vorherrscht, ist sicher nur ein sekundäres Problem.

Viele Angstsyndrome sind den Phobien oder Neurosen oder anderen Fehlverhalten zuzurechnen. Und wenn ich Angst vor dem Fragen nach der Uhrzeit auf der Straße habe, Angst vor dem Aufzug, Angst, im Dunklen über den Friedhof zu laufen, Angst, mit 75% meines Gehaltes auskommen zu müssen, Schrecksekunden beim Kaufen der Käsesorten am Tresen, Angst vor dem Behördengang oder Angst beim Gewitter habe, dann hängt es von der Intensität, von der das Bewußtsein erfüllenden Breite dieser Angst und der Einstellung des Therapeuten ab, ob ein einfaches Angstsyndrom oder eine Neurose, Phobie, vorliegt. Es ist also auch eine Sache der Definition, und heute ist man schneller mit der Diagnose „Neurose" bei der Hand als früher. Neurose hat - wie gesagt- Krankheitsqualität, gehört in Behandlung und ist nicht mit kleinen oder größeren Fehlhandlungen, mit Dummheit also, abzutun.

3.10 Nicht-Können-Wollen und Nicht-Wollen-Können

„Wollen kann er schon, aber können will er nicht".

Diesen Ausspruch hörte ich in hessischer Mundart sehr oft. Was war damit gemeint? Er/sie/man will schon, aber eine unsichtbare Macht hält den handeln Wollenden zurück. Es muß nicht gleich ein schwerer Autounfall sein, wo ein Mitmensch drängt: geh schon, hilf schon, greif doch endlich zu! - und selbst ist man zu nichts in der Lage, man rechtet nur mit seinem Mitmenschen, daß er nicht handelnd eingegriffen hat. Was hat dieses Beispiel mit unserem Gesamtthema zu tun? Ist etwa der Handelnde hier der Dumme? Dies ist ein spannendes Unterhaltungsthema im Fernsehen, wo z.B. der helfen-Wollende zum allseitig Geprügelten gemacht wird, (und vielleicht hat er es „verdient", weil er die Konstellationen nicht überschaut und falsch eingeschätzt hat); nein, wir wollen den unter dem Aspekt des dummen Verhaltens betrachten, der nicht handeln kann. Dazu ein Beispiel (der Leser wird die Ähnlichkeit mit einem der oben dargestellten Beispiele erkennen): Mittleres Kind von drei tüchtigen Geschwistern. Die anderen, auch das jüngere, sind schneller, behender, raffinierter in Spiel, Arbeit, Schule und Ausreden. Dieses Kind, sicher als Sandwichkind bei dieser Geschwisterkonstellation zu bezeichnen, kommt bei allen Situationen in der Familie, im Spiel und bei der Arbeit, zu spät - und bald wird es auch von dem um ein Jahr jüngeren Bruder überholt, für den dieser Spurt ein allgemeiner Wettkampf wird. Generalisierende Erfahrung des mittleren Kindes: Ich komm' ja doch immer zu spät, und wenn ich mich ganz stark anstrenge, fehlt mir doch immer die letzte Sekunde. Es setzt eine „Lähmung" ein, die die Handlung nicht in Gang kommen läßt; man will handeln, aber man kann diesen Willen nicht umsetzen, resigniert, und schließlich will man gar nicht können, man wartet darauf, daß der andere es schon macht und schafft - und wehe ihm, wenn er es nicht schafft, denn man hat sich „neurotisch resignierend" mit seinem Erfolg identifiziert. Durch die Identifikation mit den Geschwistern und anderen Familienmitgliedern - zum Schutze des eigenen Ichs und des eigenen Selbstwertgefühls - ist gleichsam als Nebeneffekt eine „Nibelungentreue" der Familie gegenüber entstanden: Ihr Handeln ist mein Handeln.

Freilich hätten wir Teilbilder des Phänomens dieser Handlungshemmung auch unter dem Abschnitt Affekte abhandeln können, und nicht alle Hemmungen sind Vorformen von Neurosen oder Wege zur Neurose.

Bei dem Mitmenschen, der „nicht-wollen-kann" und deshalb einmal „nicht-können-will", werden falsche Ziele gewählt, möglicherweise Ziele, die leichter zu schaffen sind, die unkomplizierter sind als die „Pflichtziele" - und deshalb sieht es dumm aus und ist letztlich auch nicht nachvollziehbar, dieser Mensch geht mit seiner Zeit und seiner Kraft falsch, d.h. dumm um. Daß er sich in der Regel ständig im Streß befindet, ist konsequent, denn das „Pflichtziel" schwebt ja als Damoklesschwert über dem Ersatzhandelnden. Hierzu einige Erlebnisse:

Man erscheint zum angemeldeten Besuch zur angemeldeten Zeit, und wie findet man die Gastgeberin vor? Sie bügelt die Bettlaken und putzt die Fenster, stöhnend, daß für das Mittagessen noch nichts vorbereitet sei.

Viele stehen um den verunglückten Radfahrer herum, und kaum einer greift zu, hilft oder regelt den Verkehr. Es wird nur geschimpft, daß keiner zugreift. Diese Handlungshemmung kann sich im neurotischen Vorfeld befinden, sie kann aber auch aus dem Fluchtverhalten herrühren, aus Angst, Verantwortung zu übernehmen, Blut zu sehen u.ä. Sie läßt sich allerdings auch rein äußerlich aus Behördenerfahrung erklären. Dazu ein selbst erlebtes Beispiel, nachdem ich mich einmal bereit erklärt hatte, als Zeuge des Geschehens aufzutreten: Mich erreichte ein Einschreibbrief, den ich noch beim Postamt abholen mußte, weil ich zur Zustellungszeit im Urlaub war, folgenden Inhalts: „Erlaß! Sie werden für den und den Tag auf dem Z-Gericht in der Streitsache xy geladen. Bei Nichterscheinen droht drei Tage Haft oder eine Geldstrafe in Höhe von.“ Höflicher geht eine Einladung in deutschen Landen an den, der bei der Rechtsprechung zu helfen bereit ist, nicht. Letzterer zählt dann nicht zu den Handlungsgehemmten, sondern zu den Behördengeschädigten.
Viele Beamte verhalten sich so, wie es der obige Gerichtsvordruck verkürzt zum Ausdruck bringt, sie sind pedantisch, und der Ordnungszwang ist höhere Maxime als die ordnungsgemäße Abwicklung der Sache selbst.
Beispiele für Pedanten, die nicht wollen können:
„Sehr geehrter Herr Professor, Sie haben bei Ihrer Amtsbezeichnung das „o.“ unter Ihrer Unterschrift vergessen, wir bitten um der Vollständigkeit Ihres Reisekostenantrages willen, dies nachzuholen.“ Das „o“ brachte früher zum Ausdruck, daß man ordentlicher Prof. war und einen größeren Schreibtisch haben durfte als die anderen Profs. Für den Mitmenschen unter uns, der mit Behörden zu tun hat, gehören solche bodenlosen pedantischen Dummheiten zum täglich Brot. Eine Beschwerde bei dem Vorgesetzten brachte als Antwort: „Wir haben eben tüchtige Mitarbeiter, die auf alles achten!“ Solche Beamten können nicht anders, selbst wenn sie wollten.
„Nein Vater, ich kann noch nicht mitkommen, ich muß erst noch das Motorrad putzen, sieh dir doch den Auspuff an, er glänzt sonst wie ein Spiegel“, - so ein zwanzigjähriger Sohn zu seinem Vater, der mit ihm etwas unternehmen wollte. Ein ähnliches zwanghaftes Verhalten begegnete uns in Namibia. Ein Guide berichtete einer kleinen Reisegruppe, daß es vermutlich am nächsten Morgen ganz früh eine große Sen-

sation im Abschnitt x des Nationalparks zu sehen gebe, denn ein Rudel von zwölf Wildhunden sei gesichtet worden, das voraussichtlich an einer bestimmten Wasserstelle auftauchen werde. Wilde Hunde, so wurde gesagt, seien nur noch selten anzutreffen, da es in Afrika nur noch wenige Rudel gebe. Einer der Teilnehmer fragte, ob nicht morgen Sonntag sei. Nachdem dies bejaht wurde, erklärte dieser ältere Herr, der mit Sicherheit so eine Chance nie wieder in seinem Leben erhalten wird: „Sonntags erledige ich meine Pediküre, da bin ich vor 10 Uhr nicht fertig“. Hier steht sich ein Mensch wirklich selbst im Wege, er kommt aus seiner „Haut“ nicht heraus und kann keine anders geartete Entscheidung treffen als die, seinen gewohnten pedantischen Zielen zu folgen; er kann nicht etwas anderes wollen. Pedanterie, wenn ein Familienmitglied von ihr besessen ist, kann zur Geißel der Familie und ihrer Umgebung werden.

Mein Bettnachbar im Krankenhaus konnte sich von dem inneren Zwang, sich jeden Morgen zu rasieren, auch dann nicht befreien, als ihm geraten wurde, davon abzusehen wegen der Gefahr, daß ihm Härchen in die Operationswunde geraten könnten. Er erklärte mir, daß er sich einfach zu unwohl fühlen würde, wenn er nicht rasiert wäre.

Diesem Verfangensein in Prinzipien begegnen wir überall. Ein Nachbar hatte eines Sommers nur sehr wenig Zeit, seine Stachelbeeren abzupflücken. Er wußte, daß er nur einen geringen Teil würde ernten können. Statt daß er nun die größten, reifsten und schönsten Beeren aussuchte, konnte er sich nicht von dem inneren Zwang befreien, sorgfältig jeden Zweig leer zu pflücken mit dem Ergebnis, daß die besten Früchte abfielen und verdarben.

Betrachten wir als ein weiteres Beispiel den Süchtigen:

Er will etwa nicht mehr trinken, kann aber nicht „nicht trinken“. Physische Kräfte zwingen ihn zum Fehlverhalten, zu dummem Handeln, und er greift zur Flasche, und daraus folgt dann fast nur noch dummes Verhalten. Die Sekretärin ruft den Staatssekretär an und „liest ihm so richtig die Leviten“ - ein stiller Wunsch aller Professoren des Instituts, aber eben dumm. Durch solche und ähnliche Fehlhandlungen stellte es sich schließlich heraus: Frau x ist Trinkerin.

Ein Trinker kann also auch nicht mehr wollen, was er eigentlich will, auch wenn sich soziale Probleme um ihn herum auftürmen. Die Verkettungen von dummem Verhalten der Familienmitglieder haben wir an

anderer Stelle diskutiert. Trinken soll, so versuchen Untersuchungen nachzuweisen, Angst reduzieren. Müßte möglicherweise eine Willensbildung an diesem Punkte einsetzen? Dann müßten Willensbildung und Gemütsbildung, Wille und Gemüt im Gleichgewicht gehalten werden, um einen inneren Halt aufzubauen. Therapeuten, Erzieher, Mitmenschen müßten als äußerer Halt die Bedingungen so gestalten, daß sich ein innerer Halt, das ist das Gleichgewicht von Wollen und Gemüt, einschwingen und festigen kann. Wir haben diesen Aufbau des inneren Halts Kindern mit Erziehungsproblemen und in Heimen u.a. mit Hilfe der Musiktherapie zu vermitteln versucht und Erfolge nachweisen können. Ein Teil unseres Klientels konnte so wieder wollen und wollte auch wieder können. Es sind also nicht nur Menschen, die unter einer Phobie leiden, die nicht das ausführen können, was sie eigentlich sollten und möchten.
Es gibt Menschen, die können in kein Flugzeug steigen, andere können keinen geschlossenen Lift betreten oder bei keinem Hund vorbeigehen oder sie können nicht diagonal über den Tanzsaal gehen oder, oder. Wenn nicht physiologische Unverträglichkeiten vorliegen, was für Fliegen und Liftbenutzen durchaus vorstellbar ist, sollte eine psychiatrische, psychologische, oder therapeutische Hilfe genutzt werden. Oft sind solche partiellen Hemmungen, die gravierend die Persönlichkeit und das Miteinander beeinflussen können, relativ leicht zu beheben, denn gerade für diese kleinen Unzulänglichkeiten unseres Daseins gibt es vielfältige Methoden des Helfens.

3.11 Müdigkeit, Indisponiertheit und Entspannung

Müdigkeit, Abgespanntheit, Indisponiertheit durch vorangegangene psychische Erschütterung oder physische Überbelastung können zu erheblichen Fehlreaktionen führen, die manchmal geradezu unverzeihliche Dummheiten zur Folge haben können. Wir müssen nicht nur an den überbelasteten Autofahrer denken oder an die berufstätige Mutter mehrerer Kinder, an den Lehrer in der sechsten Unterrichtsstunde, an die nervösen Busnachbarn in der Feierabendzeit, an das hitzig reagierende Kind nach der Sportstunde oder an den überreagierenden Polizisten nach einer zehnstündigen Demobegleitung. Wer müde ist, bekommt bei einer Intelligenzprüfung ebenso schlechtere Punkte wie ein nervöser und unkonzentrierter Kandidat. Wir kennen all diese Symptome der Müdigkeit bei uns und durch Beobachtung unserer Mitmenschen. Daß selten auf solche Zustände Rücksicht genommen wird, haben wir auch allzu bitter schon als Kind erfahren müssen. Hätte mich die Englischarbeit auf dem anderen Fuß erwischt, ich hätte mir ein ganzes Jahr Schulzeit erspart, wird mancher unter uns sagen. Die heutige Gesellschaft scheint diese Phänomene der individuellen Disposition nicht mehr zu berücksichtigen, obwohl jeder einzelne an sich die Beobachtung gemacht hat, daß manchmal alles nicht läuft wie sonst. Wir sind so stark eingebettet in formale Strukturen, daß entspannen, sich ein paar Minuten durchhängen lassen, nicht mehr möglich ist. Unser Gesellschaftssystem versteht sich als ein Getriebe, in dem jedes einzelne Glied zur ganz bestimmten Zeit die ganz bestimmte fest gelegte Höhe seiner Leistungskraft aufbringen muß. Mit sechs Jahren haben alle schulreif zu sein und mit 65 alle arbeitsunfähig. In der Zwischenzeit muß alles genormt funktionieren. Wer aus dieser Norm herausfällt oder ausschert, ist behindert oder asozial. Kann sich eine Gesellschaft eigentlich dem Individuum mit seinem Eigenrhythmus, seinen Leistungsschwankungen, kurz, seinen einzelnen Persönlichkeiten gegenüber, deren Summe ja eigentlich die Gesellschaft sein müßte, dummer verhalten? Unseren Hunden gestatten wir noch eigenen Charakter, individuelles Verhalten, aber wir selbst halten uns bzw. werden gehalten wie die Hühner in Legebatterien. Man suggeriert uns ja auch diesen Gleichklang an. Meinungsforschung wird an tausend oder einigen wenigen mehr betrieben, und man schließt daraus, daß hundert Millionen Menschen so denken, handeln, sich anziehen, den Film mögen und diesen oder jenen Zeitungsstil bevorzugen. Und das Erschreckende daran ist, daß wir insgesamt eine so träge Masse sind, daß wir uns müde und resignierend diesem gemachten Trend anschließen. Wir bekommen eine bestimmte Meinung so oft serviert, daß wir sie uns zu eigen machen, selbst gegen unsere ureigensten Interessen. Die Beeinflussung geht bis in den biologischen Rhythmus hinein. Wir müssen alle unser Leistungshoch zwischen acht und elf Uhr haben, und nachmittags gegen drei Uhr dürfen wir alle gähnen, ohne daß es uns verübelt wird. Gerade dies ist aber das eigentlich Unmenschliche an unserem System. Wir dürfen dadurch nicht mehr richtig Mensch sein.

Goethe konnte noch zum Augenblicke sagen: verweile doch ... ! Wir sind so erzogen, daß wir uns gar nicht mehr der Entspannung nach eigenem Bedürfnis hingeben können, eigentlich müßte jeder zu seiner eigenen Zeit entspannen dürfen. Und wer kann noch zu einem schönen Augenblick sagen, daß er verweilen möge? Unvergeßlich bleibt mir folgendes Erlebnis: Ich fuhr von Gießen nach Marburg und nahm einen älteren Globetrotter mit. Auf einer kleinen Anhöhe kurz hinter Gießen bat mich dieser Mitfahrer, anzuhalten. Wie es in solchen Situationen ist, bekam ich sogar zuerst einen Schreck. Nun sagte dieser Mann: „Sie können doch hier nicht vorbeifahren, sehen Sie doch mal links die beiden Burgruinen und die rote Abendsonne", und nach einer Pause fuhr er fort, „nun können Sie wieder weiterfahren". Der Mann wußte noch nicht, wo, wie und ob er übernachten würde, aber die Zeit für den Anblick der untergehenden Sonne nahm er sich. Diese Lektion hatte ich gelernt, und wo sich irgendwie die Möglichkeit bietet, wende ich sie noch immer an, und wann und wo auch immer ich solche zwei Minuten „opferte", sie waren niemals die Ursache einer Verspätung. Wir müssen wieder lernen, zu genießen und uns besonders auch an den kleinen Dingen des Lebens erfreuen zu können. Das entspannt und entlastet uns. Aber wir sollten nicht nur die Anregungen von außen annehmen, sondern auch wieder auf unseren eigenen Rhythmus achten lernen. Jeder lebende Organismus pulsiert, braucht Spannung und Entspannung. Schon die alten Griechen lehrten uns diese Weisheit, und bei Goethe steht diese Tatsache im Zentrum seines philosophischen Denkens. Die heute wie Pilze aus der Erde sprießenden Übungen zur Streßbeseitigung, Beruhigung, Selbstfindung und Selbstbeherrschung sind letztlich Übungen zur Entspannung. Es ist beängstigend für unsere Zeit und unsere Zivilisation, daß das Selbstverständliche durch Kurse in Volkshochschulen, Kliniken und Sportvereinen angeboten oder sogar vom Arzt verschrieben werden muß. Sich im Beruf, der Schule oder zu Hause einfach einige Minuten der Entspannung hinzugeben, ist heute leider noch ein Sakrileg, und dummerweise ist die „Zigarettenpause" häufig die einzige anerkannte Berechtigung für eine Pause. „Warum fängst du denn jetzt an zu rauchen", fragte ich meinen Sohn, der zwischen Abitur und Studium eine Gärtnerlehre absolvierte. „Das ist die einzige Möglichkeit, eine kleine Pause zu machen und den Rükken einmal aufzurichten. Pausen, um einmal durchatmen zu können, werden nicht toleriert, aber eine Pause mit einer Zigarette in der Hand wird nicht beanstandet."

Der heutige Supermensch gibt oft nicht einmal bei seinen engsten Freunden zu, daß er müde ist. Deshalb gibt es nur noch Hektik um uns herum, und alles Tun wird nicht mehr von Freude begleitet, sondern ist verkrampftes Machen. Man will nach oben kommen, oben sein und immer oben bleiben, koste es was es wolle. Was dieses „Oben" ist, wird nur an einer Besoldungs- und Machtskala gemessen.

Hier wird besonders deutlich, daß es für alte Menschen keinen rechten Platz mehr geben kann. Der Älterwerdende müßte besonders auf seinen inneren Rhythmus Rücksicht nehmen, wenn er besondere Leistungen von sich erwartet oder wenn diese von ihm verlangt werden. Er muß indisponiert sein dürfen, sonst läuft möglicherweise gar nichts mehr. Gerade dies ist aber in unserer allgemein verplanten Zeit nicht möglich. Vieles hat ja sogar der Gesetzgeber festgelegt, und das nicht nur bei den Öffnungszeiten der Verkaufsläden.

Wer sich gegen seine Natur zu etwas zwingt, verkrampft sich, und diese verkrampfte Haltung der Arbeit gegenüber, um jeden Preis zur fremdbestimmten Zeit etwas leisten wollen, trifft besonders ältere Menschen. Sie haben als junge Menschen nicht gelernt, auch einmal den eigenen psychophysischen Bedürfnissen der Ruhe und Entspannung nachzugeben, etwas zu tun, was einfach nur Freude bringt ohne tieferen Sinn und Zweck. Ihnen ist als Kind schon das Spielen ausgetrieben worden, das wir in seiner Vollkommenheit nur noch bei Tieren beobachten können. Alte Menschen fühlen sich oft überflüssig, denn sie haben ihr Leben lang eingetrichtert bekommen, daß man nicht müde sein darf, daß man nicht indisponiert sein darf und daß Entspannung und Ausruhen nicht erwünscht sind.

Wie extrem sich die individuelle Leistungszeit im Alter bemerkbar machen kann, soll ein Beispiel verdeutlichen, das allerdings nicht mehr die Berufsfähigkeit betrifft. Mit meiner zweiundneunzigjährigen Schwiegermutter kann ich am Vormittag noch philosophieren oder über den Wandel der Zeiten diskutieren, und am Nachmittag fragt sie mich, wer ich sei und wie sie selbst heiße. Dann zählt sie die Namen ihrer Kinder an den Fingern ab, fragt, wo ihr Mann sei (gefallen 45) und sagt kopfschüttelnd: „Sagt mir alles nichts - leer!". Im wachen Zustand leidet sie besonders darunter, daß sie nichts mehr leisten könne. Gut, das ist ein gesegnetes Alter, und niemand verlangt noch Leistung von ihr, aber ihre Existenz war ihr Leben lang von der Leistung her begründet. Wer rastet, der rostet, hat sie noch gelernt und als verbindliche Maxime für sich angenommen. Geht es nicht vielen dreißig bis vierzig Jahre Jüngeren ähnlich? Sie wollen nicht wahrhaben, daß sich in ihnen ein Veränderungsprozeß vollzieht, daß Körperzellen sich rückbilden und Stoffwechselvorgänge langsamer vor sich gehen. Das in der Jugend oktroyierte oder selbst auferlegte Leistungsquantum wird nicht erreicht, und das wird als unzulänglich erlebt. Hinzu kommt, daß der einzelne die biologischen Unterschiede zu seinen Altersgenossen nicht erkennt und das kalendarische Alter als Maßstab nimmt, um sich zu messen und zu vergleichen. Geistig wird der Alterungsprozeß meist am veränderten Verhalten des Gedächtnisses geprüft. Daß die Handicaps durch Erfahrung, Geduld, Ausdauer, Fachwissen und rationellen Einsatz kompensiert werden können, wird dem alternden Menschen und seinen Mitmenschen selten bewußt. Deshalb gibt er auf! Da er für alles erzogen worden ist, nur nicht zur Sebstgestaltung seines Lebens, zu Hobbys, Steckenpferden, Mut zur Umschulung und wirtschaftlichen oder örtlichen Veränderungen, wird er unzufrieden und verzweifelt. Als Folge dieser Erziehung und Einstellung zieht man den Schluß, daß ältere Menschen nicht mehr gefördert werden können, daß die Aktivitäten, sowohl körperliche als auch geistige, erlahmen. Selbst in Liebe und Sex sind sie minderwertig. Dabei haben sie es einfach nicht gelernt, einem veränderten Zustand ein verändertes Verhalten entgegenzusetzen. Den alten Menschen ist selbst in Dingen, bei denen das Alter Veränderungen fordert, die Fähigkeit des Wandels, der Umorientierung, der Neugestaltung genommen. Wie dumm von uns allen, das Schönheitsideal oder das Leistungsvermögen von der Jugend abzuleiten, gibt es doch nichts Schöneres und Vollendeteres, als reif und frei zu sein. Wir müssen nur den Mut haben, uns zu unserem Sosein zu bekennen. Ich stieg im Skiurlaub aus der Gondel, als ich von einem älteren Herrn angesprochen wurde, ob ich ihm nicht die Schuhe schließen könne, da er sich nicht mehr so tief bücken könne. Meine Frau und ich beobachteten seine Abfahrt. Sein Stil war beneidenswert, und man spürte geradezu, wie er die Fahrt genoß. Sollte er wegen der einen Schwierigkeit das Ganze aufgeben? Dieser Mensch, der mit seinen Aktivitäten noch etwas anzufangen wußte, ist sicher auch zufriedener

als derjenige, der schmollend, unzufrieden und mit seinem Schicksal hadernd den Wetterbericht hört und kommentiert: Ja früher, da habe ich noch, da konnte ich noch usw. Flucht in die Krankheit, man braucht ja eine Rechtfertigung für seine Schwächen, kann die Folge sein.
Doch was wir über das Alter sagen, kann auch für Jüngere zutreffen, besonders für die, die mit sich unzufrieden sind.
Der müde Mensch ist auch unzufrieden, und mit aller Gewalt aus sich und anderen noch etwas herauszuholen, heißt unproduktive Zeit- und Kraftverschwendung (s. auch 2.4). Ich rede hier nicht gegen Tüchtigkeit und Fleiß, ich habe mich immer in Wort und Schrift geradezu fanatisch für das Lernen und immer wieder Lernen eingesetzt, was mit der heutigen Gleichmacherei und der fast ausschließlich geschauten Bilderwelt (TV) nicht gewährleistet ist; und ich wende mich auch gegen die „Mätzchen" in der Schule und bei der Erwachseneninformation, wo aller Stoff bis zur Unkenntlichkeit kleingekaut wird und in kleinen Portiönchen in den Mund des Lernenden gesteckt wird, wobei man schon glücklich ist, daß der Zögling wenigstens schluckt. Nein, ich plädiere für einen sinnvollen Einsatz unserer Kräfte, und wer ausgeruht und entspannt ist, schafft ein Mehrfaches (s.Kreativität) und - dem Anliegen dieser Schrift entsprechend - macht keine Fehler.
Spätestens bei der Betrachtung des Verhaltens der älteren Menschen muß man zur Kritik an unseren Erziehungsprinzipien kommen. „Du mußt jetzt spielen kommen!" höre ich immer noch meine Mutter rufen, wenn ich mich für die Geigen- oder Klavierstunde vorbereiten sollte. Da wurde ich aus dem Spielen herausgerissen und zu einer mir damals „verhaßten Arbeit", die noch - welche Ironie - das Wort „spielen" für sich in Anspruch nahm, gezwungen. Wollte ich dann auch noch einmal am Instrument wirklich spielen, das spielen, was mir gerade einfiel, was mir Freude bereitet hätte, dann hieß es: „Laß diese albernen Spielereien, spiele
richtig und ordentlich." Diese Zwangsbeschäftigung brachte mir zwar später eine sinnvolle Freizeitbeschäftigung in Familie und mit Freunden ein, gedacht war sie aber als Weg zu einem Lebensziel. Wir sehen, Erziehung segelt den ambivalenten Kurs zwischen Skylla und Karybdis, zwischen unerläßlichem Könnens- und Wissenserwerb und dem freien Gebrauch der inneren Fähigkeiten und Wünsche. Aber eine gute

Pädagogik sieht hierin keine Gegensätze. In der Behindertenpädagogik z.B. gibt es viele Beispiele für spielend erworbenes Können, das sowohl formale Fertigkeiten einbringt als auch Freude bereitet, für das allgemeine Leben und das Lebensgefühl bedeutsam ist und durch eigene Aktivitäten und Eigenantrieb erworben wurde. Wer ein spielendes Kind beobachtet -sofern es noch spielt und spielen kann und nicht vor dem Fernseher sitzt -, wird uns bestätigen: es lernt und übt unermüdlich antizipierte Notwendigkeiten für das spätere Leben. Wir hatten selbst einmal mit geistig Schwerstbehinderten das Überqueren der Straße an einer Ampel mit Hilfe der Musik geübt. Bei „grün" spielte die Musik, und die Kinder nutzten den durch die Musik ausgelösten Bewegungsdrang zum Überqueren der Straße. Bei „gelb" und „rot" hörte die Musik auf, und die Kinder warteten. Mancher Leser wird hier das verwendete Lernprinzip des bedingten Reflexes, wie es schon Pawlow beschrieb und das ich an anderer Stelle etwas genauer erklärt habe, erkennen. Diese Kinder lernten ohne Zwang und Kommandos, wie sie über die Straße gehen sollten, und verglichen mit einer Gruppe, die über die übliche Verbalmethode übte, auch hochsignifikant schneller. Auch das Behalten des so Gelernten war andauernder als bei einer anderen Methode. Man muß also nicht unerläßliche Lernziele dem Prinzip des freien Gestaltungsdranges opfern. Selbstverständlich ist nicht nur die Musik ein geeignetes Mittel.
Allerdings gibt es z.Zt. Elterninitiativen - ob dies die perfekten „Nachachtundsechziger" sind, mag dahingestellt bleiben -, die das „reine Lernen von Schulwissen" wieder auf ihre Fahnen geschrieben haben. Wir erlauben uns, einen Teil eines Kommentars hierüber zu zitieren, den Cornelia Müller in den Kieler Nachrichten vom 15.7.94 anläßlich des Endes des Schuljahres schrieb: „..Die Eltern haben übrigens noch mehr konstruktive Vorschläge auf Lager, die der Schule endlich wieder 'effektiveren Unterricht von Klasse eins an' bescheren sollen: Zum Beispiel die Abschaffung integrativer Regelschulklassen, in denen behinderte und nichtbehinderte Kinder gemeinsam lernen. Die seien nur 'ein kostspieliges Experiment', sagen sie. Auch Gesamtschulen sollten nicht mehr eingerichtet werden, weil sie 'mehr Lehrerstunden und Räume benötigen, ohne daß das Lernergebnis verbessert wird'. Und die gesamte Schulzeit müsse auf zwölf Jahre begrenzt werden. Diese 'Lobby für mehr Elternrecht' scheint sich das Motto: kurz, effektiv

und allein an meßbaren Lernergebnissen orientiert, auf die Fahnen geschrieben zu haben. Sollte es diese neue Elterngeneration etwa geschafft haben, aus Kindern gut funktionierende Lernmaschinen zu machen, die keine teure Pädagogik mehr brauchen?“
Aber nicht nur diese Eltern haben eine unrealistische und unpsychologische Vorstellung von Weg und Ziel des zu Lernenden. Ein mir bekannter Studienrat beklagte sich einmal über den schrecklichen Unterrichtszeitverbrauch durch die sogenannten Projektwochen an den Gymnasien. In dieser Woche fällt der normale Stundenunterricht aus, und die Kinder und Jugendlichen können an einem von der Schule angebotenen Projekt, das nicht nur von Lehrern angeboten wird, sondern auch von Eltern, Ingenieuren, Schauspielern u.a., teilnehmen. Als Vorsitzender eines Fördervereins, der die Mittel aufbrachte und bereitstellte, konnte ich verfolgen, wie hier begeistert überlegt, gelernt und gebastelt wurde. Keine Gruppe fühlte sich an die vorgegebene Stundenzahl gebunden, und manche arbeiteten bis in die Nacht hinein. Spielend wurde hier Wissen erworben, wurden eigene Fähigkeiten entdeckt, und es wurde so mancher Grundstein für spätere Hobbys gelegt. Ich hatte den Eindruck, daß Schüler, denen die Schule schon verleidet war, hierbei wieder voll mitmachten, aktiv und manchmal auch führend eingriffen. Bei so einem Unterricht werden Aggression und Frustration vergessen. Blasse und lustlos empfangene Eindrücke können nicht haften, und das Abfragen des nicht haften Gebliebenen macht nun einmal aggressiv. In Verbindung mit dem Antriebsgeschehen ist das Gemüt, also Freude, Lust, Motivation, die Kraftzentrale des Menschen, und kein Lernen ist möglich ohne die emotionale Beteiligung, und die wird den heutigen wie uns gestrigen Schülern so schrecklich „vermiest“. Aber Treffsicherheit der Wahrnehmung und das Behalten des Gelernten sind stark von den Bedürfnissen und Interessen, also von bestimmten Gefühlsqualitäten, abhängig. Je nach der eigenen Bedeutungsverleihung erfolgt eine präzisere und schärfere psychische Verwertung des angebotenen Reizmaterials.
Diese Lernvoraussetzungen stammen eigentlich aus dem vorigen Jahrhundert und diese Forderungen aus dem ausgehenden Klassizismus und besonders aus der Romantik. Man muß nicht nur Schillers Ansichten über die Bedeutung des Spiels oder die Erziehungstheorien eines Jean Paul kennen, um das zu erkennen. Erst das zwanzigste Jahrhun-

dert, das zu seinem Beginn als das Jahrhundert des Kindes feierlich proklamiert wurde, brachte uns das Dilemma, daß den Lehrern Selbstverteidigungskurse von Kultusministern empfohlen werden statt sinnvollere und sozialverträglicherere Lerninhalte und Lernwege. Es dem Fernsehen gleichzutun, dürfte sich einmal als größter Fehler in der Pädagogik erweisen. Falls überhaupt etwas von der Realität über das reine Bilderlernen vermittelt werden kann, was mit Sicherheit nur da geschieht, wo das Bild an bekannte Realitäten anknüpft, wird es Sensationswissen sein, das sich leicht in Bildern darstellen läßt und Aktion gewährleistet. Daß man sich bemühen muß, um eine Sache zu ergründen, wird leider häufig nicht mehr erfahren. Wir stellen auch in Examina fest, daß leider die Einser-Kandidaten oft diejenigen sind, die auch gut nachschwätzen können. Die Zeche zahlen aber nicht nur die derzeitigen Schüler und deren Lehrer, sondern die älteren Menschen, die ohne Spontaneität, Eigeninitiative und originellen Antrieb auf Fremdbestimmung warten; und da sie den Außenverpflichtungen nicht mehr nachkommen können, lustlos, müde, verkrampft und unzufrieden den Lebensabend dahinvegetieren.

3.12 Der Gutdumme und der ausgenutzte Dumme

Wer sich ausnutzen läßt und deshalb als guter Mensch gelten möchte, muß auch die Kraft haben, nein sagen zu können, sonst ist er nur der ausgenutzte Dumme und nicht ein sogenannter guter Mensch, der durch seine Güte und Großzügigkeit hervortritt.

Es war kurz nach dem Kriege, und viele werden sich noch daran erinnern können, daß gehungert wurde. Zwei junge Männer, den Kinderschuhen und dem Kriege gerade entronnen, befreundeten sich bei einem Kurzlehrgang, mit dessen Hilfe der Lehrermangel beseitigt werden sollte. Nach Beendigung dieser Ausbildung suchte sich der eine eine Schule in der Großstadt, weil ihm das Landleben zu einfach erschien und die Arbeit (die Klassenstufen 1-4 und 5-8 wurden jeweils zu einer Klasse zusammengeschlossen) zu kompliziert war. Das Hungern in der Stadt glaubte der eine, in Kauf nehmen zu können, während sich der andere mit Ziegen, Kaninchen und Hühnerzucht ein erträgliches Zubrot verdiente. Es kam, wie das Thema es verspricht. Der Stadtlehrer erschien fast jeden zweiten Tag mit seinem Clan auf dem Dorfe, zufälligerweise immer vor dem Mittagessen, und die ganze Gruppe wurde treu und bieder abgefüttert. Daß auch noch etwas Getreide und ein paar Kartoffeln mitgingen, war schon fast selbstverständlich. Die Freundschaft wurde immer wieder als das einzig wirklich Beständige auf dieser Welt beschrieben und besungen. Der Landkollege, der ja selbst nur begrenzte Mittel zur Verfügung hatte und auch anderen bescheideneren Freunden und Verwandten etwas zukommen lassen wollte, war dieser Umarmung nicht gewachsen. Kurz: der „gute Mensch" vom Lande hatte einfach nicht die Kraft, sich die Freunde vom Leibe zu halten. Er wurde solange „geschröpft", bis sich nach einigen Jahren die Zeiten geändert hatten. Wer hat so etwas nicht schon selbst erlebt und sich selbst als ausgesprochen schwach und dumm bezeichnet, denn mit der moralischen Maxime, Gutes zu tun, hat diese Schwachheit nichts gemein. Hier wird einfach Schwachheit ausgenutzt, denn die Lobhudeleien und die Freundschaftsbekundungen erschienen auch dem Dorflehrer nur als hohle Phrasen. „Gutsein" aus Schwachheit ist also nicht minder dumm, als sich ausnutzen zu lassen, weil man sich geschmeichelt fühlt. Hierzu ein Beispiel aus unserer Nachbarschaft: Ein berühmter Strafverteidiger hat Nachbarn, wie wir schließlich alle Nachbarn haben. Was er aber nicht hat: Baumleiter, Tapeziertisch, Pinsel, Baumsäge und vieles mehr. Dafür sind die Nachbarn da. Erstens müssen die Dinge nicht versorgt und verstaut werden, zweitens muß nichts erneuert und repariert werden und drittens, man braucht sie nicht einmal zu kaufen. Bei der Leiter ist es vielleicht nur ein Platzproblem, beim Kaminholzschneiden und Bäumefällen ist es auch noch ein Problem der Wartung der Säge und der Erneuerung der Sägekette. Der Kanister mit dem Benzingemisch riecht nicht nur, sondern steht auch ständig im Wege. Kommt der berühmte Herr an die Tür, wird ihm alles ohne hörbares Murren zur Verfügung gestellt. Ja, es wird ihm sogar noch beim Tragen der Sachen geholfen. Hier wird man ausgenutzt und verdummt, weil es schmeichelhaft ist, Kontakt mit Herrn X zu haben.

„Wissen Sie, Herr J., wir werden ja immer betrogen. Wir gehören nun mal zu dieser Sorte Mensch, die sich einfach betrügen läßt". Solche Unglücksraben fordern direkt dazu heraus, sie zu betrügen, einfach durch ihren Fatalismus. Sich wehren, nein sagen hat ja doch keinen

Zweck. Sie locken Betrüger an wie ein Korb Obst die Wespen. So erging es auch einem von drei befreundeten Studenten, der einen zwar arbeitsintensiven, aber relativ gut bezahlten Job neben seinem Studium gefunden hatte. Die anderen beiden nützten diesen Reichtum der Gruppe reichlich aus. Eines Tages konnte der arbeitende Student den anderen beiden mitteilen, daß sein Chef auch sie beide einstellen wolle. Arbeiten und studieren, oh das geht nicht, klang es wie im Chor zurück. Nun wurde dem gutdummen Freunde klar, daß er der Ausgenutzte war. Von diesem Tage an verdiente er sich bei seinen beiden Kommilitonen nicht mehr das Prädikat „gut", aber mit der Tatsache, sich dumm ausnützen zu lassen, war es endgültig vorbei, denn von nun an standen nicht einmal mehr Salzstangen auf dem Tisch. Da der Name „Bafög" noch nicht geboren war, gaben beide bald das Studium auf, einer wurde Versicherungsvertreter und heiratete eine reiche Frau, der andere fand bald günstigere Studiengrundlagen und wurde Pfarrer. Es gibt eben Menschen, die wie Fliegen die Stellen finden, wo etwas zu holen ist, und freigebige Opfer gibt es überall.

In obigen Beispielen hatten die Gutdummen wenigstens noch erkannt, daß sie als auszunutzende Opfer auserkoren waren und brachen, wenn auch ängstlich und allmählich, die Beziehungen ab. Der Gutdumme hat den Freundschaftsbeteuerungen dieser sog. Freunde nichts entgegenzusetzen. Das Auto wird verliehen, weil der andere ja in Not ist, es werden existenzgefährdende Bürgschaften gegeben, nur weil man nicht nein sagen kann. Dieses Phänomen läßt sich nicht von der Hackordnung her erklären, wo eine vermeintlich niederrangigere einer höherrangigeren Person den Hof machen will, wie wir es auf dem Hühnerhof und bei Wildhundrudeln beobachten können, es hat auch mit Devotion nichts zu tun, wo der Gutdumme untertänigst dem anderen Menschen Wünsche erfüllt, es hat auch nichts mit mangelnder Selbstsicherheit zu tun, denn an anderer Stelle ist das Selbstbewußsein durchaus präsent, durchsetzungsfähig und wirksam. Der Ausgenutzte hat sicher eine Art sozialer Schwäche, und er ist den Personen ausgeliefert, die die kleine weiche Stelle, den Einstieg zu dem Punkt seines inneren Gemütslebens, entdeckt haben, wo er den bettelnden Sirenengesängen nicht mehr standhalten kann. So erging es meiner Frau, als unser Sohn ein Kleinkind von zwei Jahren war. Der Vorsitzende einer Behindertenorganisation in unserer kleinen Gemeinde suchte dringend jemanden, der regel-

mäßig und täglich einen behinderten Jungen vom Schultor zur Bushaltestelle brachte. Es war meiner Frau völlig klar, daß sie es eigentlich nicht schaffen konnte, diese regelmäßige Verpflichtung durchzuhalten. Durch zwei Sätze, die geschickt an das Sozialempfinden, an die Eitelkeit und an die Bindung an die Behindertenarbeit appellierten, ließ sie sich gegen besseres Wissen zu dieser Aufgabe überreden: „Wenn nicht Sie, wer denn dann", und „es handelt sich doch um einen Behinderten". Jeden Vormittag quälte sie sich nun hetzend durch die Termine und handelte sich ein schlechtes Gewissen ihrem kleinen Sohn gegenüber ein, der nicht nur einmal weinend zu Hause bleiben mußte, wenn sie eilig zum Schultor rannte, weil der junge Behinderte völlig hilflos und verwirrt den Weg allein zum Bus nicht hätte finden können.
Gutdumme lassen sich aber nicht nur von Freunden ausnehmen. Die Gilde der Hausierer kennt z.B. sog. Zinken, Zeichen, die an den Häusern hinterlassen werden und dem Nachfolger mitteilen, wo und wie etwas - oder auch nicht - zu holen ist. Nun ist gut sein und dabei auch einmal etwas ausgenutzt werden, noch lange nichts Schlechtes. Bedenklich wird dieses Verhalten erst dann, wenn dadurch andere ermuntert werden, auf Kosten der Freunde und Mitmenschen zu leben. Spätestens dann sollte man erkennen, daß man sich ausnutzen läßt und spätestens dann sollte man gegensteuern. Meistens kennt man ja die Menschen, die erreichen, daß man mehr von seiner Kraft, seiner Zeit, seinem Eigentum gibt, als man eigentlich will und sich eigentlich leisten kann. Für diese Menschen sollte man sich schon vorher ganz bestimmte Erwiderungen bereithalten. Dann ist das Reaktionsmuster „höflich ablehnen" im Gehirn präsent, und man kann auf diese Weise nicht mehr so leicht überfahren werden, weder an der Haustür noch am Biertisch, weder beim kostenlosen Überlassen der Ferienwohnung noch beim Verleihen des Campingbusses.

4. Gesellschaftlich begründbare Verhaltensweisen

4.1 Sogenanntes Dummsein und kultureller Hintergrund

Auf der schon oben erwähnten längeren Vortragsreise durch Namibia hatte ich zufälligerweise mit einem dem Stamme der Buschmänner angehörenden Einwohner zu tun und erzählte ihm, wieviele Kinder ich habe, und fragte ihn nach der Anzahl seiner Söhne und Töchter. Ich hatte den Eindruck, daß er mir die Anzahl nicht sagen konnte, denn er zählte mir die einzelnen Namen auf. Dieser Eindruck paßte in mein damaliges Vorurteil von den Buschmännern, denn mir war in den Monaten meiner Reise und Lehrerschulung kein einziger Buschmann begegnet, der studiert hatte. Unser Gastgeber wußte aber genau, daß von den über 500 Rindern, die dieser junge Mann betreute, nicht eines fehlte und daß er Spuren entdecken konnte, die wir nicht mit der Lupe hätten entdecken können. Wir hatten auch den Eindruck, daß er jedes der Tiere des Farmers kannte, ja sich mit ihnen unterhalten konnte. Dieses alles waren beneidenswerte Fähigkeiten, die meine Bewunderung hervorriefen, aber das Zählen schien er nicht zu können. Wahrscheinlich, so glaubten meine Frau und ich, merkt er sich jedes einzelne Tier, und es fällt ihm auf, wenn eines fehlt. Da einige der Lehrer mehrmals zu den Tagungen erschienen waren, hatten wir allmählich einen sehr guten Kontakt zu ihnen und wagten deshalb zu fragen, ob denn die Buschmänner alle so wenig mit Zahlen umgehen könnten und erzählten ihnen unser Beispiel. Wie standen wir nach ihrer Antwort dumm da! „Ein Buschmann würde nie Menschen als Zahl ausdrücken, es fällt ihm schon schwer, dies bei anderen Lebewesen zu tun." Als wir das nächste Mal unseren Charly wiedertrafen, machten wir drei Verbeugungen vor ihm, wenn er zwei machte. Was für ein beneidenswerter Mensch und was für eine bewunderungswürdige Kultur, denen wir hier begegnet waren. Mußten wir uns nicht ob unserer arroganten Fehleinschätzung schämen? Jedenfalls fühlten wir uns seit dieser Zeit sehr viel kleiner als dieser kleinwüchsige Mann vor uns.

Es ist nun einmal eine unserer größten Schwächen, daß wir, Angehörige der sog. westlichen Zivilisation und Kultur, glauben, unser Maßstab gelte für alle anderen Menschen der Welt. So gehen wir z.B. mit einem vornehmlich in Hamburg entwickelten und „geeichten" Intelligenzmeßverfahren nicht nur auf eine Hallig, um die Intelligenz der Einwohner dieser Nordseeinsel zu testen und festzustellen, daß dort alle unintelligent seien, nein, wir nehmen diese Verfahren sogar mit in den Busch, um uns zu beweisen, daß wir klüger als die Menschen dort sind. Wer aber in einigen Regionen unserer Welt die besseren Lebenschancen hätte und hat, steht dabei nicht zur Diskussion. Wir beurteilen Dummsein oder Klugsein danach, ob wir dem „Ungebildeten" Glasperlen für Gold andrehen können, mit dem Zielfernrohr über große Distanzen ein Tier oder einen Menschen erschießen können und daß wir fotografieren und Tagebuch führen. Seine Wertewelt ist für uns bedeutungslos, wir erwarten, daß er unsere Maximen übernimmt.

Bei uns wird der sog. kognitive Bereich, die Verstandesebene, besonders gefördert. Physiologisch ausgedrückt heißt das, wir züchten bei uns nur die linke Hirnhemisphäre, die Normen, Logik, Sprachgesetze und andere formale Bereiche unseres Daseins speichert und gebrauchsfertig bereit hält. Selbst unsere Sprache und Schrift sind diesem „einseitigen" Bedürfnis und dieser einseitigen Möglichkeit angepaßt. Die andere Seite unseres Gehirns, die eher Bilder, diffuse Eindrücke und Empfindungen speichert, wird in die Lernvorgänge einfach nicht mit einbezogen. Hier müßte man sich wieder einmal Gedanken über die Wirkung des Fernsehens machen. Bleiben nicht ev. diffuse Gefühle haften, ohne daß etwas Konkretes gelernt wurde, etwa bei Gewaltdarstellungen und Mordausführungen, die in verwandten affektiven Situationen zu einem Nacheifern der dargestellten Handlungen führen, ohne den Weg über die Ratio zu nehmen? Doch fahren wir fort: Unsere Schriftzeichen, inhaltslose Zeichen für Buchstaben, ergeben erst dann einen Sinn, wenn sie logisch aneinandergereiht werden zu einem uns bekannten Wort. Hierfür wird praktisch nur die eine Hirnhälfte benötigt. Der Chinese oder der Japaner benutzt für seinen Schreibvorgang beide Hemisphären. Er schreibt mit einer Bilderschrift (bitte nicht an Fernsehen denken), die auch die gefühlsmäßige Seite mit innerviert. Sein Tun in diesen Bereichen entbehrt deshalb auch nicht der Gefühle. Daraus ergeben sich breitere Leistungsmöglichkeiten, da in den Assoziationsfluß bei phantasievollen und kreativen Gedankenkombinationen der Gefühlsbereich unmittelbar mit einfließt. Solange wir aber nicht darauf achten, daß der gefühlsmäßige Breich schon in frühester Kind-

heit seinen ihm gemäßen Platz einnehmen darf und solange die Schule in ihrer Didaktik diesen Bereich nicht mit einbettet, solange werden auch gefühlsarme Menschen um uns herum leben. Gerade jetzt beklagen wir die Gefühlsarmut in unserem Kulturbereich besonders. Brutalität und Rohheit sind zwar auch Gefühlsäußerungen, Affekte, aber ohne die verstandesmäßige Kontrolle.
Wir gehen leider anders mit Zahlen und Personen um als unser Buschmann. In einem Rundschreiben an die Mitglieder des Schleswig-Holsteinischen Frauenringes vom 28.1.94 teilt Frau Barbara Bonnes den Mitgliedern u.a. mit: „Seit langem wird die Zunahme der Gewaltdarstellungen im Fernsehen beklagt. Eine freiwillige Reduzierung dieser Darstellungen ist ... nicht zu erwarten ... Ich habe auf einer Tagung zum Jugendmedienschutz selbst erlebt, wie der Geschäftsführer eines ...senders die Problematik in folgender Weise verharmloste: 70 Morde pro Fernsehtag bedeute bei 6 ...sendern ca. 12 Morde pro Sender. Das mache bei 12 Stunden Ausstrahlung 'nur' einen Mord pro Stunde. Daß es einen Zusammenhang zwischen Gewaltdarstellung und Aggressionsbereitschaft einerseits und einer ängstlichen Weltsicht andererseits gibt, sah er als nicht erwiesen an. In den Augen vieler Fachleute sind diese Folgewirkungen jedoch unbestritten. Gleichzeitig müssen wir fragen, ob und wie wir Einfluß auf diese Entwicklung nehmen können...", soweit das Bemühen einer Frauenvereinigung zum Thema Gewalt und Mord. Hier muß uns die Macht des Fernsehens ängstigen, besonders dann, wenn wir annehmen können, daß durch das vorüberhuschende Bild keine rationale Auseinandersetzung mit der Sache stattfindet, sondern daß nur Gefühle und Bedürfnisse unbewußt angesprochen werden. Die Mordszene wird relativ kurz gestaltet, aber wir wissen aus Untersuchungen, daß etwa Bruchteile von Sekunden eingeblendete schäumende Biergläser im Zuschauer Bierdurst stimulieren können, den dieser nicht zu begründen vermag, weil er das Bild nicht bewußt aufgenommen hat. Ein Mord pro Stunde ist also „harmlos", zumal ja die Kinder befragt wurden, und dabei wurde „bewiesen", das „nichts!!" hängenbleibt. Ist man so dumm, oder hält man uns für so dumm? Die Politiker, die uns den Preis einer Buskarte, die Einkaufszeit, die Aufnahme in eine Hochschule etc. vorschreiben, sehen bei den Ursachen unserer Verrohung keinen Handlungsbedarf. Auch die Medien tragen an dieser Entwicklung ihren Teil an Verantwortung. Werden

nicht Negativ-Vorbilder ständig hochstilisiert? Wer zweimal eine Tankstelle überfallen hat, avanciert zum „Tankstellenkillerkönig", und er wird so gezwungen, durch weitere Taten seinen Titel zu halten, um nicht von anderen, die ihn nachahmen wollen, überholt zu werden. Eine Positiv-Assoziation - größte, geschickteste, Star, König, Meister - wird mit einer Negativ-Tat, einer Schreckenstat, je schrecklicher, desto höher der Titel, zu einer Einheit verknüpft; - sicher für viele labile Persönlichkeiten ein unwiderstehlicher Ansporn. Hätte ich diese Zeilen nicht im Kapitel Angst oder Macht niederschreiben müssen, denn auch mit Hilfe unserer völlig verrationalisierten Sprache wird versucht, immer mehr Macht zu erhalten. Sprache wird in unseren Breiten zum Machtfaktor, dessen man sich zur Durchsetzung und Rechtfertigung der Politik bedient. Wer Macht hat, versucht, die „richtige" Bedeutung der Wörter vorzuschreiben und die „richtigen" Wörter in Umlauf zu bringen. Ein Diktator eines fernöstlichen Landes hatte im Wörterbuch das Wort „Erbfolge" folgendermaßen definieren lassen: Kapitalistischer Brauch, der zur unberechtigten Erhaltung der Macht für die ganze Familie über Generationen hinaus dient. Als dieser im Alter seinen Sohn für seine Nachfolge erkoren hatte, ließ er dieses Wort einfach aus dem Wörterbuch entfernen. Doch der Sprache werde ich mich noch gesondert zuwenden. Hier sei sie nur - auch mit dem Zahlenfetischismus - als unser kultureller Hintergrund erwähnt mit ihrem einseitig rationalen, kognitiven Schwerpunkt.

Wir müssen versuchen, dieses Handikap unserer abendländischen Kultur durch besondere, gemütsbetonte, kontemplative Erziehungsziele auszugleichen - im Interesse unseres Überlebens und im Interesse einer wirklich weltweiten Weltkultur, wo auch die Maximen der anderen Kulturen ihren Stellenwert erhalten. Nur dann wird es keine nur klugen Europäer und keine nur dummen Angehörigen der sog. Entwicklungsländer mehr geben; das Menschenbild des Buschmannes wird dann ebenso erstrebenswert sein wie das Beherrschen der höheren Mathematik; und das derzeitige Ziel der Menschheit, „the american way of life", wird etwas relativiert, zumal wir mit den Mitteln unseres Fortschritts mehr als nötig unterdrückt werden, was ich u.a. in dieser Schrift darzustellen versuche.

4.2 Über die hierarchischen Strukturen und die Hackordnung in unserer Gesellschaft

Wir akzentuieren in unserer Zeit immer mehr Begriffe und Fakten der Gesellschaft - Vaterland, Zugehörigkeit zu einer Gruppierung, Angehöriger eines Volksstammes, Geschlechts, Alters, Mitglied einer Partei u.a. - und vergessen hierbei Form, Inhalt und Engagement, wie wir sie in einer wirklichen Gemeinschaft vorfinden. Selbst ein einfaches Nachbarschaftstreffen wird umfunktioniert zu einer organisierten Veranstaltung, wo natürlich Komitee und Vorstand unerläßlich sind. Jede größere Gemeinsamkeit wird sofort gesellschaftlich organisiert und institutionalisiert, wird zur Funktion der Gesellschaft. Damit wird das Gefühl für das spezifisch Gemeinsame unterdrückt, und das egozentrische Verhalten des einzelnen, der - notfalls mit Ellenbogenkraft - nach Ämtern strebt, kann sich durchsetzen.

Das Positive solcher kleinen freiwilligen Vereinigungen wurde schon an anderer Stelle diskutiert. Hier sollen die hierarchischen Strukturzwänge in unserer Gesellschaft im Vordergrund stehen. Der Gesetzgeber, sich an unwichtigen Stellen überdemokratisch gebärdend, verlangt z.B., daß auch in der ersten Klasse, vierzehn Tage nach Schulbeginn, eine „Elternvertretung" zu wählen ist. Die erste Elterneinberufung erfolgt durch die Schulleitung. Nach höchstpersönlicher Vergatterung der Eltern über die Wichtigkeit des Vertreteramtes soll nach einer einleitenden allgemeinen Diskussion, damit man sich auch kennenlerne, das Amt durch Wahl vergeben werden. Man kennt sich nicht, eben deshalb, so sagt der Schulleiter, wolle er erst etwas diskutieren lassen. Die Lehrerin fügt hinzu, daß sie noch gar nichts über die Kinder sagen könne, eine Enttäuschung derer, die schon glaubten, daß ihr Kind als Primus zu erkennen sei. Diese Eltern schweigen aus Enttäuschung, aber die meisten anderen wissen ja auch noch nichts zu sagen und zu fragen. Endlich erhebt sich eine Dame, stellt sich mit Namen, Vornamen und Alter vor und fragt, warum man den doch sicherlich zu kleinen Schulhof nicht dadurch zum Spielen, insbesondere für die Kleinen, erweitern könne, daß der zwei bis drei Meter breite Grünstreifen zwischen Straße und Schule zum Spielen freigegeben werde. Der Schulleiter macht auf die Gefährlichkeit wegen der Straße aufmerksam, die meisten Anwesenden nicken, einige schütteln auch den Kopf. Wieder tritt eine Pause ein, und - so wird festgestellt - da nichts mehr zu sagen ist, kann mit der Wahl nach § x Abs. y begonnen werden. Die meisten Klassenlehrer sind auf solch eine Situation vorbereitet und sprechen im Flur vor der Sitzung ihnen bekannte Eltern an, ob sie nicht das Amt übernehmen wollten und führen die Abstimmung „geschickt" in ihrem Sinne durch. Dann läuft alles zur Zufriedenheit aller ab. Hier war aber nichts vorbereitet, und es ging schleppend weiter. Nach einer Pause meldete sich ein Elternteil und sagte, nehmen wir doch diese Dame - ich hab den Namen schon wieder vergessen, entschuldigen Sie bitte -, die eben gesprochen hat. Die Lehrerin schreibt ihn an die Tafel, und die genannte Dame will ihr durch Buchstabieren helfen, was die Lehrerin abweist, da sie ja den Namen des Kindes kenne. Keine weiteren Vorschläge, die Wahl wird einstimmig vollzogen, der erste Sprecher ist gewählt. Nach Abs.z, so spricht jetzt die Lehrerin, da der Schulleiter sich diskret verabschiedet hatte, ist aber noch ein Stellvertreter zu wählen. Die nun erste Vorsitzende, die von der Klassenlehrerin zurückhaltend freundlich gebeten worden war, die Sitzung weiter zu leiten, schägt nun den Herrn vor, der sie vorgeschlagen hatte, mit der Bitte, seinen Namen zu nennen. Da kein zweiter Name an der Tafel erscheint, wird auch dieser einstimmig gewählt. Wir gehen nach Hause, d.h. noch nicht ganz, denn nach dieser Leistung in Demokratie für unseren Sohn und für uns, haben wir ein Gläschen Bier verdient. In dem Gasthof nebenan trifft sich die knappe Hälfte der Elternschaft, schiebt die Tische zusammen und diskutiert. Nach zwei Stunden wußten wir alle, wen wir hätten wählen sollen und wer unsere Kinder wirklich vertreten hätte. Unser Vertreter, so erfuhren wir nun vom Wirt, hat z.Zt. drei Gerichtsklagen mit Nachbarn laufen - nur drei, so berichtet er, denn mehr Nachbarn habe ja dieses Grundstück nicht. Die meisten von uns gingen aber trotzdem beruhigt nach Hause, da wir hofften, daß unsere Schulakten, die ja in Lehrer-Elternvertreter-Sitzungen herumgereicht werden, nichts allzu Schlimmes enthalten mögen. Auch so kann ein neues „Establishment" entstehen, und wir bauen eine Hackordnung auf, wo eigentlich noch ein unstrukturiertes „Gemenge" von Menschen vorhanden ist. Wo sind hier die Dummen, die Verdummten, die mit Pseudodemokratie abgespeist werden und dieses Spielchen um der Kinder willen stillschweigend mitmachen? Dokumentiert sich aber nicht gerade unsere Dummheit im Verzicht auf

Widerstand, auch im Kleinen und für unsere Kleinen? Wir Eltern, wir Bürger haben uns wieder einmal mehr instrumentalisieren lassen und durften, jenseits jedes Postensuchgedränges, unser Mitbestimmungsbedürfnis zur Geltung bringen. Doch was sollen unsere Kinder denken, die spätestens ab vierter Klasse dieses Demokratietheater der Schule durchschauen?
Wenn wir an Kindergarten, Schule und Sportverbände denken: Alles, was um das Kind herum geschieht, ist organisiert und strukturiert. Selbst bei ihrem Lehrer und im Schulsekretariat erleben sie, was Schiller schon in Wallensteins Tod (1. Akt, 5. Szene) sagt: „Ich hab hier bloß ein Amt und keine Meinung". Die organisierte Unverantwortung geht so in Fleisch und Blut über. Schauen wir uns Parteien, Staat, Kommunen, Kirche an, auch hier erlebt das Kind nur hierarchische Strukturen; und gerade die Gruppen - meist links oder rechts -, die dagegen anzugehen glauben, sind meist am straffsten organisiert. So verlernt der Mensch, seine spontanen gefühlsmäßigen Reaktionsmuster einzusetzen, und er checkt gleichsam erst die institutionellen Einrichtungen ab, ob nicht sie für ihn handeln. Wir spenden auf der Straße nichts mehr, weil ja für jeden in unserem Staate gesorgt sein muß, und außerdem haben wir gerade dem Sammler gegen Steuerbescheinigung etwas gegeben, innerlich etwas schimpfend und mit einem Gefühl innerer Unzufriedenheit. Zu dem Gefühl, das man ev. hat, wenn man einem Flötenspieler auf der kalten Straße etwas in den Kasten wirft, haben wir keinen Zugang mehr. Ja, wir merken nicht einmal, wie verarmt wir innerlich sind, wie wir uns wieder einmal zum Werkzeug anderer machen lassen, wie wir, selbst in den sozialen Handlungsfeldern, zum „Wasserträger" degradiert werden.
Wir handeln wieder einmal so sozialdumm, daß wir auch in dieser Hackordnung unter „ferner liefen" eingestuft werden. Dabei ist doch das „Establishment" gar nicht klüger, als wir es sind, und erst recht nicht sozialer eingestellt, als wir es sein könnten. Geschichten und Märchen, wie z.B. „die kluge Bauerntochter", zeigen uns, daß gerade die von den Mächtigen als dumm bezeichneten Menschen die wirklich klugen sind. Kluge und Denkende sind aber oft nicht gern gesehen, sie bekommen bei der nächsten Wahl kein Mandat oder werden als Beamte in die Registratur versetzt, denn der „Hinterherläufer" wird vor allem bei Parteien und im Staatsdienst bevorzugt.

Wo aber versucht wird, z.B. Industrieunternehmen modern zu führen, wird auf die starre hierarchische Struktur verzichtet. Führungskräfte versuchen, auf ihren alleinigen Realitätsdefinitionsanspruch zu verzichten, und die weiteren Organisationsmitglieder werden in die Verantwortung mit einbezogen. Veränderungsprozesse vollziehen sich in diesen Unternehmen viel schneller, anpassungsfähiger, flexibler und effizienter.
Warum gelingt so etwas nicht in staatlichen Einrichtungen? Warum geraten Reformversuche so häufig in Sackgassen? Für das Beispiel Hochschulreformen liegt die Antwort in dem Motto: teile, um zu herrschen. Nichts Neues gibt es nach jeder „Reform" zu berichten, außer vielleicht, daß alle Mitglieder eines Instituts zu Direktoren - ohne gehaltliche Konsequenzen - ernannt werden. Von jetzt an gibt es wenigstens niemanden mehr, der für Forschung, Lehre, Etat etc. die Verantwortung trägt, denn jetzt ist alles so geregelt, daß ein Oberinspektor im Wissenschaftsministerium alles und alle im Griff hat. Im Institut hingegen findet das Leben seinen höchsten Ausdruck in den Sitzungen. Gibt ein Kollege auf, ist er Gegner der Basisdemokratie und bekommt als solcher für seinen Teilbereich von den mageren Mitteln noch etwas weniger.
Auch Hackordnungen sind hierbei leicht zu durchschauen. Gerade auf dieses in beinahe jeder Gruppierung anzutreffende Prinzip der Hackordnung habe ich in dieser Schrift schon mehrfach hingewiesen, es wirkt in viele hier angesprochene Bereiche. Am anschaulichsten können wir dieses Prinzip wirklich auf dem Hühnerhof beobachten, was ja an dem Namen „Hackordnung" zu erkennen ist. Die höher eingeordneten Hühner dürfen immer die nach ihnen kommenden und die darunter befindlichen hacken. Die letzte Henne wird also von allen gehackt, vorausgesetzt, die Höchstrangigen geben sich überhaupt mit ihr ab. Wir können dieses Phänomen auch am Futterkasten beobachten und wundern uns dann nicht mehr, daß manche Vögel einigen so bereitwillig Platz machen. Auch jede Kindergärtnerin weiß, daß es beliebtere und weniger beliebte Kinder gibt; das Spiel, „mein rechter Platz ist leer, ich wünsche mir den x her", ist für manche Kinder sehr bedrückend, wenn sie nicht geschickt ausgleicht. Die sogenannten Stare, das sind diejenigen, die an oberster Stelle der Beliebtheitsskala stehen, werden oft gewählt, während andere vom unteren Ende kaum

oder gar nicht gewünscht werden. Nicht anders verlaufen die Versuchsanordnungen bei der Soziometrie, wenn Rangordnungen der Beliebtheit in Gruppen, Schulen, Vereinen wissenschaftlich festgestellt werden sollen. Kommen in eine bereits fest strukturierte Gruppe nun neue Mitglieder hinzu, beginnt das „Gerangele“ um die bessere Position von neuem. Die oberen werden noch aggressiver, sie wollen ja ihre Position halten, und die „niederen“ nutzen die Chance, um einige Stufen nach oben zu kommen. Außerdem muß der Neue sich soweit durchkämpfen, bis er an eine Grenze stößt. Kennen Lehrer diese innere Dynamik von Klassen und Gruppen nicht, können sie sehr viel Aggressionen freisetzen und ein ständiges Platzgerangel provozieren. Lehrer und Gruppenmitglieder müssen aber wissen, daß wir nicht an einem Futterkasten sind, wo um die Verteilung der Körner gekämpft werden muß, während in der Natur durch dieses Prinzip wenigstens einige - bei knappem Futter - die Überlebenschance erhalten.
In der Klasse oder im Seminar ist „das Futter“ nicht knapp, denn die Noten sollten nicht so verteilt werden, daß auch hierbei ein Konkurrenzkampf provoziert wird. Leider hilft aber auch hier der Gesetzesgeber in die falsche Richtung nach. Man verlangt eine ausgeglichene Notenverteilung, das bedeutet, es müssen schlechte, mittelmäßige und gute Noten nach einer bestimmten Verteilung gegeben werden. „Zuviele gute Noten der anderen könnten meine Chance verringern“. Macht sich ein Kultusminister eigentlich klar, daß durch solche Verordnungen schon sehr früh ein Konkurrenzkampf eingeübt wird, wo eigentlich soziales Miteinander im Vordergrund stehen sollte, daß hier Konkurrenzneid entsteht, der so in Fleisch und Blut übergehen kann, daß er später einmal gefährlich wird? Mobbing, Haß und Egoismus finden sicher auch hier ihre Wurzeln, und da wir an vielen Stellen dieser Schrift unsere Erziehungspraktiken beanstanden mußten, ist es vielleicht die Summe dieser „Kleinigkeiten“, die den heutigen Zustand ausmacht.
Nun sind aber gerade diejenigen, die das Heft des Handelns für uns in die Hand nehmen, wie Politiker, Parteibuchkarrieristen, Vereinsvorsitzende, auch diejenigen, die das Hackordnungsprinzip erkannt und sich nutzbar zu machen gelernt haben. Wenn wir die politische Landschaft beobachten, könnte sich dieser Schluß aufdrängen, es wird kein „Gleichtüchtiger“ herangelassen, oder er wird nach den ersten beschei-

denen selbständigen Gehversuchen „abgeschossen". In der Zeit der Monarchie versetzte man diese Leute in den diplomatischen Dienst, weit weg, heute setzt man einen zu Dank verpflichteten Reporter auf die Fährte des befürchteten Konkurrenten. Weil aber doch ein Nachfolger heranwachsen muß, züchtet man politische Retortenbabies, die nicht anders denken können als ihr Gönner und die zu allem fähig sind, wenn sie befürchten, politisch zu versagen. Es tut mir richtig leid, hierfür aus jüngster Bundesrepublikanischer Geschichte keine Beispiele bringen zu wollen. Geistreiche Reporter sprachen in diesem Zusammenhang von der „Kaminkarriere", was bedeuten sollte, daß nur von innen nach oben gestiegen wird.
So leben wir Menschen in unseren Breiten und in unserer Zeit immer noch nach den Sozialprinzipien, wie wir sie auf dem Hühnerhof und am Futterkasten beobachten können: Hackordnung und Protektion. Ja, auch Protektion finden wir auf dem Hühnerhof, denn das Weibchen eines Alphatieres, selbst wenn es ganz unten in der Hackordnung steht, genießt das uneingeschränkte Tabu, das das Führungstier genießt.

4.3 Vorurteile als Mittel der politischen und religiösen Indoktrination und zum Zwecke der Selbsterhöhung

Ein Vorurteil liegt dann vor, wenn das Urteil nicht der Realität entspricht, es ist meist ungünstiger als diese und läßt häufig das persönliche Wohlwollen dem gegenüber, gegen den ich ein Vorurteil habe, vermissen.
Vorurteile werden von dem, der sich ihrer bedient, als Mittel zur Erreichung eines bestimmten Zieles benutzt oder als Ablenkung von eigenen Problemen gebraucht. Für den oder die Betroffenen - es gibt Vorurteile einzelnen Personen (und anderen Lebewesen, z.B. Hornissen) gegenüber und Menschengruppen und Völkern - sind es Klischeevorstellungen über sie, die meist negative Urteile beinhalten und zu pauschalen Verurteilungen führen. Die Stigmatisierungsforschung hat gerade in den letzten Jahren versucht, den Gründen der Vorurteilsbildung und der Verurteilung nachzugehen. Zur extremen Diskriminierung anderer neigen vor allem Neurotiker, verstärkt Strebsame, zur Aggresivität Bereite und besonders Menschen, die ihre völkische oder sonstige Zu-

gehörigkeit zu der mit Vorurteilen belasteten Gruppe innerlich verdrängen. Angehörige der Gruppen, die stigmatisiert waren, waren die unangenehmsten Aufseher, wie wir es in Gefangenschaft erlebten. Vorurteile und vorschnelle Verurteilungen finden wir auch dort, wo Gruppen, Mächtige oder einzelne für die Zwecke der eigenen Absicherung mit diesen Mitteln operieren. Wie so häufig in dieser Schrift sind auch hier die Zusammenhänge mit anderen Kapiteln einleuchtend; nach Motiven, Ursachen und Erscheinungsweisen könnten sie nach verschiedensten Bereichen dieser Schrift aufgelistet werden. Der Arrogante, der Mächtige, der Geltungssüchtige, die Sekten, Korporationen, Religionsgemeinschaften, politische Gruppierungen, unsichere Staatsgebilde usf., alle benutzen das Instrument der Vorurteilsbildung, um sich selbst „ins rechte Licht" zu rücken, kurz, alle diejenigen, die glauben, Sündenböcke zu gebrauchen. Auch Zeitungen verwenden gern das Instrument der Vorurteilsbildung, um Klischeevorstellungen im Leser zu erzeugen oder wachzurufen und um dessen Beifall zu erheischen, denn man braucht ja den Stammleser. Bei der Wiederholung solcher Behauptungen hat der Leser dann Bekanntheitserlebnisse, und er findet sich in seiner Meinung über dieses oder jenes Volk, diese oder jene Minderheit oder Gruppe bestätigt. Auch hier ist die Wiederholung der Behauptung unerläßlicher Bestandteil und lernpsychologisch wichtig für den Zweck der Indoktrination. Die Schwäche oder Stärke des Menschen, Verallgemeinerungen vorzunehmen, vieles zu generalisieren, befähigt ihn dann zur Bildung von Vorurteilen. Das Mobbing bedient sich voll der psychologischen Mechanismen aus der Vorurteilsbildung. Wir sehen also, daß viele Fakten und Wirkungen von Vorurteilen in anderen Abschnitten abgehandelt oder angedeutet wurden und werden. Deshalb hier nur noch einige spezielle Bemerkungen.
Wie stark z.B. die Vorurteile gegen Behinderte sind, ist allgemein bekannt und wurde schon 1975 von v. Bracken und 1976 von Jansen mit umfangreichen Fragebögen untersucht und statistisch abgesichert. Danach sehen z.B. 90% der Respondenten geistig behinderte Menschen als gefährlich an, nur 3% würden ein behindertes Kind adoptieren, 2/3 aller Befragten würden ihr eigenes Kind nicht mit ihnen spielen lassen, und die Hälfte der Befragten dieser Repräsentativuntersuchung empfinden Gefühle der Ablehnung. Bei Jansen steht noch die Frage der Euthanasie im Vordergrund, die mehrheitlich befürwortet

wird. 43% unserer Mitmenschen glauben, daß die Behinderungen durch Inzucht oder Trunksucht verursacht sind. Dieser erschreckende Vorurteilskatalog läßt sich noch erheblich erweitern. In einer Nachuntersuchung wurden Lehrer befragt, und es kamen die gleichen Ergebnisse heraus wie bei der Gesamtbevölkerung. Also auch Menschen, die sich berufsmäßig mit Kindern befassen und eigentlich vorurteilsfrei sein müßten, haben diese unbegründeten Urteile wider besseres Wissen - es sind eben Vorurteile, die nicht einfach zu löschen sind. Wer aber einmal näheren Kontakt mit einem Behinderten hatte, so v.Brackens Ergebnisse, hat nicht mehr all die erschreckenden Urteile parat. Sicher sind in den letzten Jahren sehr viele emotionale Barrieren Behinderten gegenüber überwunden worden, dafür wurden Vorurteile gegen andere Gruppen - Ausländer, Farbige, Andersgläubige, ja sogar anders Gekleidete oder anders Wählende - verstärkt, geschürt und praktiziert.
Vorurteile schüren? Viele Sekten z.B. können ihre Anhänger nur dadurch „bei der Stange" halten, daß sie die anderen, die Nicht-Mitglieder, im wahrsten Sinne des Wortes „verteufeln". Hier werden Vorurteile in die Welt gestreut, die die Weltanschauung der Sekte absichern und verifizieren sollen. Selbst bei den Weltreligionen finden wir eine z.T. ablehnenswürdige Beurteilung der Andersgläubigen. Die geistige Beschränktheit des einzelnen, seine Horizontenge im Bezug auf Toleranz und Weltoffenheit müssen durch Impulse von außen bestätigt werden, und in ihm muß das Gefühl erzeugt werden, daß er der besseren, auserwählten Menschengruppe angehört. Das schafft zudem noch Einordnungsfähigkeit und Unterordnungswilligkeit, denn man möchte nicht aus der Gruppe der besseren in die Welt der anderen, vorurteilsbelasteten Menschen hinausgestoßen werden. Ich will auf mein Bessersein nicht verzichten. Die Zugehörigkeit zur Konfession X macht ihn a priori zum schlechteren Menschen und mich, der ich der Konfession A angehöre, folgerichtig zum besseren, gottgefälligeren Menschen. Doch damit sind wir schon bei einem weiteren Aspekt der Vorurteilsbildung, den es neben der institutionalisierten, organisierten, indoktrinierten Vorurteilsbildung gibt.
Schon in der Bibel bedankt sich ein berufsständig besser gestellter Herr beim lieben Gott dafür, daß er nicht so ist wie der da drüben, und zählt seine guten Taten auf. Doch verfolgen wir die Geschichte weiter, sehen wir schon bald, daß der gute Herr merkt, daß dies sicherlich

seinem Gott nicht genug ist, was er ihm aufzählt. Er muß noch zusätzlich den anderen herabsetzen. Das geht so weit, daß er schließlich feststellt, es sei doch eine Beleidigung für Gott und alle Frommen, wenn so einer noch hier beten dürfe. Mobbing? Wohl kaum, denn die beiden hatten ja eigentlich nichts miteinander zu tun, allenfalls Mobbing beim lieben Gott. Der besser gestellte Herr hatte einfach Vorurteile dem anderen gegenüber. Da wohl auch damals schon an der Art der Kleidung die Gehaltsstufe zu erkennen war, wußte der „gute Mensch" also, welcher Berufsgruppe dieser andere angehörte und hatte auch - oder nur - Vorurteile dieser Gruppe Menschen gegenüber. Bei aller Verachtung, die er erkennen läßt, merkt man aber, daß der besser gestellte Herr eigentlich sehr froh war, daß so einer da war, denn nur im Vergleich mit schlechteren kann er ja feststellen, daß er selbst ein besserer Mensch sei. Er brauchte also die Vorurteile, um sich selbst so richtig gut vorzukommen. Nun wollte ja der Gründer des Christentums gerade diese Haltung abschaffen, sonst hätte er diese Geschichte seinen Zeitgenossen nicht zur Diskussion gestellt. Doch wie wir sehen, wäre sie auch heute noch ein Thema. Selbst der Papst möchte lieber näher bei dem feineren Herrn in der Synagoge stehen, und Marc Chagall sagt hierzu: „Ich vergleiche formales Gepäck mit dem Papst in Rom, der herrlich gekleidet ist neben dem nackten Christus..". Es scheint vielen Menschen Bedürfnis zu sein, wenigstens eine Stufe höher zu stehen als der andere, und das bedeutet, die anderen etwas tiefer anzusiedeln. Wie anders läßt sich die schreckliche Konsequenz der vergangenen Rassentheorie erklären? Als erst einmal alle „wußten", daß sie der besseren Rasse angehörten, und auch die Zweifler schon anfingen, daran zu glauben, konnte man zur Jagd auf die „Minderwertigen" blasen, zuerst im eigenen Land, wo sie sich nicht wehren konnten, da sie eine Minderheit waren, und als man dann feststellte, wie „mutig" man war, ging man nach außen, um dort die „Minderwertigen" zu beseitigen oder, solange sie noch einen Nutzen versprachen, zu unterjochen. Geistig war diese Neigung zur Vorurteilsbildung eines ganzen Volkes aber schon vorbereitet, sonst wäre auch mit dem besten massenpsychologischen Instrumentarium eine „geglückte" Kristallnacht nach fünfjähriger Herrschaft nicht gelungen. Auch die Folgeverbrechen wären so kurzfristig nicht möglich gewesen. In der heutigen Zeit treffen wir leider wieder zunehmend auf Vorurteilsmeinungen, und wir sollten alle

aufgerufen sein, gerade auf diesem Gebiet sehr wachsam zu sein. Hier höhlt steter Tropfen den Stein, auch den härtesten. Obwohl ich dieses hier niederschreibe, möchte ich diese Problematik nicht mehr mit dem Wort dumm abtun, sondern mit
André Gide sagen: „Je weniger Intelligenz der Weiße besitzt, desto dümmer erscheint ihm der Schwarze". Wir kennen auch hier die Ergebnisse, und Ernst Wiechert schildert die Zeit, in der diese gefährlichen Vorurteile bei uns aufgebaut wurden, in „Die Flöte des Pan" (1955, S.16) durch seinen adligen Hauptmann auf folgende Weise: „Juden waren unrein, die Sozialisten Pack, die Bürger ein leises mißglücktes Erzeugnis des 6. Schöpfungstages".

4.4 Erziehung und Manipulation

Gerade in unserer zur Fanatisierung neigenden Zeit kann man mit Fug und Recht behaupten, daß auch Erziehung den Menschen verdummt. Man könnte es auch anders formulieren und sagen, daß unser Bildungswesen bemüht ist, eine nichterfahrene Welterfahrung zu vermitteln. Wir müssen aber, bevor wir hierauf eingehen, die positiven Aspekte der Erziehung ausklammern. Erziehung, intentional (Schule und viele andere Erziehungseinrichtungen) und funktional (zufällig,beim Spielen,besonders auch die Medien für Kinder und Erwachsene u.ä.), informiert, erweitert objektiv unseren Horizont und erzieht auch für sog. Sekundärtugenden wie Pflicht, Treue, Aufopferung, sich Bemühen, Ehrgeiz, Liebe und vieles mehr. Wir dürfen auf Grund unserer Ausführungen nicht zu dem Schluß kommen, daß alles Tun, das letztlich mir oder einem anderen zum Schaden gereicht, aus Dummheit geschah. Ich kann mich selbst verletzen oder gefährden, wenn ich einem anderen helfe. Sollte dies wirklich eine Dummheit von mir gewesen sein? Es wäre schade um die moralischen Maximen, die den Menschen erst eigentlich zum Menschen werden lassen, und diese Maximen entstehen eben auch durch Erziehung und Vorbild. Aber gerade an Vorbildern fehlt es uns in unserer Zeit. Wir haben Angst vor Vorbildern, weil gerade auf dieser Schiene ganze Generationen mißbraucht und fehlgeleitet wurden. Gerade wir Älteren haben besonders Angst davor, unseren Kindern Vorbilder anzubieten, denn wir alle

wurden mißbraucht. Selbst in Familien etwa, in denen man Gegner des Systems und seiner Repräsentanten war, wurden die von diesen Repräsentanten hochgespielten Vorbilder angenommen. Selbst wir vom System distanzierten jungen Leute, die wir unter uns den „deutschen Gruß“ mit „heil du ihn doch“ beantworteten, wollten alle Jagdflieger werden oder unbedingt auf ein U-Boot kommen, wo z.B. ein Kapitän P. alle seine Mannen so „heldenhaft“ hatte ertrinken lassen. Auch in den neuen Bundesländern gibt es - selbst bei ehemaligen Regimegegnern - „unantastbare“, integre „Kämpfer“ als Vorbilder. Es ist psychologisches Grundwissen, daß das Behalten, die nachhaltige, dauerhafte Erinnerung an Autoritätspersonen beeinflußt, spezifisch eingefärbt und selektiert werden kann, daß also die Wahrnehmung so umgemünzt werden kann, daß falsche stabile Bilder in unserem Langzeitgedächtnis eingespeichert werden. Diese „suggerierten“ Bilder sind dann die Wirklichkeit, unumstritten und konkret und auch unauslöschlich für den jungen Menschen. Die einerseits berechtigte Forderung von Vorbildern in der Erziehung findet eben hierdurch ihre Grenzen, jedenfalls bei dem sich verantwortlich fühlenden Erzieher und dem, der Respekt vor der Eigenpersönlichkeit hat: Ich als Autorität habe nicht das Recht, das reale Weltbild via meine Person subjektiv einzufärben.
Erziehung kann also leider einen Menschen so verdummen, daß er eine andere Wirklichkeit erhält und seine wichtigsten Lebensinstinkte - Selbsterhaltungsinstinkt,
Arterhaltungs(sozial)instinkt - außer Kraft setzt, wie z.B. bei Fanatismus aus religiöser Motivation oder bei Heldentum aus fanatischer Einstellung. Die Flieger von 1914 bis 1945 nahmen keinen Fallschirm mit, um Helden zu sein. Kann man einen Menschen dummer machen?
Insgesamt besteht der besondere Nachteil unserer derzeitigen Erziehung darin, daß Sozialkompetenzen nicht mehr geübt werden, ja sie werden sogar unterdrückt, wenn man z.B. an gegenseitiges Helfen in der Schule oder an Lob und Tadel denkt, wo vom Lehrer die künstliche Darstellung einer Wunschhackordnung des Establishment durch Notenverteilung versucht wird. Motivation, Freude am Arbeiten und der Wille, sein Bestes zu geben, werden sicher nicht durch das Provozieren von Konkurrenzkampf bewirkt, sondern würden mit Sicherheit eher als Erlebnis in und mit der Gemeinschaft erreicht werden. Für die zukünftige Produktion, Planung etc. wird die Teamfähigkeit ein wesentliches

Qualifikationsmerkmal sein.
Ende der sechziger Jahre finden wir in den Lehrplänen unserer Schulen geradezu eine bewußte Abwendung von Lernzielen, die mit dem Gemütsbereich etwas zu tun haben könnten. Positive Grundeinstellung wird für diese Generation heute den Psychiatern überlassen, und innerliche Zustimmung, innere Anteilnahme, gefühlsmäßiges Mitgehen und Gefühle zeigen im Sinne einer Lebensauffassung und besonders die sozialen Aspekte verschwinden als Lernziele aus unseren Lehrplänen. Die Humanisierung in der Leistungsgesellschaft als pädagogische Aufgabe ist verpönt; wir wollten und sollten ja den jungen Menschen nicht mehr manipulieren, wir sollten ihn nicht mehr erziehen, sondern wir sollten ihn „lernen", wie Klein-Erna vom Lehrer forderte. Das Kind sollte reines Wissen haben und sich daraufhin frei entfalten können. Es sollte ihm alles pädagogisch so aufbereitet werden, daß es nur noch hinunterschlucken mußte. Deshalb weiß keiner von uns, wie sich ein Regenwurm vermehrt oder wie er überwintert oder wie sein Nervensystem funktioniert, obwohl er ein äußerst wichtiges Lebewesen für uns ist, Indikator für die Bodenbeschaffenheit und Helfer in der Bewältigung von Umweltproblemen. Wir lernen statt dessen, weil dieser Stoff pädagogisch vieldimensional aufgebaut werden kann und die Software von allen Schulen aufgekauft wird, Verhalten, Bewegung, Vermehrung etc. von Korallen im Indischen Ozean kennen. Natürlich ist hierin eine Lektion für Umweltschutz, Lebens- und Arterhaltung mit eingebaut, und der Abiturient reflektiert auf dem Heimweg aus der Schule in seinem Auto, daß die Eingeborenen doch wirklich mehr für die Arterhaltung und den Naturschutz tun sollten. Wieder sind unsere Hausprobleme in weite Fernen delegiert, und die „Bösen" sind draußen. Deshalb kämpfen wir Nordbewohner auch um die zahlreiche Erhaltung der Elefanten, von denen drei 100 ha Buschland benötigen; aber selbstverständlich ist Wildregulation bei uns nötig. Die Verantwortung ist jedenfalls in weite Ferne delegiert.
Wir gehen also mit dem Raum sehr großzügig um, und je weiter entfernt von unserer Haustür ein Problem besteht, desto stärker engagieren wir uns. Wenn wir uns schon so sehr für den Bestandserhalt der Elefanten einsetzen, dürfen wir zum Ausgleich wenigstens täglich unsere Rosen gegen Blattläuse spritzen - die nächste Meisenbrut wird schon nach der Rosenblüte durchkommen, und im Schulunterricht

wurden uns die Elefanten ja sowieso viel näher gebracht als die unscheinbaren Meisen. Man beachte, wie sich auch die Politiker diese „Geisteshaltung" nutzbar machen und wie in der Politik versucht wird, durch Relativierung von Raum, Zeit und Taten die eigene Verantwortung für diese oder jene Entscheidung zu relativieren. So wird diese Entscheidung anonymisiert. Notfalls verschanzt man sich hinter Gutachten, die in jeder gewünschten Form zu haben sind, eine Tatsache, die uns leider nicht immer bewußt ist. Hauptsache ist: Das Problem wird hinausverlegt und den Zeitumständen und anderen, meist Sündenböcken, die sich nicht wehren können, untergeschoben.

Die sog. Kinderläden sind weiter ein beredtes Beispiel dafür, wie ohne Idealmaxime die Unterdrückung des Schwächeren und die Sündenbocksuche schon im Kleinkindalter beginnt. Den Prozeß der Menschwerdung werde der junge Mensch ja schon noch vollziehen, und Verantwortungsgefühle werden sich in seiner Reifezeit schon einstellen, so die Fehleinschätzung der Persönlichkeitsentwicklung.

Wie sehr Pädagogik, Psychologie und besonders Politik hier daneben gegriffen haben, merken wir jetzt wieder einmal besonders hart im Verhalten der damaligen Kindergeneration, und wir verstehen, daß hier als Reaktion die orientalischen Lebensideale als Verhaltensreaktion ins Spiel gebracht und nachgeahmt werden.

Die Analysisten, die die heutigen Entgleisungen beschreiben, sind wiederum Politiker, Psychologen und Pädagogen, die die gravierenden Erziehungsfehler der sechziger Jahre geflissentlich übersehen und die heutigen Phänomene einer Zeiterscheinung zuschreiben wollen. Der Zeitgeist, die große Unbekannte, ist wieder einmal an allem Schuld, und doch sind die Ursachen für die unsozialen Erscheinungen unserer Zeit so einfach zu erkennen.

Neben der Ignorierung der affektiven Lernziele wurde auch Erziehung zu einer angemessenen Haltung zur Arbeit verpönt.

Belastungsproben in der Schule? Steigerungen der Schwierigkeitsgrade? Steigerung der Leistung? Überwindung eigener Unlustzustände? Übungen in der Transferierbarkeit und Generalisierbarkeit dieser Haltungen, um sie auch in anderen Zusammenhängen anwenden zu können? Alles unbekannte Begriffe in den Curricula der sechziger Jahre, ja bis in die heutige Zeit hinein.

Auch hier wieder dient als Ausrede für diese dumme Pädagokik die große Unbekannte, die als Zeitgeist bezeichnet wird.
Wo wurde Zuhören geübt oder das innerliche Akzeptieren einer Aufgabe - anerkennen und bewerten und als nötig empfinden -? Das politische Ergebnis dieser Fehlerziehung: Die Exekutive und die Politiker erklären den jungen Menschen für unfähig zu sinnvollem Tun und erklären ihn für dumm, und deshalb können sie es sich leisten, die Universitäten, Hochschulen und Schulen wie Postämter zu leiten und zu behandeln.
Es wird kein Spielraum für freies Denken, weder für die Professoren noch für die Studierenden, eingeräumt, und es werden keine individuellen Bewältigungsstrategien mehr zugelassen.
Selbst die, die einst aus diesem Kreis ausbrechen wollten, verhalten sich noch indoktrinierter dummer. Meine Frau und ich beobachteten im Gebirge einen Schlittenkauf eines jungen Ehepaares mit ihrer ca. 3-4jährigen Tochter. Der Verkäufer bot einen kindgerechten Schlitten für dieses Alter an, das Kind strampelte und wollte einen anderen. Der Verkäufer warnte vor diesem sog. Schlitten, die Eltern gaben aber dem Kinde nach und kauften den vom Kind gewünschten Schlitten. Dieser war ein leichtes Gerät aus Plastik, hatte die Form eines Bären und war sehr schmal und viel zu hoch gebaut. Die Eltern, gute antiautoritäre Erzieher, setzten das Kind schon vor dem Geschäft auf dieses Monster. Schon nach wenigen Metern fuhr eine Kufe in eine Autospur, und Kind und Schlitten kippten um. Großes Geschrei, aber der Wunsch des Kindes hatte ja erfüllt werden müssen. Nun hielt der Vater das Kind am Mantelkragen fest, und die Mutter zog den Schlitten. Bei kritischer Wellenlage der Straße hob der Vater unser Beobachtungsobjekt so hoch, daß es fast erstickend am Kragenmantel hing. Der Wunsch des Kindes war immer noch heilig. Endlich war man am Schlittenhang angekommen. Da aber Hänge in der Regel schräg sind, fiel das Kind um, sobald der Schlitten nicht völlig in der Fallinie fuhr. Das wiederholte sich mindestens alle fünf bis acht Meter. Das Kind schrie, alle Eltern und schlittenfahrenden Kinder schauten nur auf diese eine Gruppe, Vater hielt dem kleinen Kerlchen, das wirklich nicht wußte, was mit ihm geschah, einen Vortrag, daß dieser Schlitten ja sein Wunsch sei, und Mutter fing an zu weinen, weil das Kind weinte, weil der Vater brüllte, weil soviel Geld ausgegeben worden war oder weil

soviel Publikum das Drama genoß oder bedauerte. Vielleicht weinte sie auch nur wegen der Erkenntnis, wie bodenlos dumm es war, dem Kinde, das weder die Eigenschaften eines Schlittens noch die Unebenheiten des Schnees kennt, die Auswahl des Sportgerätes zu überlassen. Übrigens: gelernt hat das Kind aus diesem Vorgang mit Sicherheit nichts. Dafür war die Gesamtsituation viel zu unüberschaubar und zu kompliziert für dieses Alter. Möglicherweise mag es nie wieder auf einem Schlitten sitzen. Die Generation, die aus der Manipulierbarkeit ausbrechen wollte, benimmt sich also häufig noch dummer als die, die den verkrusteten Prinzipien nicht entfliehen konnte. Hierfür das folgende Beispiel: Betrachten wir das merkantile Verhalten der Generation, die ein bißchen vor den sechziger Jahren geprägt wurde. „Alle meine Kinder hatten Klavierunterricht, und keines hat daraus etwas gemacht" - daß Gelerntes Selbstzweck sein kann, gilt für viele Menschen heute nicht mehr, es ist geradezu eine Art Dummheit des Zeitgeistes.

Nichts ist mehr zweckfrei, einstmals das Ideal der Romantik, also des vorigen Jahrhunderts. Kinder müssen heute oft lange vor ihrer eigentlichen Schulzeit in Institutionen gehen, damit sie auf die Schule vorbereitet werden können; sie lernen nicht mehr die Eigenschaften der Welt um uns kennen, etwa auf einen Baum zu klettern oder die Natur, die Vögel und Pflanzen zu beobachten.

Heute dient alles Tun einem Zweck, und es muß alles merkantil verwertet werden. Sind wir nicht zu einem rational handelnden Wirtschaftsbürger, einem „homo oeconomicus" umfunktioniert worden? Ist es nicht dumm, wenn wir unseren Beruf vor allem danach bewerten, wieviel wir verdienen, was wir darstellen? Freude, Erfolg und Selbstbewußtsein werden von uns als ein viel zu geringer Wert eingeschätzt. Mußte einem fünfundvierzigjährigen Schlosser, der eine herausragende Stellung in seinem Betriebe innehatte, eingeredet werden, daß er eigentlich auch Ingenieur sein könnte, und mußte er erst in der Abendschule - nun zum Gespött seiner Kollegen - scheitern? Dummsein über Dummsein wird uns von allen möglichen Institutionen, Demagogen und Politikern eingeredet - und dies leider eben nicht nur als Reklame für das Sammeln bestimmter Socken, für das Tragen bestimmter mit Reklame bestückter Kleidung oder für die überaus umweltfreundliche und reinigende Wirkung bestimmter Mittel mit „Öko-Verpackung". Verdummung der Masse scheint die oberste Maxime der Mächtigen

und derer, die an einem Hebelchen der Manipulationsmöglichkeit sitzen, zu sein. Die Reaktionen auf diese Vorgaben sind nicht besser, ja möglicherweise noch gefährlicher. Rolf Böhme (Lit.s.weiter unten) prangert den ökologischen Fundamentalismus an, der die Gesellschaft nur noch biologisch begreift, ohne auf Freiheit, Kultur, Toleranz, sozialen Interessenausgleich und Kompromißfähigkeit Rücksicht zu nehmen. So wird die Gemeinverträglichkeit erst recht verfehlt.
Beide Seiten, die Etablierten und die ökologischen Fundamentalisten, verwandten Erziehungseinrichtungen, die die Bildung und Ausbildung durch Denken nur in vorgegebenen Mustern und mit Phrasen und Worthülsen betrieben. Unsere Studenten, die dann meist noch von ihren sehr guten Fähigkeiten überzeugt waren, beherrschten und beherrschen leider meist nur diese vorgegebenen Denkmuster und Worthülsen. Fragte man dann im Seminar einmal nach, was sie denn eigentlich mit diesem oder jenen Wort gemeint hätten, wurde dasselbe Wort als Definitionsmerkmal eben dieses Wortes gebracht. Sie hatten ganz offensichtlich die Sache selbst nicht verstanden, und das Erschütternde daran war, daß sie nicht einmal merkten, daß sie nicht genau wußten, wovon sie sprachen. Deshalb bedienen sich Menschen, die ungenau oder oberflächlich über ein Thema nachgedacht haben, auch gern der Fremdwörter. Diese dürfen inhaltsleer und Worthülsen bleiben, ohne daß es gleich auffällt.
In einer „Gesundheitssendung“ ging es um die Belastung der Gelenke, und es wurde festgestellt, daß das Laufen und Gehen nicht die richtigen Mittel der Stärkung seien, und auch das Joggen, früher hätten wir Dauerlauf dazu gesagt, sei zu belastend. Es wird sich, so die Moderatorin, das bereits in Amerika übliche „walking“ auch hier bei uns durchsetzen. Von nun an sprach man über das „walking“ als eine allen bekannte Fortbewegungsart, die für unsere Gelenke am verträglichsten sein dürfte. Walking, so schien auch dem nicht englisch Gebildeten zu bedeuten: nicht ganz gehen oder laufen und nicht ganz langsamer oder schneller rennen. Auch das Wandern als Fortbewegung über längere Strecken und Zeiten war bei dieser neuen Sportart nicht gemeint. Es wurde also nur gesagt, was nicht gemeint ist. Da aber eine sog. „negative Information“ - 2 plus 3 ist nicht 7, nicht 9, nicht 4 usw. - keine positive Antwort gibt, wurde mir nicht klar, welche spezielle Fortbewegungsform gemeint war. Walking bleibt erst einmal eine

Worthülse für mich, bis ich vielleicht sehe, wie sich von nun an der Nachbar fortbewegen wird, der sich sicher bald ein Buch darüber kaufen und den Bildern entnehmen wird, was mit „walking“ gemeint ist.
Ein enger Verwandter dieses inhaltslosen Redens als Kompetenzbluff ist die offene Lüge, wie wir sie in den früheren Oststaaten fanden. In vielen Konfessionen galt und gilt sie einfach als Mittel der Gehorsamkeitsübungen. Man arrangiert sich mit der Lüge - z.B. Sollerfüllung in diesem System oder verbales Abschwören der Verhütungsmittel in jener Kirche und vieles mehr. Damit bekunde ich meine bedingungslose Anpassung und Untertänigkeit. Durchbreche ich diesen Gehorsam, was von den Systemen durchaus eingeplant ist, bekomme ich - und soll ich bekommen - ein schlechtes Gewissen, das mich in Folge wieder zu einem ganz besonders gehorsamen Mitglied dieser Gemeinschaft macht - etwa, ich war am Sonntag in der Kirche nicht konzentriert genug, dafür spendiere ich am Montag, oder ich wähle dafür die von der Kanzel bevorzugte Partei.
In den sog. nicht absolutistisch geführten Systemen, also z.B. in den westlichen Demokratien, wird nicht offen, sondern verdeckt gelogen. Hier darf man frei bleiben, wird aber trotzdem verdummt. Hatte im Osten das Lügen die Qualität des Renommierens und in den Konfessionen die des Gewissensterrors, so hat es in den freien Systemen die des Diffamierens. Nicht die Argumente, sondern der Vortragende sind Gegenstand meines Angriffes. Die Medien nehmen solche Kontra-Meinungen besonders gern auf, denn auch der Reporter hat sich häufig nicht mit den Details der Sache befaßt, kann also auch nicht sachlich informieren und greift deshalb mit Dankbarkeit das gegenseitige Niedermachen als wichtigsten Teil der Diskussion auf. Die Politiker wissen dies und befassen sich deshalb um so lieber mit der Diffamierung. So schaukelt sich auch hier die Qualität der Diskussionen und der Informationen auf das Niveau „Schlechtmachen“ auf, „denn das dumme Volk will ja gar nichts anderes hören“, es ist ja für das oberflächlich Phrasenhafte, das Konkurrenzverhalten („gib's ihm!“) und das „schwarz-weiß-Denken“ erzogen worden.
Deshalb kann man auch für die Strategie und Durchführung von Wahlkämpfen Reklameagenturen beauftragen. Politik ist nichts anderes als der Verkauf von Waschmitteln, und da eben diese alle gleich sind, kann ich die Sache nicht angreifen, sondern die Person muß Ziel

meiner Argumentation sein; nur dadurch kann ich meine eigentlich identische Ware an den Mann bringen.
Es ist erschütternd, daß etwa in Amerika keine Partei einen klugen Experten aus Wirtschaft und Politik als Präsidenten durchbringen könnte, wenn dieser einen dicken Bauch und Glatze hätte. Ein mittelmäßiger Schauspieler mit heldenhaften Westernrollen ist schon geeigneter als Präsidentschaftskandidat. Hält man uns für so dumm oder werden wir so geistig unterentwickelt informiert, daß wirklich nur noch Gesicht, Gewicht und grazile Bewegung mit kleinen liebenswürdigen Skandälchen die Fähigkeit zum Staatsoberhaupt ausmachen? Wir wissen alle, daß wir mit Reklamen, Werbung und Anbiederung verführt werden sollen, und die Werbeagenturen wissen auch, daß wir es wissen. Es ist deshalb deren Kunst zu erreichen, daß wir uns trotz unseres Wissens bereitwillig verführen und verdummen lassen. Dies versucht man dadurch zu erreichen, daß bestimmte Zielgruppen mit bestimmten Mitteln angesprochen werden und daß diese Zielgruppen von anderen Teilen der Bevölkerung elitär oder esoterisch abgehoben werden. Das Gefühl seiner Besonderheit muß im Gehirn des Angesprochenen placiert werden, ein Werbeziel, das eigentlich durch diese Werbemethode ad absurdum geführt wird, aber der Angesprochene merkt die Vermassung nicht, da der Anschein erweckt wird, daß ein besonderes, einmaliges Individum hervorgehoben worden ist. Dies erklärt auch, warum die Werbe- oder Wahlkampfmittel so hoch sind. Henry Ford hat hierzu einmal gesagt: Ich weiß, daß die Hälfte meiner Werbemillionen rausgeworfenes Geld ist, aber ich weiß nicht, welche Hälfte es ist! Der Samen der Propaganda muß also sehr breit gestreut werden, wenn wenigstens ein Pflänzchen durchgebracht werden soll. Unser Erziehungssystem hat gegen diese Formen unserer Manipulation überhaupt noch keine Strategien entwickelt, und man fragt sich, was die Beamten in den Kultusbehörden, deren Anzahl sich in den letzten zehn Jahren mindestens verzehnfacht hat, eigentlich tun. Diese Anfälligkeit für Äußerlichkeiten ist die Folge einer oberflächlichen, nur aufs Äußere achtenden Erziehung. Somit fängt schon in der Schule die Manipulation zur Unmündigkeit und zur Beachtung des Unwesentlichen an. Hier übertölpelt jede Werbung unsere undurchdachte Erziehung. Die additive Wirkung der Werbung, etwa das schöne Bild mit dem Helden oder dem Tüchtigen im Hintergrund, vermittelt Wohlgefühl, Wunsch-

erfüllung, Erfolg. Es wäre deshalb wichtiger, bereits in der Grundschule Persönlichkeitstraining einzuführen und den Pädagogen wieder mehr Erziehungsverantwortung zu überlassen, als sie zur Erfüllung von Stundentafeln und nur kognitiven Lernzielen zu verpflichten.
Leider ist es heute so, daß die Mehrheit, ja, daß wir alle nicht mehr auf der Höhe der komplexen Problematik sein können. Wir müssen vieles einfach hinnehmen und glauben, ja wir müssen sogar kompetent Stellung beziehen und Entscheidungen treffen, ohne daß wir die Sache selbst kennen und die Folgen dieser Entscheidung abschätzen können. Wir kaufen eben leider die Zahnpasta mit dem Zusatz 372 Z, weil sie uns von einem drittklassigen Schauspieler im weißen Kittel als Rettung der Zähne unserer Kinder empfohlen wird und weil wir ja sowieso Zahncreme kaufen müssen. Wir glauben, daß unsere Spende den kranken Indianer im Amazonasgebiet erreichen wird, weil es uns ja so glaubwürdig zugesichert wurde, weil wir es wiederholt gehört haben und weil wir wieder einmal eine unverbindliche soziale Tat begehen wollen. In der Regel werden wir hier auch nicht für dumm verkauft, aber es gibt eine ganz kleine unsichtbare Grenze, wo die glaubwürdige Information zur Verdummung der Mehrheit, die einfach die Komplexität der Zusammenhänge nicht beurteilen und überschauen kann, benutzt wird.
In einem Massenblatt (30.Juni 1993) konnte man lesen, daß Heilwasser aus dem Wasserhahn zu bekommen sei. Das Wasser muß rechtsdrehend fließen - denn alle Heilbäder der Welt haben rechtsdrehendes Wasser -, und es gibt für knapp DM 100.- ein Gerät (Name und Adresse folgen, ohne daß der Artikel als Reklame deklariert ist) für diese Befähigung des Wassers zu kaufen. Nun kann uns jeder Seemann und Urlaubsreisende, der einmal südlich des Äquators war, berichten, daß sich in den südlichen Regionen das Wasser nicht nach rechts dreht, sondern linksherum abfließt, vorausgesetzt, es gibt kein mechanisches Hindernis, das den Wasserfluß anders lenkt. Wir finden also bei uns nur - und somit auch in den Heilbädern - rechtsdrehend abfließendes Wasser. Leider kann ich nicht sagen, wieviele Tausende von Geräten nach diesem Artikel verkauft wurden, aber laut dieser Nachricht leben schon 200 000 (i.W. zweihunderttausend!) Schweizer Bürger mit diesem Wasser gesünder und fühlen sich viel wohler als vorher.
Bei schnellen und gravierenden Entscheidungen greift man in die

Trickkiste der Massenpsychologie: Eine Irakerin erzählt z.B. unter Tränen und rhetorisch perfekt, daß sie gesehen habe, wie Babys unter der Sauerstoffhaube mißhandelt wurden. Erst später stellte es sich heraus, daß sie die Tochter eines Diplomaten war und Washington nie verlassen hatte. Des Volkes Stimmung und Stimme für massive Sanktionen war gesichert. Ich will nicht mißverstanden werden: Spezielle und kleine Oppositionsgruppen und Weltverbesserer verfügen oft über besonders große Trickkisten. Auch der einzelne bedient sich der Macht der Klischees, um zum Ziel zu gelangen. Unsere damals siebzehnjährige Tochter erzählte uns, daß sie „gestern abend" in einen Buchklub eingetreten sei; wie sie als Schülerin zu dem vielen Beitragsgeld kommen wollte, war ihr nicht klar. Auf die vorwurfsvolle Frage, wie man so etwas unterschreiben könne, kam die einfache und naive Antwort, „ja aber er hatte doch lange Haare". Das war vor vielen Jahren. Heute hat man wieder andere Vertrauenssignale, spezielle Schuhe, besondere Kleidungsstücke etc.

Wir leben in einer Zeit der Wirklichkeitsverfremdung. Versprechungen für morgen, Visionen von übermorgen werden in das Jetzt und Hier hineintransferiert, und wir bringen Vorstellung, Wunsch und Wirklichkeit durcheinander. Das gelingt den Mächten und Mächtigen unserer Zeit besonders dadurch, daß wir, wie oben schon gesagt, ja schon durch die früheste Erziehung den Boden der Wirklichkeit verloren haben. Wir haben durch unsere kognitive Erziehung schon im Kindergarten nicht die Wirklichkeit erfahren dürfen, sondern erfuhren von einer unwirklichen Welt und lernten, alles zu glauben, was uns vorgesetzt wurde. Jetzt wundern wir uns über den Zulauf, den religiöse Wirrköpfe und Geschäftemacher bei unserer Jugend haben. Auch der Drogenzulauf geht sicherlich zum großen Teil auf die falschen Erziehungsmaximen zurück. Wir alle sind dadurch in das Aktionsfeld der Dummheit hineingezogen worden.

Ein anderes gern benutztes Mittel zur Verdummung ist die ständige Wiederholung, wodurch der Glaube an das Gehörte zur Gewißheit wird. Selbst sog. kluge Köpfe haben in der Geschichte irgendwann an solche Phrasen geglaubt. Hierfür gibt es unzählige Bespiele in indoktrinierten politischen Systemen und in Konfessionen. Wie kann dieser kluge und wissende Mensch dieses oder jenes glauben und ev. noch zur Maxime seines Handelns machen? Er kann es, weil er es innerlich muß, denn es ist zu tief in seinem Gedächtnis und in seinem Verhaltensmuster verankert worden. Die Gesetze des „Propagandatricks des Wiederholens“ finden auch in den verschiedensten Formen der Gehirnwäsche statt. Wir werden willenlos ausführende Organe in den uns im wahrsten Sinne des Wortes eingebläuten Bereichen.

In dieses Aktionsfeld der Dummheit können wir auch mit Hilfe bestimmter Musik hineingezogen werden.

Schon die alten Griechen wußten un die verschiedenen Wirkungen verschiedener Musik. Dorisch galt als sittlich, staatserhaltend und männlich, weshalb die Jugend vornehmlich mit dieser strengen Musik bekanntgemacht wurde; und die Tonfolgen der phrygischen Tonleiter sollten rauschhaft und entnervend wirken und staatsverderbend sein. Bei Plato sind die Saiteninstrumente staatspolitisch brauchbar, die weichen Flöten hingegen ungeeignet und verderblich. Auch die sog. apollinische Musik - maßvoll, ruhig, abgeklärt - und ihr Gegensatz, die dionysische Musik mit ihrer orgiastischen, ekstatischen, rauschhaften, leidenschaftlichen und überschwenglichen Wirkung sind uns aus dem Altertum überliefert. Aristoteles beschreibt die kathartische Wirkung - Reinigung der Seele - durch Musik. Sie erregt Furcht und Mitleid und reinigt unser affektives Leben durch Anspannung und Entspannung. Die Unterscheidungsmerkmale der Alten waren sicher noch weitgehend ästhetisch motiviert, aber die psychische und physische Wirkung der verschiedenen Musikarten war bekannt und sie wird bis in die Neuzeit hinein beschrieben. Musik diente nicht nur der Steigerung der Angriffslust bei Kriegern aus unterschiedlichsten Kulturen, sie kann Menschen auch in getragene und besinnliche Stimmung versetzen. Musikalische und sog. unmusikalische Menschen sind diesem Einfluß gleichermaßen ausgesetzt und können sich dem stimmungsverändernden Einfluß nicht entziehen. Musik wirkt auf die vegetativen Zentren, und deren Wirkung ist sogar objektiv bewiesen durch Messungen an Blutdruck, Hautwiderstand, Mikrovibration, Atmungsorganisation. Die neuesten Erkenntnisse über den inneren Rhythmusgeber - Clocks -, s. besonders die Ausführungen bei „Sprache“, erhärten die Ergebnisse der älteren Untersuchungen: Musik beeinflußt den Menschen. Wir gehen ins Warenhaus, und womit werden wir begrüßt? Es klingt uns erhebende, stimmungsverbessernde Musik entgegen. Die Kauflust wird gesteigert. Den älteren unter uns klingt noch der skandierte Rhythmus „ho, ho, ho,

Chi Mhin“ entgegen, und die ganz alten Mitbürger und die aus den östlichen Gebieten haben noch die Marschlieder in den Ohren, die nicht nur Angriffslust und Fanatismus stimulieren sollten, sondern auch Sicherheit und Ordnung suggerierten. Eigenartigerweise oder eben nicht eigenartigerweise, denn es sollen ja Kämpfer für Gott erzogen werden, sind die Lieder der kirchlichen Jugend auch der letzteren Musikart mehr verwandt als der tragenden und sakralen gemütsstimulierenden Kirchenmusik. Bedenken wir weiter: Die meisten Fernsehsendungen werden mit Musik untermalt. Der Gefühlsmanipulation sind hierdurch Tor und Tür geöffnet. Selbst wenn die Zusammenhänge der Handlung nicht verstanden werden, ja gegebenfalls gerade dann, wird das Gemüt in die vom Regisseur gewünschte Richtung beeinflußt. Wir bekommen eine Mordszene vorgeführt, und die manipulierte Stimmung meines Kindes sagt hierzu voll ja, denn die musikalische Beeinflussung tendiert ja in Richtung Zustimmung, positive Empfindungen. Der Gedanke ist erschreckend, wenn wir uns vorstellen, daß unser kleines oder nicht mehr ganz kleines Kind im Unbewußten angenehme, wohlige Gefühle während einer Mordszene suggeriert bekommt. Daß dies möglich ist, ja daß diese Beeinflussung unabwendbar ist, beweisen uns die Untersuchungen über die verschiedenartigen Wirkungen der verschiedenartigen Musik, wie wir an anderer Stelle auch schon angedeutet haben. In „Musik als Hilfe in der Erziehung geistig Behinderter“, 3.Aufl. Berlin 1973, berichte ich von selbst durchgeführten Untersuchungen, die hochsignifikant nachweisen, daß die Kinder auch bei unbekannter und sogar bei unbeliebter Testmusik ihr Verhalten verändern. Es wurden Fremdaggressionen und Autoaggressionen bei bestimmter Musik registriert und ruhiges, verträgliches Verhalten bei anderer Hintergrundmusik.

Musik ist also, wie diese wenigen Beispiele zeigen sollen, ein vorzüglich geeignetes Mittel, den Menschen zu manipulieren, ihn hörig und abhängig zu machen, ihn zu verunselbständigen und zu verdummen.

Selbstverständlich kann Musik auch für das Gegenteil eingesetzt werden. Musik kann Lernprozesse beschleunigen, sie kann Gemeinschaften sich bilden helfen, und sie wird mit viel Erfolg bei der Heilung von Neurosen eingesetzt. Aus der Rehabilitationspädagogik ist Musik als Hilfe in der Erziehung nicht mehr wegzudenken.

Wie Medien am Verdummungsprozeß mitwirken, berichtet uns schön, straff und anschaulich Rolf Böhme in „Je mehr wir haben, desto mehr haben wir zu wenig“, erschienen im Verlag J.H.W. Dietz Nachf., Bonn 1993, Seite 156/57: „Ein anderes Beispiel, wie die Medien eigene Politik machen, ist die beliebte und ebenso häufige wie erfolgreiche Methode des Job-Creating durch Medienarbeit. Wer etwas formulieren kann, wird leicht ‘öffentliche Mängel’ finden, die als neue Bedürfnisse oder städtische Aufgaben ausgegeben werden können. Das Szenario läuft dann ab wie beim Kuchenbacken: ‘Man nehme’ ein solches Anliegen, formuliere ein Papier, möglichst ‘fetzig’ und mit den richtigen Modernismen versehen, spiele dieses Papier den Medien zu und mache am folgenden Wochenende eine kleine Demo in der Innenstadt, ein ‘Spiel’ vor dem Rathaus, eine Pantomime in der Fußgängerzone oder einen Zelt-Schlafplatz auf einer belebten Straße usw. Notwendig ist immer die Inszenierung zusammen mit der Presse, die dankbar solche Sujets aufnimmt und breit dem Publikum serviert, gemanagt von Journalisten, die sich das jeweilige Anliegen zueigen machen und jetzt ihre Macht demonstrieren. Mit Sicherheit wird das ‘Bedürfnis’ dann plötzlich politisch im Gemeinderat oder sonst im vorpolitischen Raum aufgenommen und weiter ‘Druck gemacht’. Für die Initianten ist hierbei die Schulregel, ihr eigenes und höchst individuelles Interesse hinter einem öffentlichen Zweck zu kaschieren.“ Soweit Böhme, der anschaulich unsere persönliche und die öffentliche Manipulierbarkeit aufzeigt - und wir sind so leicht manipulierbar, weil wir zu nachbetenden, textwiederholenden, unselbständigen und unkritischen Wesen erzogen worden sind.

4.5 Dummheit und massenpsychologische Wirkung

Einer der ersten Psychologen, der die Wirkung der Masse auf das Individuum beschrieb, war Le Bon, ein Zeitgenosse der französischen Revolution, der diese und besonders den Sturm der Massen auf die Bastille mit guter Beobachtungs- und Interpretationsgabe beschrieb. Danach hatte keiner der unzufriedenen, zufällig zusammengelaufenen Menschen die Absicht, die Pariser Festung zu stürmen, bis plötzlich der Ruf, „auf die Bastille“, erklang - und die Masse folgte diesem Stichwort, stürzte sich singend durch den Kugelhagel der königlichen

Verteidiger und eroberte die Festung. Diese hier sehr verkürzt dargestellten Ereignisse von damals sind an jeder Stelle und zu jeder Zeit wiederholbar. Massen entwickeln ihre eigene Psychologie und haben ihre Eigendynamik, und der einzelne wird hierbei nicht Subjekt, sondern Objekt, Werkzeug, Mittel. Ein neueres Beispiel: Die Studentenstadt Marburg war der Schauplatz, und wir schrieben das Jahr 1960: Ein hoher DDR-Repräsentant kam zu einem Vortrag, die Studentenschaft demonstrierte dagegen, was zehn Jahre später allenfalls in umgekehrter Richtung möglich gewesen wäre, denn auch hier wechseln die politischen Zielsetzungen. Hunderte von Studenten standen vor dem Platz des Gasthofes, wo der Genosse Redner seinen Vortrag vorlas, der über Lautsprecher nach außen übertragen wurde. Die Masse schrie um Zutritt, was nicht erwünscht und sicher auch nicht möglich war, und der Redner polemisierte gegen den Pöbel auf dem Platze. Plötzlich rief aus der Menschenmenge eine Stimme: „Sind denn keine Steine da?“, und es vergingen nur wenige Sekunden, bis die ersten Scheiben des Gasthofes klirrten. Die eingetretene Tür und der Abbruch der Veranstaltung waren die konsequenten Fortsetzungen des ersten Überschreitens des Statthaften, und man hatte das Gefühl, daß alle Anwesenden dieses Tun billigten und unterstützten und bedauerten, daß sie nicht selbst mit Hand anlegen konnten. Die Geschehnisse vor dem Gasthof wurden bald mit Hilfe von Lautsprechern, die für den Redner installiert worden waren, der Masse mitgeteilt. In solchen Situationen sinken alle Anwesenden ab in diese Masse und werden zum Objekt dieses Überorganismus' - sie handeln nicht mehr eigenständig, individuell. Dieser Vorgang ist selbst dann zu beobachten, wenn man eigentlich anders denkt als die Masse, deren Teil man geworden ist und wenn man nicht als organisierte Gruppe gegen das Tun der größeren Masse auftritt. Doch die Einzelheiten über den Wirkungsmechanismus später.

Wir schreiben das Jahr 1938 und befinden uns auf dem Sängerfest in Breslau. Meine Mutter, meine Schwester und ich wollten dieses Jahrhundertereignis auch miterleben. Dieses Fest wurde aber nicht zum großen Erlebnis für meine Mutter, sondern zum langwährenden Trauma. Kurz die Vorgeschichte: Meine Mutter war nicht nur aus vielerlei Gründen gegen Hitler, sondern sie behauptete immer wieder, daß sie ihn abgrundtief hasse. Damit wollte sie sicher nicht nur ihren Mann ärgern, sondern sie meinte es wirklich ernst. Nun, wir standen unter vielen Menschen vor der Jahrhunderthalle in Breslau und warteten auf die Gesangsauftritte. Natürlich kam zuerst der „Führer“, der sich solche Massenveranstaltungen nicht entgehen ließ, und sein Auftritt wurde mit Ankündigungen, Kommandos und Aufmärschen vorbereitet. Plötzlich wallte uns eine Welle von Heilrufen entgegen, kam immer näher, und mit dem „Führer“ erreichte diese Welle auch uns. Nun schrie um uns herum auch alles „heil“, die Marschmusik konnte nicht dagegen ankommen, sondern verhalf zu rhythmischem Rufen. Es dauerte nicht allzu lange, da schrie unsere Mutter auch „heil, heil“ mit. Wir beiden Kinder waren so verblüfft, daß wir das Mitschreien vergaßen. Als wir später unsere zerknirschte Mutter zur Rede stellten, konnte sie immer nur wiederholen: „Ich weiß nicht, warum ich ‘heil’ geschrien habe, es ist einfach so über mich gekommen“. Sie gebrauchte nicht einmal die Ausrede, daß sie ja nur aus Sicherheitsgründen mitgeschrien hätte, denn das hätten wir ja alle akzeptiert. Der zwölfjährige Sohn und die fünfzehnjährige Tochter nützten in der folgenden Zeit diese schwachen Sekunden sehr aus, und wir erinnerten unsere Mutter immer wieder daran, wenn sie uns irgendein Versagen vorhielt. Heute weiß ich, daß diese Vorhaltungen unberechtigt waren. Echten Schutz gibt es nur, wenn man nicht an einer Massenveranstaltung teilnimmt. Obwohl wir nur das Sängerfest erleben wollten, wurden wir Teilnehmer an der Verherrlichung Hitlers und bestätigten somit seinen Größenwahn, und genau das war es, was unsere Mutter so ärgerte.

Massen machen den einzelnen zum unkontrollierbaren Werkzeug dieser Masse, sie lassen ihn unmündig und dumm werden. Bildung, skeptisches Denken oder Widerstandswille reichen dagegen nicht aus. Es ist deshalb sicher nicht von ungefähr, daß Diktatoren, von Cäsar bis in die allerjüngste Zeit hinein, auf Massenveranstaltungen setzen, um so ihre Ideologien durchzubringen. Auch religiöse Massenveranstaltungen werden auf dieser Basis unauslöschliche Erlebnisse, und die Gemeinschaft der (sog.) Gleichgesinnten wird zum „großen inneren Ereignis“. Selbst demokratische Politiker der Neuzeit ziehen deshalb zuweilen Massenveranstaltungen anderen Auftritten, z.B. Fernsehdiskussionnen, vor.

Von der Masse geht ein Rausch aus, der den Horizont des einzelnen verengt und einen eigentlich voll mündigen Bürger bestimmte Wirklichkeiten nicht mehr wahrnehmen läßt; und für eingeschränkte Wahrnehmung kann man auch „verdummt“ sagen.

Unüberprüfbare Schlagworte und Parolen werden im Medium Masse am unkritischsten übernommen.

Die Ursachen der massenpsychologischen Wirkungen können sehr vielschichtig sein, Aufschaukelung durch Musik, durch vorangegangene Affekte, aufgebaute Vorurteile usw. Es ist deshalb schwer, bei wissenschaftlichen Versuchen diese Außenkriterien zu isolieren. Bei meinen Untersuchungen über die Wirkung der verschiedenen Musikformen auf unser Verhalten war es uns immer fast unmöglich, den massenpsychologischen Effekt herauszuisolieren. Für unsere Betrachtung ist dies allerdings unerheblich. Es geht uns um die empirische Tatsache, daß wir uns ohne die Aufschaukelung in der Masse anders verhalten würden.

Bei musikalischen Massenveranstaltungen können sich zwei auf das Stimmungsleben wirkende Kräfte gegenseitig beeinflussen, stimulieren und damit aufschaukeln. Viele Popveranstaltungen und andere musikalische Festivals sind deshalb auch unter massenpsychologischen Aspekten recht zu bewerten. Aber auch ohne Musik geht von der Masse eine unabwägbare Wirkung auf das Individuum aus, der es sich kaum entziehen kann. Auch Selbstkontrolle durch Reflexion ist in den seltensten Fällen möglich, denn auch im Nachhinein wird der Einfluß der Masse auf die individuelle Entscheidung meist nicht erkannt. Deshalb fällt der, der ständig an Massenveranstaltungen teilnimmt, besonders leicht auf deren Wirkung herein. Er denkt grundsätzlich, daß das Tun der Masse und in der Masse sein reflektiertes Tun, seine individuelle Entscheidung war. Die Massenkonformität wird vom einzelnen für sich selbst nur sehr gering eingeschätzt, die Wirkung der Masse auf ihn selbst nicht erkannt. Wer einmal mitten in einer Massenveranstaltung war, weiß, wie sehr er mit der Masse im Gleichklang auftrat. Dieser Gleichklang, suggestiv wirkende Parolen, das rhythmische Verhalten der Masse, führt zum unbewußten Anerkennen der Ziele dieser Masse und somit zur Identifizierung mit ihrem Tun und ihren Zielen. Dies alles hinterläßt das Gefühl: „ich habe mich zu all dem hier frei entschieden“, und kann bis hin zu kriminellen Taten führen. Würde der einzelne den Eindruck gewinnen, daß er instrumentalisiert, ja für die Zwecke eines ihm frenden Zieles mißbraucht worden ist, würde er sich ja das nächste Mal diesem Beeinflussungsmittel entziehen. Oft finden Massenveranstaltungen für freiheitliche Ziele statt, und gerade die Freiheit wird durch die Massenwirkung und die Art und Weise des Auftrittes in Frage gestellt. Der Teilnehmer darf also gar nicht merken, daß er Objekt der Masse war. Gerade in der heutigen Zeit, in der wir auf unsere Rechte und die Rechte unserer Mitmenschen auch durch Demonstrationen aufmerksam machen dürfen und sollen, muß der einzelne genauer und differenzierter auf die möglichen psychologischen Wirkungen, denen man sich eben wegen der psychologischen Gesetzmäßigkeit kaum entziehen kann, aufmerksam gemacht werden. Durch die Entscheidung, an der Veranstaltung teilzunehmen, habe ich mich bereits deren Zielen angeschlossen und billige weitgehend auch das Geschehen im Verlauf der Veranstaltung. Die innere Freiheit könnte dem einzelnen ev. dadurch erhalten bleiben, daß er mit Gleichgesinnten teilnimmt, die sich feste Verhaltensregeln vorgenommen und gegeben haben. Die Gruppe macht wiederum stark, auch gegen den Druck der größeren Masse, das haben neuere Untersuchungen zu beweisen versucht. Eine gut organisierte Gruppe kann möglicherweise auf die Masse wirken und die Ziele der Veranstalter umkippen lassen; Autoritäten können durch diese Massenwirkung hinweggefegt werden. Ziele einer Massenveranstaltung können also umschlagen, wie uns Le Bon schon aufgezeigt hat. Die verschiedenen Wirkmechanismen sind auch bei Sportveranstaltungen, die große Zuschauermassen anlocken, wie z.B. Fußball, zu beobachten. Jetzt verstehen wir auch, warum die auf Massenveranstaltungen setzenden Politiker, Demagogen oder Idealisten immer ihre „Eingreiftruppe“ in Reserve halten müssen.

Da eine Massenveranstaltung also unberechenbar ist und jederzeit umkippen kann, sollte man sich auf sie vorbereiten, die Wirkmechanismen kennen und möglichst nur dann hingehen, wenn man sich einigermaßen sicher ist, sich nicht für fremde Zwecke verdummen und vor einen „falschen Wagen spannen“ zu lassen.

Die Wirkung der Masse auf den einzelnen wurde von klugen Menschen schon sehr früh eindrucksvoll in Worte gefaßt. So sagte Solon schon vor ca. 2000 Jahren: „Die Athener sind schlaue Füchse, aber zusammen benehmen sie sich wie die Schafe“.

Friedrich der Große beurteilte seine Generäle folgendermaßen: „Jeder einzelne ist ein feiner Kerl, aber alle zusammen sind im Kriegsrat schwachsinnig."

4.6 Parolen

Eigene Wahrnehmungen können also sehr leicht durch das Oktroyieren fremder Meinungen verfremdet, verfälscht und ins Gegenteil verwandelt werden. Wer diese Wirklichkeitsverfremdung bei seinen Mitmenschen erzeugen möchte, benützt deshalb Parolen und Schlagworte. Parolen ersetzen das aktive Denken, die innere Auseinandersetzung mit der Person oder Sache und bringen den Menschen zu einem unreflektierten Verhalten. Parolen sind nicht Vorurteile, wie z,B. „alle Katholiken lügen", sondern sie sollen eine Ideologiedummheit erzeugen. Der Wahrnehmungsvorgang wird durch Überlagern von gemüthaften und falsch gelernten sog. höheren Wahrheiten so dominiert, daß die Wirklichkeit nicht mehr präsent werden kann. „Der Republikflüchtige ist ein Feind des Staates", dieser Satz kann so feste Wirklichkeit in mir werden, daß ich sogar den, der anderer Meinung ist und flüchtet, gezielt erschießen kann, oder ich kann, ohne die geringsten Skrupel zu bekommen, einen Feind des Volkes in die Gaskammer treiben und ihn dabei noch quälen. Und wie wir aus den Biographien einiger Schützen und Wächter wissen, waren sie nicht alle Sadisten und Psychopathen. Auch die „frommen" Hexenjäger, die ja bis in die Neuzeit hinein ihr gottgewolltes Unwesen treiben durften, sind sicher nicht alle unter pathologischem Gesichtspunkt zu beurteilen. Eine Parole wird zur obersten Maxime des Handelns, das objektiv Verwerfliche einer Tat wird nicht erkannt. Es kann also kein Unrechtsbewußtsein entstehen. So beantwortet sich auch die Frage, wie es z.B. einem KZ-Wärter möglich sein kann, noch heute mit seinen Taten zu leben und seine Frau und seine Katze zu lieben. Wir sehen die Schützen an der Mauer und die jungen Leute unter uns, die Häuser und Menschen verbrennen, nur weil sie einer Haßparole hinterherlaufen. Gerade hier wird die Wirkung von Parolen besonders deutlich. Der Richter begründet seine Verurteilung u.a.: „Er wendet sich der Skinheadszene zu. Verinnerlicht hat er die rechte Ideologie jedoch nicht. Er kennt nur Parolen und

Fremdenhaß." Wie können im ehemaligen Jugoslavien Ehemänner und Väter von Töchtern an Massenvergewaltigungen teilnehmen? Wenn diese Menschen nicht Psychopathen sind und aus krankhafter Neigung morden oder quälen müssen - dann wären sie nicht Gegenstand unserer Reflexion -, sondern gesunde Menschen wie du und ich, dann kann ihr Motiv, der Motor ihres unverständlichen Handelns nur in der Kraft, der „Weisheit der Parolen" liegen.
Bestimmte Wirklichkeiten werden auch hier einfach nicht mehr wahrgenommen. Das Ergebnis ist eine beängstigende und abschreckende Dummheit aus falsch verstandenen und indoktrinierten Gefühlen. Ganze Völker können so durch Nichterziehung zum selbständigen Denken dekadent und unmündig gemacht werden.
Wie wirkt so eine verkürzte Haßtriade, ein Schlagwort mit diesem Handlungszwang, auf den Menschen? Wer das autogene Training oder eine andere Form der eigenen Körper- und Geistbeherrschung anwenden kann, kann sich den Wirkmechanismus ein wenig vorstellen. Mit kurzen formelhaften Redewendungen - natürlich auch sprechdenkend - kann ich einen bestimmten Zustand in mir erzeugen. So ein Reizwort bewirkt in mir, daß z.B. der Arm schwer oder warm wird. Diese suggestive Wirkung wird auch durch eine Parole, wenn sie in meinen unkritisierbaren und unreflektierbaren, gefühlshaften Besitz übergegangen ist, zum Handlungsauftrag, besonders dann, wenn sich mein Ich in einem instabilen Zustand befindet. Die Parole bekommt Oberhand, sie wirkt dominant, beherrscht mich und führt mich zur Ausführung. Der Lernpsychologe kann deshalb nur raten: Man sollte bei Veranstaltungen geradezu darauf achten, ob manche „Weisheiten" sehr verkürzt dargestellt werden, wie oft sie wiederholt werden, wie rhetorisch und dramaturgisch sie aufgebaut werden und wann und wie Sündenböcke in diese Rhetorik eingebaut werden.
Wiederholung macht eine Sache nicht wahrer, aber sie bewirkt, daß diese Sache in den eigenen geistigen Besitz übergehen kann, zumal dann, wenn gelernt wurde, daß der Gebrauch von Merksätzen die Fortkommens- und Lebenshilfen bei uns erheblich verbessern. Und bei wem ist diese Schulerfahrung nicht geistiger Besitz und automatisches Verhalten geworden?

4.7 Dummheit durch dogmatisches Denken und dogmatische Erziehung

Der kategorische Imperativ für den dogmatisch Denkenden lautet: Andersdenkende sind Gegner, sie müssen wegen der Reinheit und der Alleingültigkeit meiner Ideen ausgerottet werden.
Dogmen, starre gemeinsame Normen und Ziele, können eine ganze Nation zu einer Liebesgemeinschaft zusammenschmieden, sie schaffen aber auch Haßgemeinschaften gegen außen und gegen alles Andersgeartete, Andersdenkende, Andersgläubige, anders Aussehende und gegen andere aufgebaute Feindbilder.
Um dogmatisches Denken und das daraus resultierende Handeln erklären zu können, müssen wir ihm das kritische Denken als Definitionshilfe gegenüberstellen. Kritisches Denken heißt, die Zusammenhänge ständig neu zu reflektieren, zu diskutieren, zu überprüfen, abzuwägen. Das sich daraus ergebende Handeln wird nicht an großen Wortentwürfen und Utopien gemessen, sondern an den Tatsachen, am Naheliegenden, am Alltag. Dagegen entspringen dem dogmatischen Denkansatz Parolen wie: „Wir dienen dem Gemeinwohl“, „für den Fortschritt“, „unser Volk verlangt diesen heroischen Einsatz“, „für die Arbeiterschicht“, „für die Rettung des Abendlandes“, „für Führer, Volk ...“ usw., usw. Man braucht die einzelnen Schritte seines Handelns, hierunter fallen besonders auch Unrechtshandlungen, nicht mehr zu rechtfertigen, das Endziel ist unumstößlich, hoch und heilig und rechtfertigt alles. Dogmatismus trägt zur Verschärfung und Fanatisierung jeder Auseinandersetzung bei und beschleunigt damit das Erreichen des dogmatischen Zieles. Eine Aufschaukelung ist die Folge, der Kreis wird zur Spirale, der Dogmatiker wird immer dogmatischer.
Man verfolge die Entwicklung von Sekten in jüngster Zeit oder betrachte die Kirchen- und Religionsgeschichte, beachte die Reden bei Parteikongressen, verfolge den Streit um den Baum in Nachbars Garten usw. In der Politik führt die Dogmatisierung und damit die Polarisierung der Menschheit zu gefährlichen Folgen. Die letzten großen Kriege, die Balkanauseinandersetzungen, Religions-, Stammes- und Schichtzugehörigkeitsfehden sind beredte Beispiele für das Unheil, das durch Dogmatisierung des Denkens herbeigeführt wird. Dieses Denken nur als Dummheit zu bezeichnen, bedeutet Verniedlichung, obwohl

Dummheit das Dogma lehrt und Dummheit ein Dogma befolgt.
Besonders die Heilslehren aller Art können leicht zur Entmündigung, also zur Verdummung des Menschen führen. Der einem dogmatischen Ziel ausgeliefert Handelnde opfert alles, auch sich selbst, um einer ihm eingeredeten Utopie näher zu kommen. Von den Kinderkreuzzügen, in denen Tausende von Kindern für die Eroberung des heiligen Landes geopfert wurden, bis zur Bombe in einem Passagierflugzeug hat sich hieran nichts geändert. Der Täter, der dem Irrtum unterliegt, die Welt verbessern zu müssen und zu können, ist hierbei der eigentlich Verdummte. Wieviele marschierten und marschieren heute auch noch, um gegen das Marschieren zu demonstrieren. Ganze Völker und Volksgruppen können so zu unmündigen Tätern und Opfern zugleich degradiert werden, wie wir Deutschen, aber leider nicht nur wir, es in den letzten Jahrzehnten erlebt haben.
Das wesentlichste pädagogische Mittel zur Erreichung einer Verinnerlichung der dogmatischen Inhalte ist die Erziehung zum schlechten Gewissen. Die Religionsgemeinschaften wehren sich vehement gegen die Auffassung, Stärke, Breite, Tiefe, Richtung und Ausprägung des Gewissens seien dem Menschen nicht a priori mitgegeben. Für sie ist es auch nur folgerichtig, daß das Gewissen angeboren, von Gott gegeben ist. Wie könnte man sonst erklären, daß das Gewissen auch einmal gegen die eigene Natur und gegen das eigene Sozialempfinden Entscheidungshilfe leisten muß? Dieser These widerspricht nicht nur die ungeheure Verschiedenartigkeit „der“ Gewissen bei den einzelnen und bei verschiedenen Völkern und Kulturen, sondern auch lernpsychologische Empirie, durch die sich der unmittelbare Erziehungs-, sprich Konditionierungseinfluß auf das sog. Gewissen und die Gewissensbisse nachweisen läßt.
Wie vollzieht sich der Gewissensbildungsprozeß?
Elterliche Befehle sind die moralischen Imperative, die später als Gewissensregungen auftreten. Das Kind wird trainiert, autoritären Befehlen nachzukommen. So wird es, wenn erwachsen geworden, autoritäre Anweisungen, von wo auch immer sie kommen, befolgen. Im Rahmen der Gewissensentwicklung kommt noch eine kleine Nuance hinzu: Dem Kleinkind ist eine Tätigkeit kompromißlos und unumstößlich verboten worden, das muß nichts Schlechtes sein, denn es darf auf keinen Fall auf dem Fensterbrett im zweiten Stock sitzen oder die Blumen in

Nachbars Garten abbrechen. Nun wird dieses imperative Verbot bei Abwesenheit der Eltern auf seine Wirksamkeit überprüft, und das „Gesetz“ wird überschritten, d.h. es werden zaghafte Versuche in Richtung des Verbots unternommen. Bei all den Handlungen gegen das Gebot sind die abwesenden Eltern psychologisch wirksam dabei, manche Kleinkinder sprechen sogar mit ihnen, wie etwa, „das darfst du nicht!“. Bei diesem Überschreiten des Gebots findet ein innerer Entscheidungskampf im Kinde statt, „mach ich es, mach ich es nicht“. Auch nach dem Übertreten des Gebots bleibt der innere Konflikt erhalten. Damit sind die Anfänge des Gewissens gesetzt, das sich, aus dieser Entstehungsgeschichte heraus verständlich, meist als schlechtes Gewissen meldet. Das gute Gewissen tritt erst dann in Erscheinung, wenn diese Trainings- und Lernvorgänge der Gewissensbildung so fest konditioniert sind, daß das Widerstandsbedürfnis gar nicht mehr in das Bewußtsein eindringt. Das „sanfte Ruhekissen“ ist dann vorhanden, wenn die Tabus und die Dogmen nicht mehr in Frage gestellt werden, wenn ich sie innerlich nicht mehr als diskussionswürdig betrachte. Dieser psychologische Mechanismus ist mit Begründung dafür, daß schlechtes Gewissen auch in Ersatzhandlungen, etwa viel essen, oder in andere gefährliche Befriedigungsmechanismen umgemünzt werden kann. Auch Wohlgefälligkeit und besondere Treue in anderen Gehorsamsbereichen sind - erwünschte! - Kompensationen für die, die die Tabus einmal überschreiten.

Soweit die einfache Entstehung des Gewissens, wobei generell dagegen nichts einzuwenden ist, denn ohne vernünftige Verhaltensgrundregeln funktioniert das Miteinander noch schlechter. Bei indoktrinierter, fragwürdiger, einseitiger und instrumentalisierter Gewissenserziehung wird das Dogma erst zum Dogma gemacht, durch das Wirksamwerden des Gewissens wird es noch erdrückender und imperativer für den einzelnen. Hinzu kommt, daß das Dogma mit Hilfe des Gewissens heroisiert wird. Gebet eines Kirchenfürsten: „Lieber Gott, ich danke Dir, daß ich so mißverstanden und bekämpft werde“.

Nicht viel anders hört es sich an, wenn ein Diktator und General einer sog. Bananenrepublik sagt: „Ich bin General und bin bereit zu kämpfen und zu sterben, schließlich ist dies ja mein Beruf.“ Ich habe diese Aussage, die aus allerneuester Zeit stammt, frei aus dem Französischen übersetzt, damit ich nicht immer nur Beispiele aus unserer eigenen Vergangenheit bringen muß, und auch hier hat der Herr General vergessen zu sagen, ob er allein sterben will oder ob er einige Millionen Menschen mit hineinzuziehen gedenkt.

Treue zum Dogma wird zur Maxime und zum Prüfstein für sich selbst und für die Treue zu der Gemeinschaft, die das Dogma postuliert hat.

Neben der Heroisierung der Treue zum Dogma führt die ständige Wiederholung einiger weniger Behauptungen, wie ich schon mehrfach betont habe, zum sturen Befolgen von Dogmen. Lernpsychologien lehren uns, daß das Zentralnervensystem einer Speicherung kurzer und prägnanter Formeln auf die Dauer nicht widerstehen kann. Goebbels z.B. war Meister dieser Volksindoktrinierung. Es gibt aber auch andere Politiker, die dieses Instrumentarium beherrschen, wenn auch nicht ganz so zynisch, menschenverachtend und brutal. Wenige nicht konkretisierbare Aussagen - Volk ohne Raum, Reinheit der Rasse, der Feind ist an allem schuld, er will uns vernichten - werden durch hundertfaches Hören zum Bestand des eigenen Denkens, unkritischen Denkens. Diese Formeln waren so stark konditioniert, daß sie selbst bei engagierten Systemgegnern „herausrutschen" konnten. Hier zeigt sich besonders kraß die Arroganz der Macht. Heute arbeiten nicht nur Verkaufsreklamen mit dieser Methode. Kirchen und politische Parteien beherrschen leider allzu gut die Methoden der Indoktrination, und die Schule fördert nicht sonderlich das kritische Denken. Die Methoden zur Erziehung des Gewissens im Sinne kritikloser Befolgung und der Charakter des imperativen Dogmas werden beibehalten, und die Kinder lernen sehr schnell, sich den Schulautoritäten zu unterwerfen - was nicht immer der Lehrer sein muß, sondern auch der Stärkste, der Brutalste oder der Skrupelloseste der Klasse sein kann. Wenn wir versuchen wollen, dieser Entwicklung Einhalt zu gebieten, müssen wir darauf achten, daß das angestrebte kritische Denken nicht wieder dogmatisiert wird, daß die Korrektur nicht zum Ziel selbst wird. Über jede Kursänderung gerät man heute aneinander. Churchills Ausspruch, „bin ich nicht einen Tag klüger geworden", den er nach Vorhaltung über seine Meinungsänderung erwiderte, gilt nicht mehr. Heute muß auf „Gesichtswahrung" geachtet werden. Sich treu ist der Sture! Und diesen in dogmatischen Regeln verhafteten sturen Menschen begegnen wir auch im Alltagsleben.

Wir erzählten einem Nachbarn, daß unsere Kinder im Entwicklungsdienst in Afrika bei der Ziegenhaltung und Milchgewinnung die unangenehme Krankheit „Brucellose“ bekommen hätten. Der Kommentar des strengen Vegetariers, der auch das Milchtrinken verabscheut, „ja, das ist wirklich schlimm, aber Milch ist sowieso sehr gefährlich!“. Man denkt eben in seinen indoktrinierten Bahnen, in seinen Dogmen - hier die Auswahl der Speisen -, und wirkt deshalb dümmer als man eigentlich ist.
Doch vornehmlich wird der Begriff Dogma von Religionsgemeinschaften gebraucht, die die dogmatischen Wahrheiten zu unumstößlichen Glaubenswahrheiten machen und somit ihre Einflußsphären nach außen hin abgrenzen und nach innen im Detail bestimmen. Dadurch rükken sie in bedenkliche Nähe zu Diktaturen, die in der Regel mit den den Dogmen sehr verwandten Mitteln der Parolen arbeiten. Parolen sind leicht in indoktriniertes Handeln umzumünzen. Dogmen erzeugen leichter ein schlechtes Gewissen, wie wir feststellten, das wiederum Treue und Untertänigkeit stimuliert und bis zur geistigen Selbstzerfleischung führen kann. Wer hierbei letztlich der Dumme ist, ist sicher schwer zu entscheiden, denn nicht nur der Gejagte wurde verdummt.

4.8 Falsche Beurteilung durch Generalisierung und Verallgemeinerung

„Ein gebranntes Kind scheut das Feuer“, sagt ein Sprichwort, und es meint, daß unangenehme Erfahrung uns von Wiederholungen der gleichen oder ähnlicher Taten abhält, sofern wir die Fähigkeit zum Lernen besitzen. Ein Kind stolpert über die Terrassentür, und fernerhin mag es nicht nur die Schwelle dieser Tür nicht mehr passieren, sondern es mag überhaupt nicht mehr auf die Terrasse gehen. Solche Beispiele finden wir nicht nur bei kleinen Kindern, sondern ebenso bei geistig Zurückgebliebenen. Die Bedrohung, wieder Schmerzen zu erleiden, geht nicht nur von der Schwelle aus, sondern von dem gesamten Umfeld. Die unangenehme Erfahrung wird generalisiert, und zwar auf bestimmte Bereiche räumlicher, zeitlicher oder gefühlsmäßiger Nähe. Die Mutter eines behinderten Kindes fragte mich einmal, warum ihr Kind solche Angst vor der Einkaufstasche habe. Nach längerem Überlegen rekonstruierten wir folgendes Erlebnis, das möglicherweise Ursache dieser Fehlhaltung gewesen sein könnte: Die Mutter kam mit der Einkaufstasche in der Hand nach Hause, das Kind rannte ihr freudig entgegen und stieß dabei eine wertvolle Vase um, die zerbrach. Hierfür gab es „Prügel“. Das Kind hatte mit Sicherheit die Schläge nicht eindeutig zuordnen können; wurde es geschlagen wegen der Vase oder weil es an die Einkaufstasche gestoßen war oder sonst etwas Verwerfliches getan hatte. Es mied fernerhin die Wiederholung solcher und ähnlicher Situationen, generalisierte also diese negative Erfahrung. Es ist ein allseits bekanntes Lernprinzip, daß nicht gelungene Lösungen, da sie nicht eindeutig sind, zu falschen Konsequenzen, falschem Verhalten und somit zu dummem Verhalten führen können - unabhängig von der intellektuellen Ausstattung des Betreffenden. Betrachten wir an dem schon an anderer Stelle angeführten einfachen Beispiel diese Zusammenhänge etwas genauer. Zwei plus zwei ist vier - eindeutig, unumstößlich, unumstritten. Es gibt nur eine Antwort, die man behalten muß. Zwei plus zwei ist nicht sieben, nicht fünf, nicht einundzwanzig etc., wir sehen schon, hier wird kein klarer eindeutiger Zusammenhang geboten, sondern viele oder sogar unzählige falsche Ergebnisse werden angegeben, das richtige Ergebnis erfahre ich mit dieser Methode nie. An diesem einfachen Beispiel läßt sich unschwer erkennen, daß Kinder und auch noch Erwachsene, die solchen negativen Lernbedingungen öfter ausgesetzt sind, völlig verunsichert werden können. Sie werden handlungsgehemmt, ohne gleich Neurotiker zu sein, sie bezweifeln ihre Fähigkeiten und die Richtigkeit ihrer Entscheidungen.

Ein Mädchen wurde nach drei Knaben geboren. Was auch immer sie in dem wohl mehr Jungs zugewandten Haushalt tat, wurde mit Kopfschütteln und „Nein“ beantwortet. Es gab keine Bemühungen, ihr in positiven Lernsituationen konstruktive und richtige Lösungswege anzubieten. Dieses Mädchen wurde Ärztin, und in diesem Beruf ist eines der wichtigsten Kriterien des medizinischen Erfolges das selbstsichere Auftreten vor dem Patienten, so nicht bei dieser Frau Doktor.Im Freundeskreis wird sie als tüchtig und kompetent anerkannt, aber man hat das Gefühl, daß sie selbst ihr Können bezweifelt. Vor der Diagnose erhält man ein zweifelndes Wort, danach ebenso. Ist man zu Besuch bei ihr, geschieht mit Sicherheit irgendeine Ungeschicklichkeit, sei es, daß dem Gast das Wasser aus der umgeworfenen Blumenvase über das

Kleid gegossen wird oder daß ihr die Torte von der Tortenplatte fällt. Sebstverständlich hat nur sie aus der ganzen Umgebung keine „Wunderkinder". Hier hat sich das ständige „Falschmachen" aus der Kindheit auf das gesamte Verhalten des Erwachsenen ausgewirkt, und man könnte beinahe von einer totalen Übertragung der negativen Kindheitserfahrung auf das Gesamtverhalten sprechen. Die Generalisierung negativer Erfahrung für begrenzte Lebensbereiche ist, wie wir eingangs darzustellen versuchten, aber eher die Regel. Man ist unsicher etwa in allen mathematischen Aussagen, so verunsichert, daß man wirklich falsche Lösungen bringt; man pflanzt die Wurzeln nach oben ein, nur weil man im Garten immer alles falsch gemacht hat; man ist plump und ungeschickt Partnern und Freunden gegenüber, nur weil früher nie der richtige Weg gezeigt wurde; das Falsche wurde nur als falsch deklariert. Vor allem in musischen Bereichen hat sicher jeder von uns Beispiele parat, daß ein Mensch durch falsche Anforderungen und durch unangebrachte Kritik an seinen Leistungen in seiner Kindheit auf diesen Gebieten dumm und unfähig geblieben ist, er ist z.B. „unmusikalisch" geworden.

Ein anderes Beispiel der Generalisierung von Einzelerfahrungen: Als wir nach Kiel umzogen, übernahm ich aus Gründen der Kontaktaufnahme oft Vorträge in Dänemark. Unsere damals zehnjährige Tochter kam zu diesen Kurzreisen gern mit. Eines Tages hörten meine Frau und ich, wie sie ihrer Marburger Freundin am Telefon erzählte, daß alle Däninnen rote Haare hätten. Auf unsere Frage, woher sie das wisse, berief sie sich auf unsere Kaffeepausen während der Fahrt, und in der Tat, wir hatten zweimal eine Serviererin angetroffen, die rote Haare hatte. Die Däninnen, die bei den Tagungen mit ihr Kontakt aufgenommen hatten, sprachen ja deutsch mit ihr, waren folglich keine Däninnen. Sie hatte also zwei rothaarige Däninnen gesehen, und schon war das ganze Volk rothaarig. Bei diesem zehnjährigen Kind fällt uns das Absurde solcher Verallgemeinerung auf. Wenn die Verallgemeinerung zusätzlich noch auf der Basis einer heimlich gewünschten Vorstellung über diese Gruppe beruht, wenn also außerdem noch Voreingenommenheit vorliegt, kommt es noch schneller zu verallgemeinernden Schlüssen ohne genügende empirische Absicherung.

Ein weiterer Aspekt: Einige Medien sind zwar etwas vorsichtiger geworden, aber vor allem in einigen Zeitungen wird der Schwäche des

Menschen für Verallgemeinerungen gern Rechnung getragen. Es interessierte ja auch am südlichen Strand niemanden, wenn er als Überschrift läse, „Paul Meier hat ein kleines Kind in die Förde gestoßen", nein, der Leser muß Gefühle, Emotionen freisetzen können, sonst kauft er das Blatt nicht. Deshalb steht „sechzehnjähriger Behinderter stößt vierjähriges Mädchen in die Ostsee." Jetzt hat der Leser etwas anzufassen, er kann dem völlig unbekannten Nachbarn zurufen, „haben sie gelesen?", „ja man müßte alle ..." usw. Gesprächsstoff für den Vormittag ist gesichert, und zwar aufwallender, urteilsbildender und verurteilender Gesprächsstoff über eine Gruppe Menschen unter uns, die uns ohnehin nicht ganz paßt. Die Frustrationserlebnisse des vorangegangenen Abends werden gleich noch in diese Gefühlsregungen mit hineinprojiziert, und die Ablehnung der Andersartigen und Verurteilten wird auf diese Weise befriedigt erlebt. Wer anderer Meinung ist, hält sich zurück, denn wer will im Urlaub streiten, und erziehbar ist der andere mit seinen Vorurteilen sowieso nicht. So können in den Zeitungen fein versteckte Informationen und Beeinflussungen angeboten werden, die, ohne daß wir es merken, zur Generalisierung von Vorstellungen führen können - in diesem Falle nicht vom Täter selbst, sondern von der „Gruppe", der er zugerechnet wird, denn nicht „P.M." hat, sondern der „sechzehnjährige Behinderte" hat eine verwerfliche Tat, zu der ich selbst nie in der Lage gewesen wäre, begangen. Also folgert der Leser: Aufpassen bei allen Behinderten. Wenn dies bei der sozialen Empfindlichkeit einiger Mitmenschen nicht mehr ankommt, kann er sich wenigstens noch auf die Sechzehnjährigen stürzen, die sich auch gut als Objekte der Ablehnung eignen. Ausländer eignen sich natürlich noch besser als verdeckte Opfer bei solchen Darstellungen. Das Berichten des vorgefallenen Ereignisses kann also absolut korrekt sein, und objektiv kann man dem Journalisten nichts vorwerfen. Daß er verdeckte Hinweise zur Generalisierung, unzulässiger Verallgemeinerung und Verstärkung der Vorurteile gibt, um Leserzustimmung zu erhalten, ist ihm nicht nachzuweisen. Er nützt ja nur das Bedürfnis zur Verallgemeinerung und Generalisierung seiner Leser aus.

Sogenannte Statistiken verhelfen weiter zu „abgesicherten" Verallgemeinerungen, die auch im Kapitel „Vorurteile" hätten niedergeschrieben werden können, aber hier sind sie zur Darstellung der Generalisierungsproblematik etwas griffiger. Wie ist es möglich, daß wir so

schnell und ohne umfassende Kenntnisse und Erkenntnisse verallgemeinern? Eine der Ursachen liegt sicher wieder in unserer Schulpädagogik. Wir werden zur schnellen Verallgemeinerung, zum Ziehen früher und vorzeitiger Schlüsse systematisch erzogen. Der Stoffplan in der Schule wird immer überfüllter, und es bleibt in jedem Stoffbereich nur Zeit für ein exemplarisches Beispiel. Die Wüste Sinai wird behandelt, und es wird erwartet, ja gefordert, daß der Schüler nun auch in etwa weiß, wie das Leben in der Wüste Gobi, in New Mexiko oder in Namibia ist. Würde der Schüler nicht so leicht schlußfolgern, würde er nicht die „Frechheit" besitzen, sein bißchen Sinai-Wissen auf die Wüste Gobi zu transferieren, seine Karriere als brauchbarer Schüler würde sehr früh abgestoppt werden. Vielleicht stimmen ja seine Schlußfolgerungen, vielleicht aber auch nicht, und welcher Lehrer erzieht dazu, die eigenen Schlußfolgerungen auch in Frage zu stellen, denn eigentlich ist die Fähigkeit zur Generalisierung etwas sehr Positives, und sie sollte auch in unseren Schulen geschult werden. Wir dürfen nur nicht der Gefahr erliegen, zu schnell und zu leichtfertig zu generalisieren. Oft müssen Schlüsse aus unzulänglichen Prämissen gezogen werden - und nun sind wir wieder beim Zeitungsleser am Strand. Die Generalisierungsfägigkeit, das Schlußfolgern aus Exemplarischem, ist, wie gesagt, eine geistige Leistung, es ist sogar eine definierbare Intelligenzleistung, und jeder, der mit einer richtigen Generalisierungsschwäche bei Lernschwierigen oder Geistigbehinderten zu tun gehabt hat, weiß, daß das „nicht-übertragen-Können" von Gelerntem auf ähnliche Situationen eine schwere und echte Behinderung sein kann.
Doch dieses Phänomen einer Minderleistung bei einigen Mitmenschen unter uns berechtigt uns nicht zu einer Erziehung dazu, leichfertig Schlüsse zu ziehen. Viele Fehlbeurteilungen, auch in der Weltpolitik, beruhen auf ungerechtfertigten Verallgemeinerungen; und viel Leid, ob von Terroristen, Diktatoren oder „seriösen Politikern" initiiert, würde verhindert werden, wenn wir alle nicht bereit wären, naiv und voreilig verallgemeinernde Schlüsse zu ziehen. Dazu kurz ein Beispiel: Wir waren zur Zeit der Auseinandersetzungen in Rouanda in Zimbabwe. Fast alle Bekannten fragten uns nach unserer Heimkehr, ob es nicht gefährlich für uns gewesen sei. Auf die Antwort, daß Zimbabwe und Rouanda weiter voneinander entfernt seien als Deutschland und Jugoslawien, meinten sie, aber es seien doch auch Schwarze und es sei doch

immerhin auch in Afrika. Daß Völker und Stämme in Afrika ebenso differenziert unterschiedlich sind wie hier, hatten die Frager innerlich nicht zur Kenntnis genommen.

4.9 Enge des moralischen Feldes

Wir hatten oben die Enge des geistiges Feldes als eine von der Natur vorgegebene Eigentümlichkeit betrachtet, die möglicherweise nur durch gezielte Lernstrategien zu überwinden ist. Gegen dieses Phänomen möchten wir die Phänomene der Enge des moralischen Feldes abgrenzen. Großzügige Interpretationen von Moral, Anstand, Vereinbarungen finden wir in allen Bereichen unseres Lebens. Politiker und Religionsvertreter nehmen sogar für sich in Anspruch, „schlitzohrig und verschlagen" sein zu dürfen, denn die Waffengleichheit mit dem politisch Andersdenkenden oder mit dem Teufel muß ja gesichert sein. Das sehr zweifelhafte Motto lautet hier: Der Erfolg rechtfertigt die Mittel. Leider finden wir aber auch um uns herum die verschiedensten Formen enger, egoistischer und egozentrischer Interpretation im mitmenschlichen Verhalten zur Maxime erhoben. Zum Verständnis und zur Darstellung des Phänomens einige Beispiele: Schon beim Zerfall der letzten alten Staatssysteme 1945 und 1989 in Mitteleuropa haben viele im alten System etablierte Bürger bereits während des Umschwungs überlegt, wie sie sich verhalten müßten, um wieder richtig zu liegen und wieder oben mitmischen zu können.

Beim Annähern der Roten Armee 1945 ging der Bürgermeister eines Dorfes mit einer umgebauten roten Fahne - das Hakenkreuz war entfernt und Hammer und Sichel waren aufgenäht - den sowjetischen Truppen entgegen und wurde nach Nennung von sechs „Faschisten" - er nannte sechs Männer des Dorfes, die ihm vorher schon nicht ganz zugeneigt waren - von der neuen Macht gleich wieder als Bürgermeister eingesetzt. Nur sehr vorsichtig und selten und nur unter engsten Freunden wagte noch jemand darauf hinzuweisen, daß er von allen Dorfbewohnern am längsten auf dem alten Gruß bestanden hatte. Ca. fünfundvierzig Jahre später landeten er und seine Söhne wieder sicher auf beiden Füßen, er zwar alt, seine Söhne aber sehr reich geworden.

In Anlehnung an eine Vogelart bezeichnete man diese immer oben schwimmenden Menschen als Wendehälse, wenngleich der Vogel sicher nicht so flexibel wie diese über ein auswechselbares Ich verfügt. Ohne Skrupel und mit glaubwürdigem Eifer können sie behaupten: Ich war ja schon immer für das andere, das Neue. Doch wir sollten nicht nur die Jahre 1945 und 1990 betrachten.

Als vor nicht allzu langer Zeit ein plötzlicher unerwarteter Machtwechsel in einem kleinen (alten) Bundesland stattfand, traten allein in einem Ministerium siebenundzwanzig höhere Ministerialbeamte - gezählt wurde nur ab Ministerialrat aufwärts - aus der Partei, die die Regierung bislang gestellt hatte, aus. Der überwiegende Teil von ihnen trat nach kürzerer oder längerer Zeit in die neue herrschende Partei ein. Haben wir deshalb so großes Verständnis für die „Amnestiebestrebungen"? Es gibt eben Karrieristen unter uns, die sich ohne Skrupel permanent häuten können, denn leider ist vor allem im öffentlichen Dienst ein flexibles, auswechselbares „Ich" für eine Karriere oft sehr hilfreich. Der Mitteleuropäer scheint über eine große Bereitschaft zur Anpassung und zur Bejahung veränderter und neuer Machtstrukturen zu verfügen, jedenfalls dann, wenn es sich für ihn persönlich lohnt. An dieser Stelle müßten wir schon wieder nach der Verantwortlichkeit der Lehr- und Lernformen in der Schule fragen. Sind Schul- und Studienlaufbahn nicht dem am unkompliziertesten gesichert, der sich in die erste Reihe setzt und oft genug mit dem Kopfe nickt? Schule und Hochschule in Deutschland räumen diesen hochanpassungsfähigen Mitmenschen besonders bevorzugte Chancen ein, so daß eine Vorauswahl dieser „Elite" bereits hier stattfindet. Wir haben an anderer Stelle und aus anderem Anlaß schon beschrieben, daß wir uns subalterne Bürobeamte erziehen.

Vor kurzem fand ein Kongreß einer unserer größten Parteien statt. Es war zu einer Zeit, in der etwas Gegenwind aus dem Wählervolk kam, und dadurch schien die „Hackordnung" an einigen wesentlichen Punkten der hierarchischen Struktur unklar zu sein. Ein Kommentator berichtete aus diesem Kongreß u.a.: „Die ganz Gescheiten sagten sicherheitshalber gar nichts", und sie, die unser aller Schicksal - und die Bestimmung der Höhe ihres Gehalts - in die Hand nehmen wollen, gehen bei unklaren Machtverhältnissen erst einmal in Deckung und beziehen erst dann Stellung, wenn sie wissen, in welche Richtung sie sich wenden müssen. Ich war Mitglied eines Landesjugendausschusses,

in den ich als „Fachmann“ berufen war. Bei heiklen, ungeklärten Entscheidungen verzichteten die Mitglieder des Landtages oft auf ihr Sitzungsgeld, nur damit man ihnen nicht vorhalten konnte, daß sie für oder gegen diese oder jene Sache gewesen seien. Enge des moralischen Feldes, uns geht der Blick für die Verantwortung einer Sache oder einer Gruppe gegenüber verloren. Auf diesen Mangel treffen wir überall: So wurde in der Gemeindevertretung einer kleinen Gemeinde beschlossen, ein neues Rathaus zu bauen, und zwar in einer Zeit, in der die Kommune nicht einmal Geld für die Instandhaltung der Ampel hatte. Stimmte man für das neue Rathaus, weil man als Mitbegründer dieses Neubaues in die Annalen der Gemeinde eingehen wollte, weil einem Vetter das Feld gehörte, auf dem das Rathaus stehen sollte, oder dachte man an die Parteidisziplin. Nach der Abstimmung, die die Fakten schaffte, begann eine intensive Vernebelungstaktik. Man lenkte auf Nebenschauplätze und relativierte sein „Ja“ durch viele „Wenns und Aber“. Das Bauprogramm müsse selbstverständlich abgespeckt werden, das Bürgermeisterzimmer könnte sieben qm kleiner werden und das Wichtigste, es müssen Bäume zwischen den Parkplätzen stehen.Im übrigen sei noch vieles diskussionswürdig. Hier wird ein psychologischer Spalt im Hintertürchen offen gehalten, um eventuell später bei Bedarf einmal sagen zu können, ich war ja eigentlich auch dagegen.
Freilich, es gibt auch ein Recht auf Anpassung, auf Anpassung in Not und Bedrohung, und es wäre unklug, hiervon zum Schutze seiner Mitmenschen und zu seiner eigenen Sicherheit keinen Gebrauch zu machen, aber Karriereschutz und Postensicherheit fallen bestimmt nicht unter diese Kategorie. Die moralisch fragwürdige Anpassung an die jeweiligen Machtverhältnisse hat natürlich mit der Kompromißbereitschaft, die unser Zusammenleben in Familie, Gruppe, Vereinen, Staat erst ermöglicht und erträglich und schön macht, nichts zu tun.
In der freien Wirtschaft wird übrigens neuerdings versucht, andere Qualifikationsmerkmale für die Führungskräfte zu entwickeln. Die Tage derer, die die Moral immer auf ihrer Seite haben und sie zum Zwecke ihrer Karriere ummünzen, und derer, die immer zum rechten Zeitpunkt „hosianna oder kreuzige ihn“ schreien, sind hoffentlich gezählt - spätestens dann läßt sich dieser Abschnitt eindeutig und problemlos in eine Analyse über dummes Verhalten einfügen.
Jetzt erscheinen uns diese wendigen Menschen vielleicht noch als be-

sonders „schlaue“ Mitmenschen, denn die Dummen sind ja - genau genommen - wir anderen. Wir sog. anderen leiden schon bei der kleinsten und unwichtigsten Wendehalsigkeit unter einem schlechten Gewissen. Bei näherer Betrachtung können wir aber feststellen, daß der Preis für die selbstsüchtige Moral doch sehr hoch ist. Diese Menschen haben ihre Freunde geopfert und sich damit letztlich doch auch dumm verhalten. Und die vielen Rücktritte von Politikern, „freiwillig“ oder erzwungen, beweisen letztendlich auch die Dummheit eines solchen Verhaltens.
Doch Enge des moralischen Feldes finden wir auch in anderen Erscheinungsbildern. Geistige Trägheit verengt auch den moralischen Horizont, man hält sich an selbstgegebenen oder fremden Maximen fest und glaubt, sich oder der Sache treu zu bleiben. Ein Schulkamerad, Jahrgang 1925, in der Schule durchaus erfolgreich, hätte gern in den zwei Jahren, die dieser Jahrgang noch am Krieg hatte teilnehmen müssen, Offizier werden wollen, und obwohl dies wegen der großen Ausfälle gegen Ende des Krieges ein leider zu leicht zu erreichendes Ziel war, hatte er ständig bei den Prüfungen versagt und blieb der sog. einfache Soldat. Erstaunlicherweise sind Schlachtfelder das größte Hobby dieses Mannes geworden. Es gibt wohl kein Schlachtfeld der Kriege der letzten drei- bis vierhundert Jahre und wohl keine Heldengedenkstätte dieser Zeitspanne in Europa, die er nicht besucht hat. In den Gesprächen mit ihm spielen Helden eine wichtige Rolle, und in der moralischen Beurteilung von Handlungen der Mitmenschen ist diese Nibelungenhaltung eines der wichtigsten Kriterien. Wieviel Dummheit, Kurzsichtigkeit, Urteilslosigkeit und Indoktriniertheit durch so eine fixe Idee unser Urteil, unsere Haltung und unsere Handlung beeinflussen, ist jedem leicht vorstellbar. Falsche Wirklichkeitsbilder, die nur von dieser engen Weltsicht geprägt sind, machen so einen Menschen zu einem wirklich dummen Mitmenschen, trotz beachtlicher beruflicher Karriere.
Falsche Wirklichkeitsbilder als Folge indoktrinierten formalen Verhaltens mit dem Ergebnis fast nicht zu verzeihenden dummen Beurteilens der Lage finden wir oft auch bei Menschen, die sich in ihrer Jugend für irgendeine Idee begeistert und sich für sie eingesetzt hatten, später im puberalen Weltbild verhaftet glauben, sich treu bleiben zu müssen. Die schwarz-weiß-Bilder der Situationsanalysen und der Weltbeurteilung

werden immer noch unter dem Aspekt des damals geschaffenen Wirklichkeitsbildes beurteilt, und das Handeln wird dieser Grundhaltung angepaßt. Diese Menschen wehren sich dagegen, ihre Wahrnehmungsfixierung zu erkennen, eben weil sie glauben, sich treu bleiben zu müssen. Hierzu gehören nicht nur die oben angedeuteten Jahrgänge. In jeder Generation finden wir diese Haltung, viele der sog. Achtundsechziger konfrontrieren ihre damaligen Ansichten nicht mit einer eventuell veränderten Situation, und wer sich mit achtzehn Jahren entschließt, in ein Kloster zu gehen, muß sicher ständig um seine Identität kämpfen, um sich treu bleiben zu können. Dabei geht es hier nicht um feste und treue Charaktere, sondern wir sprechen von Menschen, die eine verfestigte Weltsicht haben und diese Sicht auch unter veränderten Bedingungen beibehalten. Unsere Geschichte bis hinein in unsere jüngste Vergangenheit lehrt, daß solche Haltungen in gewissen Zeiten gehäuft auftreten können und immer ganz bestimmte Tendenzen zum Ziele haben und zu bestimmtem eigentümlichen formalen Verhalten führen: Ho-Chi-Min, american way of life, faschistische Tendenzen, Ausländer- und Minderheitenfeindlichkeit, um nur einige Richtungen zu nennen. Diese Unwilligkeit, neue Wirklichkeitselemente realistisch anzunehmen, wird besonders gespeist durch geistige Bequemlichkeit; ich will die neue, einmalige und unvergleichliche Wirklichkeitssituation nicht erkennen und anerkennen. Es ist ja auch einleuchtend, daß Menschen, für die gelesen, gedacht, gehandelt wurde (sowohl in der Schule - haben Sie gewagt, über Goethe eine andere Meinung zu äußern? - als auch in der Familie, beim Fernsehen und auf der Straße), auch gedankenlos Widerstandsklischees oder andere Meinungen übernehmen. Wirklichkeitsferne wird von der Mitwelt immer als dumm angesehen - und leider werden die exzessiven Auswüchse solcher Bewegungen von Mitmenschen, Politikern und Gerichten auch nur als dummes Verhalten beurteilt.

Zum Ende dieses Kapitels möchte ich noch eine im Effekt dumme Verhaltensform, die aus eingeengtem Moral- und Rechtsverständnis herrührt, skizzieren: Eltern, Lehrer, Psychologen wissen, daß es Kinder gibt, die Verfehlungen, wie z.B. einen Diebstahl, leugnen, obwohl sie lange eindeutig überführt wurden. Dieses Verhalten finden wir vor allem in Altersabschnitten, in denen die affektiv gesteuerte Verhaltensmotivation stärker Einfluß nimmt als die Erkennung der wirklichen

Tatbestände. Wenn wir aber solche Phänomene auch noch bei Erwachsenen, die nicht allgemein den sog. Intelligenzgeminderten zuzurechnen sind, finden, ist man beinahe geneigt, doch an einer ausreichenden Intelligenzausstattung dieser Leute zu zweifeln. Eigentumsdelikte, Geschäftsbetrügereien, Vorteilsnahme einflußreicher Politiker u.a. werden so naiv durchgeführt, offensichtlich zutage getragen und hartnäckig geleugnet, daß sich als einzige Erklärung anbietet, daß die „Täter" mit unserer Dummheit und Vergeßlichkeit rechnen. Es fehlen die moralischen Normen, die geschriebenen und ungeschriebenen Vereinbarungen unter den Menschen, die erst ein reibungsloses Miteinander ermöglichen.

4.10 Dummheit des Fachmannes

Hierbei fällt sicher jedem von uns der zerstreute Professor als Beispiel ein. Es ist erstaunlich, was sich dieser alles an Dummsein leisten kann, ehe es ihm seine Mitmenschen verübeln. Die soziale Stellung spielt in der Beurteilung sicher keine unerhebliche Rolle, was auch in den damaligen Witzen über die preußischen Offiziere zum Ausdruck kommt. In meiner Dissertation vor über dreißig Jahren nahm man mir den Satz, „wir erziehen unsere Jugend zu subalternen Bürobeamten", zum Teil sehr übel. Sicher hat sich in unseren Schulen seitdem einiges verändert, aber Spiel, Partnerpflege, Sozialkenntnisse und sogar auch Materialkenntnisse gehen immer mehr verloren. Spielkultur, Kindkultur werden sogenannten höheren geistigen Zielen geopfert. Schon in der Schule wird darauf geachtet, daß der Schüler von der Wirklichkeit abgehoben wird - und das bedeutet Ferne von den Alltagsproblemen. Ich habe schon mehrfach darauf hingewiesen, daß das Kind die Eigenschaften der Natur, die es in seinem Lebensbereich vorfindet, nicht mehr kennenlernt. Ja, es kann nicht einmal mehr mit sich selbst umgehen und lernt sich selbst nicht mehr kennen. Es ist also gar nicht verwunderlich, daß die Spitzenschüler, die weiter in geistige Bereiche vordringen und dort tätig werden, diese Bodenhaftung nicht mehr haben und die Welt gleichsam nur wie durch ein Flintenrohr kennen und ihr auch nur so begegnen. Eine Gesprächsnotiz aus einer Unterhaltung mit einem erfolgreichen jungen Naturwissenschaftler: „Ergeben sich aus deiner

Erforschung der Mikrobiologie nicht Konsequenzen für dein Weltbild?" „Weißt du, das interessiert mich alles nicht, ich habe mein Gebiet, und da gibt es Fragen genug". Es gibt noch Universitäten - leider nicht mehr in Deutschland -, die in ihrer Promotionsordnung in sehr vielen Fächerkombinationen zusätzlich das Fach Philosophie als Promotionsfach verlangen. Dort ist zumindest der junge Doktor gezwungen, sich mit übergeordneten Zusammenhängen zu befassen. In vielen ausländischen weiterführenden Schulen gibt es statt der zersplitternden naturwissenschaftlichen Fächer - Physik plus Chemie plus Biologie plus Geographie - ein all diese Bereiche umfassendes Schulfach „Science". Hier können die Zusammenhänge der Welt noch in ihrer Ganzheit, in der Abhängigkeit der einzelnen Faktoren voneinander und in ihrer Wirkung aufeinander dargestellt werden. Bei uns mußte sich ein Geographielehrer folgenden Vorwurf seines Physik-Kollegen anhören: „Herr Kollege, ich habe an Ihrem Tafelbild das Prinzip der kommunizierenden Röhren gesehen. Ich dachte, das sei mein Gebiet". Der Geograph wollte eigentlich nur die Wirkung von Lehmschichten auf den Wasserhaushalt etwas genauer erklären. So fängt das Bewußtsein, nicht dem Ganzen verpflichtet zu sein, nicht nach einem Gesamtüberblick zu streben, schon in der Schule an und endet gegebenfalls und hoffentlich nicht mit der Ausrede: „Ich habe doch nichts getan, ich habe doch nur auf den Auslöseknopf gedrückt". Daß gerade in Deutschland der Fachidiot herangezüchtet wird, ist angesichts des Mißbrauchs der Wissenschaftler und der Wissenschaften in der jüngsten Vergangenheit unverständlich, aber die Ausrede, ich kann nicht für das, was daraus geworden ist, ist leider in unseren Breiten ein verbreitetes Verhalten. Freilich ist jede Konzentration eine Verengung - wie das Wort schon sagt - auf das zu bearbeitende Problem, aber ich muß aus meinem engen Problemkreis heraustreten können und die Konsequenzen meines Tuns reflektieren. Die erschreckende Forschungsfeindlichkeit vieler Politiker ist Konsequenz dieser Ignoranz der Wissenschaftler in bezug auf das Allgemeinwohl, und wiederum viele Politiker oder selbsternannte Politiker projizieren ihre Gesellschaftsfeindlichkeit in den Wissenschaftsfortschritt, der dann als Böses schlechthin dargestellt wird.

Schnellebigkeit und Hektik in der Forschung - das Konkurrenzinstitut in G. ist mit seiner Forschung fast soweit wir wir - zwingen zu vorschnellen Veröffentlichungen und zur Verbreitung und Vereinfachung der Ergebnisse durch die Medien. Dadurch sind die Sachverhalte nicht mehr bis zum Ende durchdacht. Die falschen Leute reflektieren die Folgewirkungen. Die größeren Zusammenhänge bieten uns Journalisten, Weltverbesserer, Weltvermieser, und wir können deren Schlußfolgerungen nicht kontrollieren. Oft stößt man hier sogar an die Grenzen der moralischen Verantwortbarkeit. Wir haben also nicht nur den trottelhaften, in vielen Lebensbereichen, die nicht sein Wissensgebiet betreffen, dumm erscheinenden Fachmann vor uns, sondern auch den, der die Zusammenhänge seines Tuns und die Verantwortung für das Ganze von sich weist, weil er glaubt, nur seinem engen Spezialistentun, seinem Fach verantwortlich zu sein. Als logische, unerfreuliche und auch unsachgerechte Konsequenz mußten wir Hochschullehrer uns dann über viele Jahre die Frage der Studenten nach der Einbettung unseres Gebietes in soziologische Systeme gefallen lassen. Schon einzelne kleine Fakten wollten sie in eine Gesamtverantwortung eingebaut sehen. Einzelfakten wurden damit praktisch nicht mehr zur Kenntnis genommem. Daraus entstand ein unfachliches Besserwissen, das so manchen Hochschullehrer nicht mehr ruhig schlafen ließ. Hier wurde das Kind mit dem Bade ausgeschüttet, denn ohne fundiertes Wissen über die Fakten entsteht Besserwissen über alles und nichts. Und auch das entpuppte sich als Dummheit des Fachmannes, der alles, aber nichts genau weiß, was zuweilen Lehrern nachgesagt wird. Bei einer Berufungsveranstaltung in Marburg wurde der Kandidat von einem studentischen Ausschußmitglied gefragt, ob er allen Ernstes noch daran glaube, daß das Down-Syndrom eine Chromosomenanomalie sei, obwohl allseitig bekannt sei, wie er weiter sagte, daß es einzig und allein auf sozio-ökonomischer Deprivation beruhe. Hier brachte der junge Mann aus dem Berufungsausschuß einfach biologische Gegebenheiten mit sozialen Folgen durcheinander. Die Folgen eines Tatbestandes waren bekannt, aber die Fakten, die zu bestimmten Folgen führen können, wurden ignoriert. Nicht nur der zerstreute Fachmann oder der eingeschränkte „Fachidiot" oder der geistig enge Wissenschaftler ohne Folgeabschätzung ist als dumm zu bezeichnen, sondern auch derjenige, der die Fakten nicht kennt, aber über deren Folgen fleißig zu reden weiß. Gerade den letzteren finden wir in Politik, Medien und bestimmten Wissenschaftsgebieten häufig vertreten. Ein Politiker wird ohne weiteres z.B. vom Verteidigungsbereich in den Wirtschaftsbereich „versetzt“. Braucht man wirklich keine Fachkenntnisse, ist er abhängig von Beratern, kann man sich in vier Wochen einarbeiten, dann sollte man über die Fachstudien ernsthaft nachdenken, oder ist das alles nicht so wichtig? Selbst wenn die letzte Frage bejaht werden könnte, drängt sich jungen Leuten die Vorstellung auf, daß man nicht Fachmann sein muß, um weiterzukommen, sondern daß man über etwas reden muß, um nach oben zu gelangen. Wer über dreißig Jahre Institutsdirektor in einem Bundesland war, erlebt und beobachtet, aus welchen Studenten Abgeordnete, Staatssekretäre etc. geworden sind.

Wir sollten aber für den „trottelhaften“ Wissenschaftler auch eine kleine Lanze brechen. Unser Zentralnervensystem kann nur eine bestimmte Menge gleichzeitig bearbeiten. Befaßt sich ein Mensch sehr intensiv mit einem Problem, dann ist es möglich, daß er Alltagsdinge nicht voll wahrnehmen kann. Die Hirnrinde ist durch das Nachdenken blockiert, und um nicht gestört zu werden, werden die „nebensächlichen Reize“ zurückgedrängt. Meine Frau hat so manches Mal so eine Situation ausgenutzt, um meine Zustimmung für irgendein Vorhaben zu erhalten, die sie sonst mit Sicherheit allenfalls nach längerer Diskussion erreicht hätte; und selbst das Überqueren der Straße bei grüner Ampel kann in so einem Zustand zur reinen Glückssache werden.

4.11 Die sozio-ökonomische Deprivation und Mangel an Anregungen

Kaspar Hauser, dessen Name in Psychologie und Psychiatrie Begriff für das Phänomen der gesellschaftlichen Aussonderung und ihre Auswirkungen geworden ist, symbolisiert die in den letzten Jahrhunderten in Wäldern aufgefundenen jungen Menschen, die als Kleinkinder ausgesetzt worden waren. Sie hatten zwar das Leben in der Natur gemeistert, waren aber kaum an das kulturelle Leben zu gewöhnen. Der Streit, ob sie intelligent oder unintelligent wären, dauerte über Jahrhunderte bis in die Neuzeit. Viele Argumente sprachen dafür, weil damals die Determinationstheorien im Vordergrund der Intelligenzbetrachtungen standen, daß sie „unintelligent“ gewesen seien, denn sie lernten als junge Menschen nichts mehr - weder das ordentliche Essen mit Messer und Gabel noch den richtigen aufrechten Gang, noch das Sprechen -, obwohl sich oft sehr bekannte Wissenschaftler mit ihrer Bildung befaßten. Wir leiten dieses Thema mit diesem Beispiel ein, weil der wissenschaftliche Streit um intelligent oder unintelligent bei Mangel an adäquaten Anregungen völlig verfehlt ist (s. auch 2.7). Wir können bei den „Kaspar Hausers", die unter uns aus verschiedenen Ursachen und in verschiedener quantitativer und qualitativer Ausprägung leben und deren Lernchancen durch irgendeinen äußeren Grund herabgemindert sind, nicht feststellen, ob sie nicht hätten klug oder klüger sein können, wenn sie rechtzeitig mit dem für sie im jeweiligen Augenblick Richtigen und Notwendigen bekannt gemacht worden wären. Es gibt im Leben eines Menschen Zeiten, in denen er für bestimmte Lerngegenstände besonders empfänglich ist. Lorenz nennt in der Tierpsychologie diese Momente Prägungszeiten. So ist das Tier nur während dieser Prägungszeit bereit, z.B. das Mutterbild aufzufassen und zu erfassen. Wird diese Zeit verpaßt - etwa bei Küken in Brutanstalten -, dann ist es unmöglich, dem Tier zu einer späteren Zeit ein Mutterbild einzuprägen. Wenn wir also die Zeit phasenspezifischer Lernbereitschaft für einen Gegenstand oder für Sachverhalte bei unseren Kindern verpassen, dann ist es doppelt schwer oder sogar unmöglich, den Kindern diesen Sachverhalt zu einem späteren Zeitpunkt beizubringen. Wir haben also partielle Kaspar Hauser werden lassen, und unter diesem Aspekt war für Kaspar Hauser die Zeit der Erlernung vieler Kulturfertigkeiten verpaßt.

So ergeht es vielen unserer Kinder, und viele Unebenheiten in unserem Leistungsprofil und in dem unserer Mitmenschen sind auf solche verpaßten Lernbereitschaften zurückzuführen. Deshalb schicken wir ja die Kinder in den Kindergarten, damit das Lernen des Sozialverhaltens nicht verpaßt wird, denn die kleine Familie kann hierfür keine Anregungen mehr bieten. Leider verpassen wir deswegen eventuell das Sammeln von Erfahrungen in Raum und Zeit, das Kennenlernen der Eigenschaften der belebten Natur um uns herum und vieles mehr, denn der Erzieher kann nicht das Erklettern von morschen Bäumen erlauben. Die Zerbrechlichkeit der Natur wird an Bauklötzen erprobt. Bedenken wir weiter, was unsere Fernsehkinder alles an unerläßlicher Lebenserfahrung verpassen mögen, denn unser Gehirn hält die erhöhte

Chance für das Lernen bestimmter Dinge nicht ein Leben lang bereit. Auch wir Menschen haben eben phasenspezifische Lernbereitschaften. Bei Fehlen der von der Natur vorprogrammierten Vorbedingungen können sich die zuständigen Hirnzellen nicht mehr einspielen, Verdrahtungsprozesse, die für ganz bestimmte Fertigkeiten unerläßlich sind, konnten nicht stattfinden, und bestimmte geistige, emotionale oder physische Leistungen werden nicht mehr automatisch gelernt. Allenfalls gelingt es - das ist ja die Aufgabe der Rehabilitationspädagogik - durch Umwegbahnungen im Gehirn das gewünschte Ziel zu erreichen, meist etwas unzulänglicher, wie man etwa bei der Sprache von tauben oder hochgradig schwerhörigen Menschen beobachten kann.
Die meisten Grundverdrahtungsprozesse, gleichsam die Bildung einer „hardware", sollen ca. mit dem sechsten Lebensjahr zum Abschluß gekommen sein. Danach findet durch Lernen nur noch die Feinvernetzung statt. Ob ich ein Lerner über das motorische Tun oder einer über das Auge oder ein Lerner bin, der über die Sprache am effektivsten von Unbekanntem Besitz ergreift, wird also schon in den ersten Lebensjahren entschieden. Es ist einleuchtend, daß defizitäre Anregung besonders Heimkinder oder sozio-ökonomisch benachteiligte Familien verstärkt treffen kann, aber auch Kinder mit überbeschäftigten Eltern. Spätere Anpassungs-, Lern- oder Verhaltensprobleme sind also weitgehend auf Mangel an Anregungen, die insbesondere in den ersten Lebensjahren stattfinden, zurückzuführen, denn danach scheint der Mensch sich nur noch der eingespielten Bahnen zu bedienen, und Einbahnungen finden nur durch äußere Reizungen statt. Physiologen und einige Psychologen behaupten und versuchen zu beweisen, daß der Mensch nicht einmal die Hälfte seiner hirnorganischen Möglichkeiten benutzt und weniger als die Hälfte der angelegten Systeme aktiviert und einbahnt. Es ist aber z.B. bei bestimmten Körperbehinderungen nachgewiesen worden, daß nicht oder falsch eingebahnte Schaltsysteme bei rechtzeitiger Ein- und Umbahnung zu annähernd normalen Leistungen gebracht werden. Die neuere Behandlung der cerebral verursachten Körperbehinderungen beruht ja auf dieser „Pattern-Theorie", d.h., wenn die Natur die Möglichkeit einer Fertigkeit verweigert, wie etwa das Laufen, hat von außen angeregte und erzwungene Bewegung die Bewegungsschemata des Laufens so oft durchzuführen, bis sich das richtige Schaltsystem im Zentralnervensystem manifestiert hat

und es so zu richtiger Spontanbewegung kommt. Der Erfolg und die Schnelligkeit des Erfolges sind aber davon abhängig, ob die Behandlung frühzeitig eingesetzt hat. Sie sind auch davon abhängig, daß sich möglichst wenige oder keine falschen Bewegungsmuster eingeschliffen haben. Falsch Gelerntes ist schwerer zu löschen als etwas Neues zu lernen. Wir alle haben diese Erfahrung an uns selbst gemacht, z.B. an einer falsch eingeübten Melodie. Mit der falschen Melodie habe ich bereits zum Ausdruck gebracht, daß sich die frühesten Lernchancen nicht nur auf die Körperbeherrschung beziehen. Sinnvolle und rechtzeitige Erziehung, so berichten amerikanische Psychologen, kann die Intelligenzleistung leicht um 20 Punkte und mehr steigern -, wenn der Durchschnitt 100 Punkte erreicht, so kann man sich vorstellen, daß 20 Punkte eine große Leistungssteigerung bedeuten - bei aller Diskussionswürdigkeit solcher Zahlen. Wenn auch die Zwillingsforschung im Laufe der letzten Jahrzehnte häufig für politische Zwecke mißbraucht wurde - Verifizierung oder Falsifizierung von Vererbungstheorien oder Milieutheorien - zeigen wertfreie Untersuchungen eindeutig, daß dem Einfluß der Umgebung, den Lernanregungen, erhebliche Bedeutung beizumessen ist, wobei die Anlagen trotzdem nicht zu leugnen sind. Eineiige Zwillinge, früh von unterschiedlichen Eltern aus unterschiedlichem Niveau und andersartigen Kulturen adoptiert, weisen erhebliche intellektuelle Differenzen auf. Auch im sonstigen Verhalten unterscheiden sich die Reaktionsmuster der früh getrennten, gleicherbigen Geschwister. Unabhängig von den leiblichen Eltern, bzw. Zeugern, ist nachzuweisen, daß der Einfluß der Adoptiveltern, also des Erziehungsmilieus, auf Leistungsfähigkeit und Leistungsbereitschaft unbestritten ist. Wenn doch unsere Politiker dieses einfachste psychologische Grundwissen zur Kenntnis nehmen oder verstehen würden. Wieviel mehr Gerechtigkeit und Chancengleichheit gäbe es auf der Welt. Z.Zt. haben noch Kinder aus Lehrerfamilien die bestmöglichen Entwicklungschancen. Ist erst einmal ein bestimmtes Lernplateau erreicht, baut der neue Wissensdrang auf diesem auf. Das erworbene Wissen wird Ausgangspunkt für den Wunsch nach Wissenserwerb auf der nächst höheren Stufe. Lernwilligkeit und Lernbereitschaft werden durch unsere oben beschriebenen ersten Lernschritte in Gang gesetzt. Kinder aus anregungsarmem Milieu sind also auch in der Aktivierung ihres späteren Lernwillens benachteiligt.

Es gibt aber auch noch ein weiteres Argument, uns für die Erziehung der gesellschaftlich Benachteitigten einzusetzen, damit die Gesellschaft angesichts der vielen gescheiterten Lebensläufe nicht allzu dumm dasteht. Viele unter uns, um nicht zu sagen beinahe jeder, haben irgendein kleines „handicap", eine kleine spezielle Schwäche. Der eine hat grundsätzlich Probleme in der Stadtorientierung, der andere kann sich kaum Namen merken und andere können mit Zahlen oder mit der Rechtschreibung nicht anspruchsgemäß umgehen. Der eine lernt besser über das Gesehene, der andere über das Gehörte, ein anderer muß erst alles begreifen, um zu begreifen und ein anderer braucht mehrere Sinneskanäle im Lerneinsatz, um alles gut zu behalten. Durch diese Einseitigkeit, bzw. diese Schwerpunkte, die im Lernen eingesetzt werden, kann es zu erheblichen Benachteiligungen kommen. Denken wir nur daran, wie der motorische Lerner in unserer heutigen Schule benachteiligt sein muß. Der Lehrer spricht und schreibt etwas an die Tafel. So gibt es für unseren motorischen Lerntyp keine Chance, vor allem dann, wenn die Unterstützung seitens der Familie ausbleibt. Spezielle Hilfen können nämlich tatsächlich besondere Insuffizienzen und Eigentümlichkeiten überbrücken helfen. Es können stellvertretend andere Funktionen für die schwachen Bereiche eingesetzt werden. Das Prinzip der „Vikarianz", das vornehmlich in der Rehabilitationspädagogik Anwendung findet, besagt, daß intakte Zentren die Funktionen der gestörten übernehmen können - natürlich durch den Einsatz spezifischer pädagogischer Hilfen. Eine Zählschwäche etwa wird durch bewußte Einbeziehung des Faktors Zeit kompensiert oder das Einhalten der Reihe wird durch musikalische Hilfen trainiert. Da die Schulen auf solche Problematiken - außer bei der sog. Legasthenie - keine Rücksicht mehr nehmen, ist wieder der sozio-ökonomisch Deprivierte der Benachteiligte, weil ihm von Haus aus keine Unterstützung zuteil wird. Im Kapitel „Engfeldigkeit" berichte ich von einem Fall, wo elterlicher Beistand alle Schwierigkeiten überbrücken half, die umgekehrt verlaufenden Fälle finden wir allerdings leider sehr viel häufiger.

Unter Anregungsmangel leiden allerdings nicht nur die oben beschriebenen Bevölkerungsgruppen. Amerikanische Untersuchungen belegen und unser aller Beobachtungen können dies bestätigen: Als es noch kein Fernsehen gab, beherrschten die Kinder durchschnittlich 100 Spiele, heute sind es nur noch zwischen vier und sechs Spielarten.

Besonders durch das Fernsehen droht der Mensch zu verdummen. Dem Menschen schadet es mehr, als daß es ihm etwas nützt, daß er von den durchschnittlichen 600 000 - 700 000 Stunden seines Lebens nur noch zwischen 40 000 und 50 000 Stunden mit Arbeit verbringt, solange er nicht gelernt hat, mit seiner Freizeit umzugehen. Die Menschen sind für den Umgang mit Muße und Kultur denkbar schlecht vorbereitet worden. Nötig ist, daß wir in der Konsum- und Mediengesellschaft begreifen, was wir wirklich brauchen und was uns lähmt und schädigt. Leider verbringt zur Zeit noch jeder Deutsche durchschnittlich täglich um die 200 Minuten vor dem Fernseher. Diese Berieselung geht auf Kosten der Spontaneität und Aktivität. Als Folge verbreitet sich eine allgemeine Gleichgültigkeit, der Verlust jeder Verbindlichkeit der Geschehnisse um uns herum und dadurch ein beklagenswerter Rückgang an Bürgeraktivitäten, oder wie wir heute sagen, es entsteht eine Politverdrossenheit. Dieser allgemeine Mangel und besonders diese Verflachung der Anregungen vermindern unsere Bereitschaft zu denken, es wird kaum noch nachgedacht. So gesehen sind wir alle irgendwie depriviert, leider nur manche unter uns auf den Gebieten, die in der heutigen Gesellschaft verstärkt verlangt werden. Die Schule tut ihr Möglichstes, um die Unterschiede zu schaffen, nicht etwa durch mehrgliedrige Schulsysteme, die Schulform ist mit Sicherheit völlig unbedeutsam und nur ein Ausdrucksmittel politischer Akzentuierung, sondern durch das Bevorzugen bestimmter Lerntypen (akustische und visuelle Lerner!) und die Benachteiligung derer, die nicht dem Lerntypus angehören, dem der Lehrer zuzuordnen ist, und die außerdem noch auf außerschulische Hilfe verzichten müssen.

5. Sprache und Sprechen und deren Fehlleistungen

Vorweg ein bißchen Theorie, um uns den Zugang zur Gesamtproblematik der Sprache etwas zu erleichtern.
Warum gibt es gerade im sprachlichen Bereich so viele verschiedene Ausprägungsformen und Erscheinungsweisen?
Für die Sprache steht dem Menschen kein spezielles Organ im Zentralnervensystem (fernerhin als ZNS bezeichnet) zur Verfügung. Im Unterschied zu anderen Leistungssystemen (laufen, Schraubenschlüssel halten u.a.) sind für das Zustandekommen von Sprache viele Funktionseinheiten des ZNS zuständig, die erst durch ihre sinnvolle Verknüpfung zu einem übergeordneten „Quasi-Organ" verdrahtet werden, das zuständig für Sprache ist (s. Abb.).
Aus dieser anatomisch-physiologischen Gegebenheit ist einerseits die hohe Störanfälligkeit von Sprache und Sprechen allgemein zu erklären, und es sind andererseits die differenzierten Ursachen und Erscheinungsbilder von Sprachauffälligkeiten von daher zu verstehen.
Angeborene Fakten und erlernte Chancen sind hier gleichermaßen beteiligt, und viele Verknüpfungen im ZNS finden in frühester und allerfrühester Kindheit statt, sie sind also nicht nur von den Gegebenheiten der Natur und deren Verarbeitungsmechanismen, sondern besonders auch von entsprechenden Reizen der Umwelt abhängig.
Es ist einleuchtend, daß bei der Verdrahtung dieser einzelnen Funktionssysteme, bei der Verknüpfung von Informationsaufnahmeprozessen und bei den hochkomplizierten Verschaltungen vom Denken zum Sprechen mit der Innervierung von vielen Atem- und Sprechmuskeln Fehlschaltungen, Fehlleistungen, Irrtümer und damit gleichsam Fehlinterpretationen entstehen - mit z.T. verheerenden Wirkungen, wie uns Sprachauffälligkeiten wie z.B. Stottern beweisen.
Bei vielen Schwierigkeiten und Fehlern reichen die automatischen Selbstregulierungsmechanismen - die Lebewesen fast in allen Funktionssystemen besitzen - nicht mehr aus, das „Debugging" versagt - es kommt zu Versprechungen, Wiederholungen, Ausfällen von Lauten, Silben oder Wörtern, Sprechblockaden, Sprechsalat und vielen anderen Eigentümlichkeiten.
Diese können ständig oder oft auftreten, dann sind sie möglicherweise

eine Sprachbehinderung oder eine Sprachstörung (die leider oft auch als Dummsein, als richtiges Dummsein, bezeichnet werden), oder sie treten sporadisch und ganz selten als Hemmung auf - und das kann jedem von uns passieren - hierbei wirken wir manchmal etwas dumm oder wir benehmen uns sogar dumm, wenn uns z.B. das falsche Wort zum falschen Zeitpunkt herausrutscht, obwohl wir uns vielleicht Zurückhaltung vorgenommen hatten.(6-4-8/9) (Die jeweils in Klammern angegebenen Zahlen beziehen sich auf die entsprechenden Bereiche auf der folgenden Abbildung.)
Dieser Wellensalat bei unserem Sprechen oder die Fehlleistungen unserer Sprache sind zum großen Teil als Desynchronisation unseres Nervensystems zu erklären.(4)
Was heißt das? Unsere Nervenbahnen leiten die Informationen von Synapse zu Synapse, also von Nervenumschaltstelle zu Nervenumschaltstelle, (diese lassen sich in diesem Zusammenhang als Verteilerzellen, Verstärkerzellen und weitere Informationen bündelnde Zellen verstehen) bis zu dem Punkt in unserem ZNS weiter, wo sie dekodiert, entschlüsselt werden und als Spiegelbild der Information in uns manifest werden. Diese Weiterleitung der Informationen vom Ausgangspunkt - z.B. Sensorium - bis zum Endpunkt - z.B. Gedächtnis - ist wegen der nötigen Gleichzeitigkeit einer Fülle von Informationen nur vorstellbar, wenn die codierte Information, die ja in der Nervenbahn nichts anderes als ein elektrischer Impuls ist, rhythmisch, d.h. gleichzeitig im Takt (4), weitergegeben wird. Besonders notwendig ist hierbei das Einhalten der Reihenfolge der Impulse. Wenn ein Steinbock von Fels zu Fels springt, ist es einfach unerläßlich, daß der Einsatz der Muskeln exakt in der hierfür nötigen Reihenfolge abläuft. Die kleinste Fehlschaltung bedeutete Absturz. Bei verschiedenen Formen von Körperbehinderung können wir dieses Phänomen beobachten. Ein Athetodiker z.B. greift nach einer Tasse: wenn nicht der den Unterarm ziehende Muskel genau so dosiert zieht, wie der bremsende Muskel nachgibt, schnellt der Arm nach vorn, und die Tasse wird weggeschleudert. Koordination und Einhalten der Impulse der Reihe nach sind deshalb unerläßlich. Dies ist deshalb möglich, weil wir Menschen, wie übrigens alle Lebewesen bis hin zum Einzeller (beachten wir die rhythmischen Bewegungen eines Pantoffeltierchens), über einen zentralgesteuerten Rhythmusgeber verfügen, der durch seinen Mikro-

rhythmus die gleichzeitige und gestaffelte Weitergabe der Informationen gewährleistet. Dieser Impulsgeber - und das ist ein weiterer wichtiger Aspekt in unserer Betrachtung - steht in engster Beziehung zu unserem Gefühls- und Gemütssystem, also zu unseren Affekten. Unser innerer Taktgeber, also unser eigener Rhythmusgeber, ist deshalb durch Gemütsregungen störbar (natürlich auch durch Störungen und Verletzungen in den entsprechenden Regionen des ZNS). Der normalerweise im Gesamtorganismus synchron verlaufende innere Takt kann demnach durch Gemütsstörungen durcheinandergebracht, also desynchronisiert werden. Fehlleistungen beim Sprechen und in der Sprache sind die Folge - hier eben häufiger als bei anderen menschlichen Leistungen (Kartoffelschälen, Autofahren etc.), weil Sprechen ein besonders komplexer Vorgang ist und viele Leitungen und Funktionsbereiche innerviert werden. Kleine affektive Störungen können also ganz schnell im sprachlichen Bereich „Dummsein" erzeugen - Angst in der Schule, und das gesuchte Wort fällt mir nicht ein; - ich kann die gute Idee dem Chef nicht erklären; - oder der Partner merkt, daß ich lüge; und Stammeln und Stottern treten im Affekt besonders häufig auf. Doch betrachten wir die Störungsbilder im einzelnen und suchen wir das Bedeutsame für unser dumm erscheinendes Verhalten, das durch Sprache und beim Sprechen entstehen kann, heraus, soweit es nicht pathologische Qualitäten hat.
Ich glaube, daß die Erklärung der sprachaufnehmenden und sprachproduzierenden Zusammenhänge am leichtesten mit Hilfe einer graphischen Darstellung gelingt, die ich - leicht abgewandelt - auch in anderen Publikationen schon verwendet habe (s. umseitig).
Da es grundsätzlich Sinn graphischer Darstellungsweisen ist, weitgehend ohne redundanten Text auszukommen, sei hier nur die kurze Anmerkung gestattet, daß Informationsaufnahme und Handlung in ständiger Rückkoppelung zu unserem Bewertungssystem stehen und so Sensorik (Aufnahme) und Motorik (Wiedergabe) zu einer geschlossenen Funktionseinheit verbunden werden. Innerhalb dieses Gesamtsystems finden noch weitere einzelne Rückkoppelungen statt, so daß ein ständiges Feedback im kleinen und großen stattfindet. Sprachkrankheiten und -auffälligkeiten lassen sich den einzelnen sensorischen und motorischen Schritten zuordnen, Sprachauffälligkeiten im Sinne unserer Thematik ebenfalls.

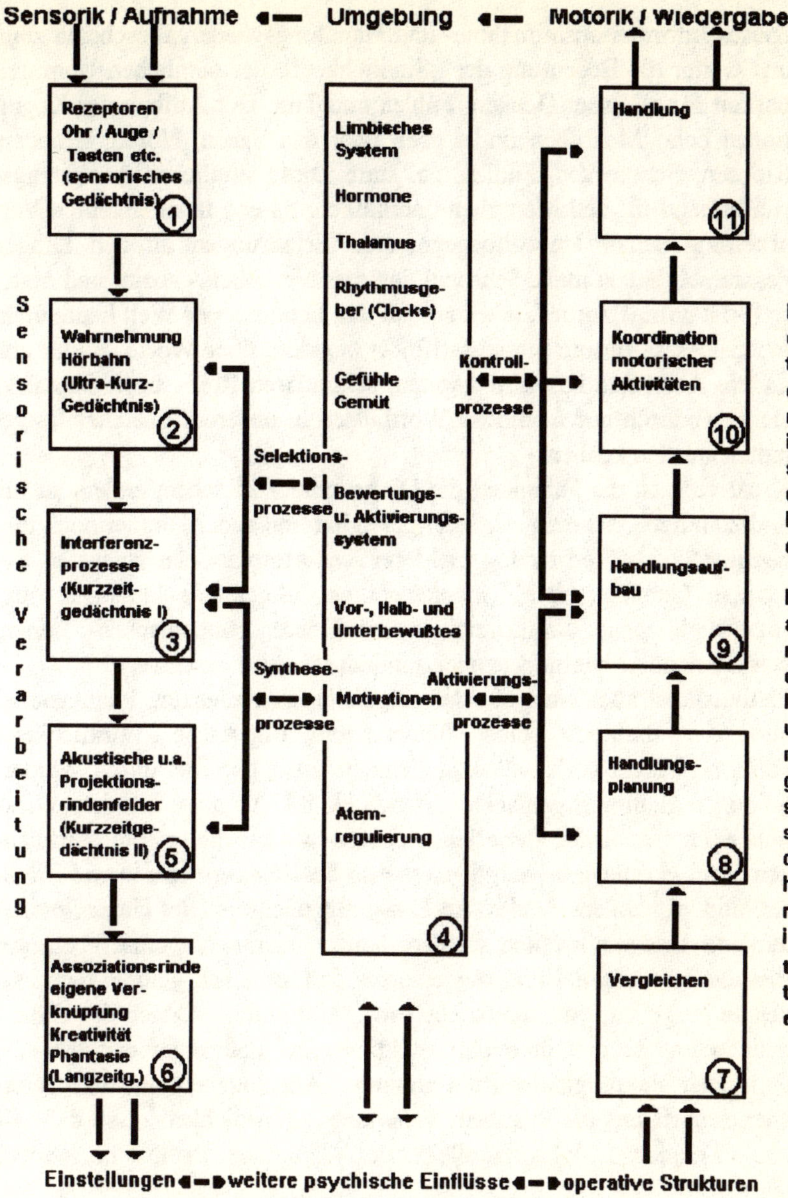

Informationsaufnahme- und Handlungsmodell in bezug auf Sprache

Dieses Informationsaufnahme- und Handlungswiedergabeschema zeigt uns weiter die Bedeutung der „Sinnlichkeit", der sinnlichen Unmittelbarkeit für all unser Denken, Fühlen und Tun. Der Aufbau der Kognitionen beim Menschen findet eben über das Sehen, Hören, Ertasten, Riechen, Schmecken, Fühlen u.a. statt. Diese sinnlichen Aneignungsweisen sind für den Menschen unerläßlich, da er zur intelligenten Verarbeitung seiner Umweltbegegnungen Erfahrungen an den Dingen gesammelt haben muß. Sehr viel dummes Verhalten - sozial und material - ist darauf zurückzuführen, daß das Erfahren der Welt heute nicht mehr über all unsere Sinne stattfindet, sondern über Worte, Bilder und andere Abstrakta aus dem zweiten, sekundären Reiz-, bzw. Signalsystem, wodurch nur inhaltlose Worthülsen in unserem Speicher festgehalten werden können.
Kreativität ist die Fähigkeit, die Dinge anders zu sehen, anders zu tun und zu nutzen, als man es immer getan hat und andere immer noch tun. Kreativität als Verbindung mehrerer Teilinformationen zu neuen Systemen, Gebilden oder Gedankengängen, allgemeine Phantasie oder soziale Phantasie, als das sich in den anderen Hineindenken-Können, werden dadurch verhindert oder zumindest höchst erschwert.
Phantasie ist aber nicht nur das originelle Hineindenken, Phantasie ist auch Konfabulation, selbsterfundene und trügerische „Wirklichkeit" von innen, nicht vorhandene, eingeredete ansuggerierte, durch Wiederholungen glaubhaft gemachte „Wirklichkeit". An diese falschen Wirklichkeiten glaubt der Betreffende ebenso wie an die erlebte Wirklichkeit. Frei Erfundenes kann dann ebenso beschworen werden wie Erlebtes, und vorhandene Lücken im Langzeitgedächtnis oder Ungereimtheiten und Unstimmigkeiten werden dank - oder leider dank - unserer Phantasie so ergänzt und umgemünzt, daß sie einen glaubhaften Tatbestand ergeben; etwa bei sexuellem „Mißbrauch" können die „Phantasiefakten" so detailliert dargestellt werden, daß sogar der kritische Gutachter sie als glaubwürdig annimmt. Aber auch in anderen Bereichen schafft uns die Phantasie viele innere Wirklichkeiten, so daß wir uns so manches Mal als „tolle Kerle" (Jägerlatein) selbst bewundern können.
Darüber hinaus kann die oktroyierte Phantasie geradezu gefährliche Formen annehmen, zumal wenn dominante und als Vorbilder anerkannte Persönlichkeiten großen Einfluß haben und innere Wirklichkei-

ten schaffen. So wird Eingeredetes und Aufgezwungenes unbewußt gespeichert und als wirklich Erlebtes angenommen. Das erfahrene Äußere und das eingeredete Innere fließen zu einem unauslöschbaren „Erlebten" zusammen. Wenn demnach etwa ein in der Familie dominanter Vater aussagt, daß er seine ganze Familie als Zeuge mitbringen könne, so ist zu erwarten, daß alle Familienmitglieder voll die Version des Vaters vertreten - ohne zu lügen und ohne gezwungen zu werden, denn sie haben in ihrem Inneren wirklich die oktroyierten Bilder des Vaters übernommen. Ähnliche psychische Abläufe finden wir übrigens auch in kleinen radikalen Gruppen, und leider wird das „Alphatier" nie zur Rechenschaft gezogen, da der Täter meist ein nachgeordnetes Mitglied der Gruppe ist. Die aus der sichtbaren Peripherie und im unsichtbaren Zentrum geschaffenen Bilder und Phantasiebilder sind für den Täter, der in solchen Fällen als unbelehrbar erscheint, echte Wirklichkeit, für die er meint, einstehen zu müssen.

5.1 Über die Begrenztheit der sprachlichen Ausdrucksmittel

Da dies kein Lehrbuch über Sprach- und Sprechfehler werden soll, befassen wir uns nur mit den Eigentümlichkeiten der Sprache, die uns auf irgendeine Weise als dumm, ungeschickt, unbeholfen oder blamiert dastehen lassen. Schon der Volksmund unterscheidet sog. Sprachbegabte und sog. Sprachunbegabte. Ein Beispiel: Meine Frau will einfach grundsätzlich die sprachlichen Zusammenhänge erkennen, auch die einer Sprache, die sie nicht beherrscht. Sie fragt den Ober, wie man sprechen muß: Due pizze diabole oder diabola - dieses Problem ist wichtiger als die Auflagen auf der Pizza. Nun kennt sie den Unterschied der sprachlichen Nuance zu spanisch, französisch, lateinisch und deutsch - ein abendfüllendes Thema. Mich interessiert konkret und überhaupt nur das, was auf der Pizza liegt und welcher Wein wohl der geeignetste hierfür sei - auch dies könnte den Abend füllen, und grundsätzliche Erkenntnisse würden dabei auch gewonnen.
Es gibt eben einfach sprachlich begabtere und interessiertere und sprachunbegabtere Menschen. Dies hat mit Intelligentsein und Unintelligentsein nichts zu tun, es sind einfach unterschiedliche Höhen und Tiefen in einem unterschiedlich verlaufenden Intelligenzprofil. Daß

sich u.U. die Schule das Recht herausnimmt, diese unterschiedlichen Begabungen als mehr oder weniger Intelligenz zu werten, steht auf einem anderen Blatt; und das wird dadurch noch sanktioniert, daß Erlasse, von Einserjuristen gefertigt, deren einseitiges Begabungspotential, gepaart mit einem guten verbalen Gedächtnis, eben diese Eigenschaften als die Intelligenz schlechthin bezeichnen, daß also schulische Selektionsmechanismen diese Haltung der sprachlichen Überbewertung unterstützen - weil ja der Herr Beamte sich selbst auf diese Weise bestätigt, und schließlich hat er ja sein Juraexamen „dank seiner Intelligenz = Gedächtnis und Sprachfertigkeit“ mit „1“ gemacht.
Hinzu kommt eine Bürobeamtenmentalität, die verbale Aktivitäten und Kontakte dem Sitzenden erleichtert, nicht aber dem, der sich mit motorischen Ausdrucksmitteln äußert, kommuniziert, lernt, denkt und handelt.
Da gibt es einen „Sprachschwächetypus“ unter uns, dessen Umsetzung von Denk- und Erkenntnisstrukturen in das sprachliche Ausdrucksmittel leicht gestört sein kann. (Bei schwerer und schwerster Störung sprechen wir von Aphasien oder Dysphasien, die selbstverständlich nicht Gegenstand unserer Betrachtung sind.)
Es handelt sich, wie gesagt, um Menschen mit Sprachgebrauchsschwäche (7/8) und Sprachverständnisschwäche (5/6), die z.B.- und das sind ganz leichte Fälle - möglicherweise keinen Witz verstehen, nicht, weil sie humorlos oder zu unintelligent sind, nein, weil sie nicht die Doppelsinnigkeit einer Aussage erkennen.
„Bei Müllers kann man vom Fußboden essen.“- „Bei uns auch, man findet alles.“ Die Reaktion einer alten Dame auf diesen Witz: Versteh ich nicht, soll das heißen, Ihr habt keine Schränke?
Hier liegt gleichsam ein Mangel am Erkennen eines differenzierten oder mehrdeutigen Wortsinnes vor.
Telephongespräch am frühen Abend: A: „Oh, das habe ich vergessen, ich hab schon wieder mal geschlafen.“ B: „Entschuldige, ich wollte Dich wirklich nicht wecken, soll ich morgen früh anrufen?“
Dazu noch ein belauschtes Gespräch: A: „Diese Politikerin ist eine tolle Frau, sie kann gut zwischen den Fronten vermitteln, sie ist eine wirkliche Maklerin.“ B: „Ach, die ist Makler von Beruf?“
Der noematische Sprachschwächetyp - so seine wissenschaftliche Bezeichnung - ist oft nur in der Lage, eine einzige Sache zu erkennen,

aber häufig sind bei Aussagen, vor allem auch bei Witzen, mehrere Bedeutungsinhalte gleichsam überkreuzt zu erkennen und zu deuten, oder es schwebt noch ein Sachverhalt dazwischen, der mit exakten Worten gar nicht voll zu fassen ist; in unserem Witz das ironische „Lächerlichmachen“ eines überordentlichen Haushaltes, in dem zweiten Beispiel die Doppelsinnigkeit des Wortes „schlafen“ und im dritten das Stichwort „Makler“, das nicht im übertragenen Sinne gedeutet wird.

Diese leichten „Noematiker“ nehmen die Aussage wörtlich - so, wie ihnen das Wort, ein einziger Wortsinn, als Begriff bekannt ist. Bedauernswert für diese Menschen ist es, daß sie „Verklausuliertes“ nicht verstehen, z.B. ein nettes Kompliment „durch die Blume gesagt“, denn wer macht schon gern plumpe, direkte Komplimente. Weiter: alles, was mit ernster Miene gesagt wird, wird geglaubt, da sie selten Mimik, Gestik und Aussage, die sich im Widerspruch zu einander befinden und differieren können, richtig akzentuieren, abwägen und in ihrer verschiedenen Bedeutsamkeit strukturieren können. Auch das „ zwischen-den-Zeilen-lesen“ kann diesem Sprachschwächetyp versagt bleiben. Manches Verstehen und sprachliche Verhalten wirkt dann wirklich dumm, und dominante Persönlichkeiten versuchen, nur die Themen in der gemütlichen Runde zu diskutieren, bei denen sie glauben, fachlich voll kompetent zu sein.

Ein Beispiel hierfür: Wir fuhren mit Freunden ‘über Land’, und beim verträumten Dahinfahren steuerte ich den Wagen mit der einen Seite auf den ungepflasterten Randstreifen. Auf meine sicher etwas dumme Art der Entschuldigung, „schade, daß es jetzt nicht geregnet hat, da wären wir mal so richtig schön gerutscht“, kam die Antwort vom Rücksitz: „Hör mal, man darf im Regen auch nicht auf den Randstreifen fahren. Man darf überhaupt nicht drauffahren“. Dies sagte ein ganz normaler Mitbürger, der nicht etwa humorlos ist, sondern der einfach das ‘Gemeinte’ nicht erkannte und sich am ‘Gesagten’ festhielt.

Dieses kleine Handicap kann den Sprachgebrauch betreffen (expressiv) und/oder das Sprachverstehen (impressiv).

Mit der Doppelsinnigkeit mancher Redewendungen kann also dieser Typus nichts anfangen und/oder er gebraucht kaum Synonyme.

Noch einmal zur Abgrenzung: Der affektiv Gesteuerte (4) ordnet die

Information seinen affektiven Zielen unter - und versteht sein Gegenüber falsch, eben weil sein Affekt jedes Wort diesem Affekt einverleibt; der Engfeldige (2) kann auf verzweigten Programmen schlecht andere Gedanken nachvollziehen, sich aber einen eigenen und durchaus auch originellen Weg suchen - er kann also in der Regel Witze verstehen.

Der Mitmensch mit Sprachgebrauchs- (7/8) und Sprachverständnisschwäche (5/6) hat hingegen nur den einen Inhalt, der durch das eine unzweideutige Wort, das er besitzt, ausgesagt ist. Wie oft redet man mit solchen Menschen aneinander vorbei - und wenn es ein Vorgesetzter ist, bleibt einem nur das Kapitulieren übrig, denn dieser braucht sich ja nicht zu korrigieren, für ihn ist ja alles sonnenklar.

Allerdings werden diese Menschen auch oft auf den Arm genommen. Man lobt etwas ironisch, und sie nehmen alles voll für bare Münze. Freunde von uns besuchten eine alte Dame, deren Lebensversicherung fällig gewesen war und die sich von diesem Geld voller Stolz ihr Schlafzimmer neu eingerichtet hatte: Üppige hellgelbe Rüschengardinen vor den Fenstern, ein gewaltiger goldgelber Bettüberwurf mit Volants an den Seiten und bauschigen Rüschen in Längsrichtung und in Querrichtung über der gesamten Bettdecke und überall kleine Nippes, alles in gelb und gold. Der Kommentar unseres völlig überwältigten Freundes: Was für ein einmaliges Zimmer, nicht einmal im Kino gibt es eindrucksvollere. Und die Dame erzählte später stolz, „dein Freund war ja so begeistert von meinem neuen Schlafzimmer".

Ein weiteres Phänomen, das hier oft vergesellschaftet auftritt:

Von einem Freund erhalten wir sinngemäß folgende Briefe.

„Um 7,38 Uhr fuhren wie vom Bahnhof Basel-Bad ab. Da wir schon 5 Tage vorher Platzkarten gekauft hatten, konnte ich in Fahrtrichtung auf die linke Seite blicken, wodurch ich zwischen X und Y einen schönen Blick auf den Rhein hatte. Wir aßen nicht in dem Speisewagen, sondern packten unser Brot - bestrichen mit Butter und meiner Lieblingssalami - aus. Etwa 10 km vor Z. hatten wir einen schönen Blick auf die Vogesen. In F. kaufte ich mir die und die (genaue Titel werden angegeben) Tageszeitungen." Die Inhaltsangaben der Tageszeitungen wollen wir uns ersparen!

Ausdruck der Krümelfakten sammelnden Zwangsjacken dieser Typen ist ihr häufig pedantisches Verhalten. „ Er wollte um 10 Uhr hier sein und hat es zu sein, ob die Autobahn verstopft ist oder nicht, ich bin nun mal ein so korrekter Mensch!" Möglicherweise schließt sich noch als Begründung der solide Stammbaum an. Selbst wenn eine Nichte beurteilt wird, scheint sie nur von einem Großelternteil abzustammen, von dem natürlich, der sie zu diesem besonderen Menschen gemacht hat, denn selbstverständlich existiert nur die erfolgreiche Linie der Ahnen.

Die sich aus diesem Ursachenbereich so dumm verhaltenden Mitbürger sind aber bei Gott nicht intelligenzgemindert, ich habe während meiner Lehrer- und Hochschullehrerlaufbahn zweimal solche Vorgesetzten und sehr oft solche Verwaltungsbeamten kennengelernt.

Dumm im Sinne unserer Schrift erscheinen sie uns immer dann, wenn mehrdeutige Inhalte einer Aussage von ihnen nur in die Richtung interpretiert werden, für die sie den einzig richtigen Wortinhalt zu haben glauben.

Natürlich ist falsches Verwenden oder Interpretieren von Begriffen oder Wörtern nicht immer Zeichen einer Sprachschwäche.

Wenn sich ein Kind z.B. ein Synonym merkt und das falsch anwendet, gehört es zu keinem der von uns beschriebenen Sprachschwächetypen, es kommt einfach aus einer anderen Landschaft und kennt z.B. die Pointe oder auch nur den Ausdruck des folgenden Zungenbrechers nicht. Wir wanderten im Gebirge, und weil wohl der Gesprächsstoff etwas ausgegangen war, wurden Zungenbrecher vorgetragen. Meine Frau verlangte gerade von mir, ihr nachzusprechen, „Blaukraut bleibt Blaukraut und Brautkleid bleibt Brautkleid", als eine Familie mit zwei 10-12jährigen Mädchen an uns vorbeiging. Wir konnten gerade noch hören, wie das eine Mädchen sagte: „Mutti sprech mal ganz schnell nach: Rotkohl bleibt Rotkohl und Brautkleid bleibt Brautkleid".

Auch die Verarmung unserer Sprache sollte hier noch einmal erwähnt werden. Wir hatten beim „Mobbing" bereits beschrieben, daß unscharfe Begriffe, die aus den Fremdsprachen übernommen werden und deshalb keiner strengen, klaren und eindeutigen Definition standhalten müssen, immer mehr Verbreitung finden. Selbst unsere Schriftsprache ist schon nicht mehr so differenziert und bilderreich wie die Mundartsprachen. Man denke nur, wie viele Sorten Fenster es in einer Mundart gibt oder wie viele verschiedene Bezeichnungen der Bauer für seine Rinder hat, wo der Begriff Alter, Geschlecht, Gebrauchsfähigkeit u.a.

mit ausdrückt. Durch die verbreitete Übernahme z.B. englischer Begriffe findet eine weitere Vergröberung und Verwaschung der Sprache statt - auf Kosten der präzisen Aussage. So werden unserer Sprache Farbe, Bildhaftigkeit, Präzision und Aussagekraft genommen.

Doch zurück zu dem Phänomen der Sprachschwäche. Einem weiteren Aspekt der Begrenztheit unserer Ausdrucksmöglichkeiten begegnen wir, wenn wir - oft sprach- und verständnislos - Menschen gegenüberstehen, die falsche Kommunikationsbegriffe oder völlig unangemessene Charakterisierungsbegriffe gebrauchen. Die folgenden Beispiele erlebte ich mit studierten Germanisten, und ich wählte sie aus, um gleichzeitig aufzuzeigen, daß der inadäquate, floskelhafte Gebrauch von Sprachbildern und Ausdrücken völlig unabhängig von Sprachausbildung, Sprachbildung und Sprachfähigkeit ist. Es scheint hier eher eine Schwäche des Einfühlungsvermögens und/oder der Situationsanalyse vorzuliegen, was wir dann in unserem Schaltbild bei 4 einzuordnen hätten. Anruf eines Freundes: „Wir kommen euch Mittwoch nächster Woche besuchen". Antwort: „Oh, das tut uns leid, wir sind die ganze nächste Woche nicht zu Hause, denn wir haben das Hüten unserer alten Mutter in xy übernommen". Rückantwort des Freundes: „Schade, aber wir nehmen euch das in keinster Weise übel". Ein ähnliches Beispiel: Ein Bekannter wollte unangemeldet einen Freund in der Klinik besuchen. Dieser wurde gerade im Arztzimmer untersucht, konnte aber während der Untersuchung seinen Freund am Fenster vorbeigehen sehen. Das spätere Telephongespräch verlief folgendermaßen: „Ich habe dich heute vormittag besuchen wollen." Antwort: „Ja, ich habe dich vom Arztzimmer aus gesehen, ich wurde gerade mit den unterschiedlichsten Apparaten auf Herz und Lunge untersucht." Rückantwort des germanistischen Freundes: „Schade, daß wir uns nicht getroffen haben, aber ich habe dafür vollstes Verständnis." Hier fehlt es einfach an den passenden Kommunikationsbegriffen. „Ich nehme es dir nicht übel" oder „ich habe dafür vollstes Verständnis", beides wird der Situation nicht gerecht, und der jeweils „unschuldig" verhinderte Freund hätte durchaus gekränkt reagieren können. Weiter noch ein Beispiel für ein völlig unangemessenes Charakterisierungsbeispiel: „Ich war gestern in eurer Bibliothek. Ihr habt aber eine „dolle Sexbiene" am Tresen. Die hat mich sehr freundlich und entgegenkommend bedient". Hier wurden Freundlichkeit, Hilfsbereitschaft, Hilfestellung beim Suchen der Bücher einer ganz soliden, normalen jungen Frau mit diesem chauvinistisch anmutenden Begriff diffamiert. Der Erzähler glaubte, auf diese Art ein für sich selbst erstrebenswertes Bild von sich selbst zu zeichnen. Er verwandte einen unpassenden und unangemessenen Begriff aus einem völlig anderen Kommunikationsbereich, und dadurch entstand ein absolut falsches Bild von der Situation, von der jungen Frau und auch von ihm selbst. Die Leichtfertigkeit, mit der klischeehafte Begriffe aus anderen Sozialbereichen verwendet werden, öffnet leider den Vorurteilen Tor und Tür.

Weiter legt sich unsere Sprache immer mehr fest auf das Gegenständliche, schon allein durch das schon angesprochene Übernehmen vieler fremdsprachlicher Begriffe. Die Gefühle der verlorengegangenen Ausdrücke schwingen in den neuen Begriffen nicht mehr mit, und die kleinen Nuancen der Mitteilung gehen verloren (s. Ausdrücke wie Mobbing 3.4 oder Streß 5.2).

Kommen wir nun zu einer weiteren Erscheinungsform sprachlicher Schwäche, deren Symptome Störungen im Gebrauch von Sprach- und Satzstrukturen sind, z.B. das nicht Einhaltenkönnen von Reihenfolgen - in der Buchstaben-, Laut-, Wort- oder Satzfolge - wie Potzmann, statt Postbote; ich haben will nicht u.ä..

Das Gedachte wird linguistisch oder grammatisch falsch ausgedrückt.(4/8)

Haben wir diese Schwäche nicht schon einmal an uns erlebt? Wohl nur der nicht, der dem Versuch, ein „Gläschen“ zuviel zu trinken, widerstehen konnte (hier kommt zu 4/8 noch 10). Das motorische System, das willkürliche und in schlimmen Fällen das automatische Steuerungssystem für die Bewegungsabläufe, ist gestört, und die sprachlichen Ausdrucksmittel geraten durcheinander - bei jedem von uns, allerdings je nach Sprachbegabung in verschiedener Ausprägung.

„Fischers Fritze fischt frische Fische“, dieser Zungenbrecher fällt manchem schwerer und manchem leichter. Ein Institut, es darf sich auch heute noch „psychologisches Institut der Uni ...“ nennen, hatte nun ernsthaft dem zuständigen Bundesministerium vorgeschlagen, statt des „Pusteröhrchens“ zur Feststellung des Alkoholanteiles im Blut Zungenbrecher einzusetzen. Bonn schien begeistert zu sein, denn das Nachsprechen einiger Sätze war ja ein geringerer Eingriff in die Freiheit der Person als das Pusten. Zudem ist das Sprechen von Sätzen und das Registrieren der Versprecher viel billiger als das Röhrchen. Wer einmal solche Spielchen in gemütlicher Zechrunde macht, wird bald merken, daß alle unterschiedlich reagieren; der eine verspricht sich schon beim Riechen eines Schnapses, und der andere ist noch Temposieger beim fünften oder sechsten Glas.

Es gibt eben auch hier individuelle Begabungen, und gefährlich für uns kann es dann werden, wenn die unterschiedlichen Begabungen von der Exekutive nicht erkannt werden.

So ein Mensch möchte also Sprache sprechen, kann sie auch vom intellektuellen Konzept her sprechen (1 bis 6 ist also in Ordnung), kann sie aber nicht oder nur unzulänglich in die motorische Ausführung umsetzen. Reichlich Alkohol und andere Narkotika, aber auch Abgespanntheit, innere Erschütterungen, Affekte, können unseren Sprach- und Sprechfluß desynchronisieren und einen „Wellensalat" im Sprechen hervorbringen.

Theoretisch läßt sich dieses wieder mit den oben beschriebenen biologischen Taktgebern erklären, die durch die gleichmäßige rhythmische Weitergabe der Information von Synapse zu Synapse, also von Nervenleitungsstück zu Nervenleitungsstück, die Informationen in der gleichen Reihenfolge wiedergeben, wie sie eingehen. Gesteuert werden diese biologischen Taktgeber im Bereich des Gefühls- und Gemütslebens (anatomisch gesehen) im Thalamus. Somit leuchtet es ein, daß Affektstörungen, Störungen im Gefühlsbereich, besonders gravierend Störungen in der Sprache bewirken.(4)

5.2 Von der Wortfindenot

„Weg"; eben hatte ich das Wort noch, es lag mir auf der Zunge, und ich weiß, daß ich es weiß ; wenn ich draußen bin, fällt es mir bestimmt ein!

Jeder von uns kennt diesen Zustand, und wie oft hat man dumm dagestanden, weil einem das einfachste Wort nicht im rechten Moment eingefallen ist. Ausrede: Man wird eben älter, obwohl dies mit dem Älterwerden höchstens mittelbar etwas zu tun hat. Das rechte Wort zur rechten Zeit fehlt dem Schulkinde ebenso wie dem Examinanden oder dem Erfahrenen, leider oft in Situationen, in denen man es dringend

brauchte. Dies ist möglicherweise schon einer der Schlüssel zur Erklärung dieses Phänomens: Anspannung, mehr oder weniger starker Erregungszustand, Konzentration auf einen Gesamtzusammenhang - heute wird dieser Zustand im Zuge der Nivellierung von exakten Begriffen mit dem allgemeinen Wort, dessen Begriffsumfang viel zu groß ist, „Streß" beschrieben - blockieren die Freigabe dieses einen Wortes, und je mehr ich krampfhaft bemüht bin, dieses Wort, das mir auf der Zunge liegt, freizubekommen, desto mehr bleibt es im vorsprachlich-diffusen Wortvorentwurf hängen, und es kann nicht in die Sprechmotorik vordringen. Der Begriff und die Sache selbst sind da, der Geist möchte auch schon die vielen notwendigen Muskeln koordinieren und in Gang setzen, einige Klangfetzen scheinen auch schon durchzuschimmern (man sucht z.B. das Wort Thymian, „es war was mit ü, Süm?, Tüm? Tüma?"....) aber es kommt nicht zum Aufbau dieser Sprachhandlung, nicht zur Synchronisation und zur Einhaltung der Reihenfolge. Die Kontrollinstanzen lassen das Wort nicht über die Lippen kommen.(4/9/10)
Auf unserer Zeichnung läßt sich dieser Zustand sehr leicht nachvollziehen. Das Wort wird in die Instanz durchgelassen, die für den Handlungsaufbau zuständig ist; es wird als bekannt empfunden, kann aber zur sprachlichen Formulierung nicht vordringen.
(Wortfindenot kann sich natürlich nur einstellen bei Wörtern, die irgendwann einmal eingespeichert wurden (6); jemand, der ein Wort - aus welchen Gründen auch immer - nicht hat, kann keine Not haben, dieses Wort wiederzufinden. Er kann in seiner Assoziationsrinde nicht etwas suchen, was dort nicht vorhanden ist.) Unwissenheit ist ein anderer innerer Zustand. Der Betroffene selbst kennt den Unterschied, der Prüfer, z.B. im Examen, leider nicht immer.

5.3 Vom Versprechen

Ein Bundeskanzler donnerte in einer Etatrede vor dem Bundestag den Satz hinaus: „Und wir werden die Inflation, so wie sie Ihnen vorliegt, verabschieden". Das Gelächter des Plenums machte ihm klar, was er eben gesagt hatte, und er konnte mit seiner Hamburger Art diesen Versprecher wieder korrigieren. Was war dem gewandten Redner hier widerfahren? Nicht nur ihm war klar, daß mit diesem Bundeshaushalt die Inflation weiter angeheizt würde, und als er nun diesen, sicher auch ihm selbst fragwürdig erscheinenden Etat begründen sollte, spielte dem eigentlich sehr gewandten Redner das Unbewußte einen Streich, ihm rutschte in die sprachliche Ausführung plötzlich das Wort „Inflation" statt „Etat" hinein.(4)

Eine Landesministerin sprach über den Bonner neuen Entwurf des §218, und es störte sie der Unterschied (Zit.) „als in dem ursprünglichen Entsetz.. -äh Gesetz- drin war." Innerlich war sie wohl entsetzt über das neue Gesetz.(4/10)

S. Freud und nicht nur seine Schüler, sondern auch viele ernst zu nehmende Psychologen haben das Phänomen des Versprechens beschrieben und untersucht. Danach läuft im Unbewußten, nicht-Bewußten, Vorbewußten, Verdrängten oder im Gefühlsbereich das „ Band" weiter mit, gleichsam wie auf einer Doppelspur; im Bewußten, in meinem geistigen oder niedergeschriebenen Manuskript läuft die Spur ab, die den notwendigen Kompromiß zum Inhalt hat, und auf der anderen Spur ziehen die Gedanken durch, die ich eigentlich viel lieber vortragen möchte. Und plötzlich - leider meistens bei solchen Schlüsselbegriffen - schlagen die beiden Bandspuren um. Der tiefste Wunsch wird ausgesprochen, und das, was gesagt werden sollte, fällt aus. Nun konnte bei der „Etat-Inflationsrede" ein ausnahmsweise schlagfertiger Kanzler die etwas blamable Situation noch zu seinen Gunsten ummünzen, und das"Entsetzen" wurde von der Rednerin ja schon im Ansatz korrigiert, aber sehr oft bringen uns solche „Fauxpas" in unangenehme Situationen.

Solche Versprecher treten besonders dann auf, wenn im unbewußten Bereich andere „ Wünsche und Gefühle" ablaufen. Damit sind wir noch lange nicht neurotisch, sondern es laufen einfach mehrere „Spurbänder" gleichzeitig in uns ab - und dadurch stehen wir manchmal recht dumm da.

Doch diese psychologisch interpretierbaren Versprecher sind nur ein kleiner Teil unserer sprachlichen Dummheiten, unter denen wir leiden.

Wenn der Meteorologe im Fernsehen von der Wolkendicke statt von der Wolkendichte spricht, ist sicher der Bereich „Wortabruf" in unserem ZNS zuständig. Dicke und Dichte sind klanglich sehr dicht beieinander, und auch inhaltlich ist der Unterschied gering, so daß im Zuge des schnellen Sprechens dieses „verwandte“ Wort in das System der motorischen Ausführung hinübergleitet.(7) Diesem Versprechen eine Freud’sche Deutung unterzuschieben, ist sicherlich unzulässig. Die meisten Versprechungen lassen sich übrigens nicht im Sinne Freuds interpretieren, sondern sind assoziationspsychologisch zu begründen. Ich selbst verspreche mich fast grundsätzlich bei der Benennung zweier spezieller Baumarten, obwohl ich in einem Dorf aufgewachsen bin. Die Erklärung ist einfach: Ich habe diese Namen gleichzeitig gelernt, und bei ihrem Anblick assoziiere ich beide Bezeichnungen gleichzeitig und nenne bei eiligem Benennen mit fünfzigprozentiger Wahrscheinlichkeit den falschen Namen. Wenn diese simple Tatsache doch unseren Lehrern bekannt wäre, denn wieviel Unheil wird dadurch angerichtet, daß verschiedene Sachverhalte, kontroverse Begriffe, Abgrenzungen und Ausnahmen gleichzeitig, also in einem Lernvorgang, eingeführt werden. Durch das dumme Verhalten des Lehrers stehen dann seine ehemaligen Schüler einmal dumm da, und in diesem Falle kommt der Schüler am besten weg, der während des Unterrichts „dumm“ war und nicht aufgepaßt hat.

Der Abruf kann aber auch durch Gewöhnung umgemünzt werden. Ein Bekannter zeigte uns seine schönste Rose und bezeichnete sie als „Gloria Dei“ (Lautschrift seiner Aussprache: gloria dai). Das bereitete mir soviel Spaß, daß ich zuerst nur im Familienkreis, später durch Angewöhnen dieser Aussprache dann auch außerhalb der Familie von dieser Rose immer als von der „Gloria Dai“ sprach, bis ich schließlich gar nicht mehr merkte, daß ich die Rose nun ebenso belustigend falsch bezeichnete wie damals unser Nachbar - und dies war dann letztlich peinlich, denn ich hatte ja noch in Erinnerung, wie fröhlich ich im Geiste die „Ehre Gottes - die gloria dei - gloria dai“ meines Nachbarn kommentiert hatte, zumal auch bei ihm die falsche Aussprache ähnlich entstanden sein kann wie bei mir.

Natürlich können wir uns auch aus anderen Gründen versprechen.

Eine Bekannte sagte vor kurzem statt „verhindert“ oder „vermieden“, was beides in den Kontext gepaßt hätte, „vermiedert“. Hier war sicher kein tiefenpsychologisch verstecktes „Mieder“ gemeint, sondern es hatte einfach eine Vermischung beider verwandter Begriffe stattgefunden. Das Abrufsystem konnte sich nicht entscheiden, welches der beiden richtigen Wörter zur Verfügung gestellt werden sollte.(7/8)

Bei einer Adoption zweier schwarzer Kinder in Simbabwe zog sich der Behördenweg sehr in die Länge, weil es wohl ein Präzedenzfall war, daß dort ausländische weiße Eltern die Kinder adoptieren durften. Bei einer Unterhaltung hörte ich, „ja das dauerte alles sehr lange, denn es war ein Präsidentfall". Hier lief keine zweite Spur im Unbewußten mit, es war auch keine falsche Assoziation durch verknüpfte Lernvorgänge entstanden, es war auch kein Problem des komplizierten Sprechmotorikeinsatzes, es war schlicht und einfach Unwissenheit. Weil man sich bei dem, was man sagt, in der Regel gleichzeitig etwas vorstellen möchte, glaubte vermutlich der Sprecher, daß der Präsident hier eingeschaltet worden war, wodurch der Vorgang noch größere subjektive Bedeutung erhielt. Nicht umsonst wird der Gebrauch von Fremdwörtern ironisch oft als Glückssache bezeichnet. Ich habe als Kind sehr lange den Text in dem Weihnachtslied „Alle Jahre wieder ..." statt „kehrt mit seinem Segen" „kehrt mit seinem Besen ein in jedes Haus" gesungen. So ergab es eine konkrete Vorstellung - übrigens ist diese häufig zu beobachtende Interpretation von Kindern in konkrete Begriffe ein Beweis dafür, daß wir eben nicht soviel mit inhaltsleeren Worthülsen umgehen sollten.
Eine „Hobbykünstlerin" wurde im Fernsehen als Expertin für das Reparieren alter Puppen vorgestellt. Auf die Frage der Reporterin, wo sie das gelernt habe, antwortete sie: „Das habe ich mir selber beigebracht, autark!" Ein fairer Reporter hätte eigentlich dieses letzte Wort herausschneiden müssen, aber vielleicht ist auch für ihn der Autodidakt ein autarker Mensch. Hier wurde das Wort nicht in verständliche Begriffe umgemünzt wie bei dem Kinderlied, sondern durch oberflächliches Lernen wurde ein ähnlich klingender Begriff eingeprägt. Auch dies hat mit mehr oder weniger Intelligenz nichts zu tun, allenfalls mit Bildung oder mit dem Sprachtyp, der Begriffe schwieriger einspeichert. Viel dumm wirkendes Verhalten könnten wir uns ersparen, wenn wir auf den Gebrauch von uns nicht völlig geläufigen Fremdwörtern verzichteten. Unwissenheit und nicht Versprechen ist häufig die Ursache von eindrucksvollen Fehlleistungen im Sprachgebrauch, wie bei einem Bekannten, der genußreich seine „Advocatus" statt seine „Avocado" aß.
Wir erwähnten eben auch, daß die Sprechmotorik an Versprechern beteiligt sein kann. Hier gilt natürlich auch, daß - wie beschrieben -

durch Desynchronisation ein kleiner Wellensalat entstehen kann. Müdigkeit, Unsicherheit und ganz besonders Angst sind hier meist die verantwortlichen Ursachen.
Wenn wir „den Wald vor lauter Blumen nicht sehen", trifft das für den Satz zu, was wir eben am Wort zu erläutern suchten.
Was können wir generell gegen das dumme Verhalten des Versprechens tun? Wenn wir alle wieder mehr „deutsch" sprechen würden, die konkrete Sprache unserer Kindheit, würden wir schon eine Menge von Versprechern vermeiden. Selbst bei alten Menschen kommt die Kindheit in Erinnerung und Handlung wieder mehr durch, und diese Wörter sitzen fest. Ein großer Teil der Versprecher würde wegfallen, wenn wir uns auf das, was wir sagen wollen, gut vorbereiteten, so daß sich das rechte Wort gleichsam automatisch einstellt; und für den kleinen Bereich der Freud'schen Versprecher bleibt nach wie vor unser psychischer Zustand verantwortlich, - Gott sei Dank gibt es in uns wie in der Welt Dinge, die wir nicht voll beherrschen können.

5.4 Schwatzhaftigkeit

„Hättest du geschwiegen, wärest du ein Weiser geblieben".
Also schon vor ca. 2000 Jahren galt der als Nichtweiser, also als Dummer, der einfach schwatzte und alles aus sich herausplappern mußte. Was verführt uns dazu, zu schwatzen oder zu reden und mehr zu erzählen, als wir eigentlich wollen und sollten? (hier führt 6/4 direkt zu 11) Nun, es kann das Geltungsbedürfnis sein, s.dort, das mich kompetent erscheinen lassen soll, ohne daß ich über die nötigen Sachkenntnisse verfüge, es kann aber auch ein Kompensationsversuch sein, der mich redend über die Hürden meiner Unsicherheit bringen soll, oder überschäumendes Temperament, ebenso kann es eine Art Instinktlosigkeit sein, wodurch ich die unpassendsten Dinge zum unpassendsten Zeitpunkt dem unpassendsten Partner oder der Diskussionsrunde erzähle. Ein Beispiel für dieses instinktlose und sich selbst gegenüber kritiklose Verhalten, das mir kürzlich begegnete: „Aufrichtiges Beileid zum frühen Tode Ihrer Frau, ja, meine Mutter ist schon 93 Jahre alt, die hat aber auch sehr gesund gelebt und war und ist immer noch sehr fleißig. Dadurch hat sie sich auch so gesund erhalten." Der Adressat

dieser Kondolenz wandte sich traurig und verletzt ab. Schwatzen aus Geltungsbedürftigkeit hingegen erlebte ich folgendermaßen: Ein Pfleger war in Gesellschaft von drei Ärzten, darunter ein Orthopäde, und weiteren Gästen. Das Gespräch kam auf „Bechterew“ und die Ätiologie dieser Krankheit. Bald großes Schweigen in der Runde, denn keiner wagte mit seinem Wissen mehr zu wissen, als man z.Zt. über die Ursachen der allmählichen schmerzhaften Wirbelsäulenverkrümmung weiß. Plötzlich brachte unser Pfleger ein Beispiel, in dem bei einem seiner Patienten aus einem Bandscheibenvorfall ein Bechterew-Syndrom entstanden sei. Hättest du doch geschwiegen ...! Ab jetzt stellte sicher jeder Gast auch seine Kompetenz in Fragen Wein und Weinsorten in Frage, mit der er den ersten Teil des Abends so wortreich brilliert hatte. Leider läßt sein „Naturell“ ihn nicht schweigen, welche Motive auch immer dafür oder dagegen sprechen mögen. Ein anderes Beispiel: Meine Frau forderte mich auf, aus dem warmen Thermalwasser auch einmal ins kältere Schwimmbecken überzuwechseln. Ich verweigerte dies mit der von mir witzig gemeinten Begründung, daß ich den teuren Eintritt für das warme Wasser bezahlt habe. Dies hörte eine uns bekannte Zimmennachbarin unseres Hotels, die sich zu mir umwandte und mir nun einen Vortrag darüber hielt, welchen Gesundheitsgewinn mir ein Beckenwechsel einbrächte und daß ja der Kälteschreck nur einige Sekunden dauern würde usw. Sie bot mir sogar an, langsam vor mir in das kalte Wasser hinüberzugehen. Weil ich auf die einmalige Chance der Lebensverlängerung zu verzichten schien, behandelte sie mich wie ihr dreijähriges Enkelkind. Durch dieses unüberlegt dumme Verhalten büßte diese Dame viele ihr eigentlich wichtige Kontakte ein, denn nicht nur wir gingen ihr so viel als möglich aus dem Wege, sondern, wie wir beobachten konnten, auch viele andere Gäste. Ihre aufdringliche Schwatzhaftigkeit bewirkte das Gegenteil dessen, was sie sich wünschte: Kontakte und Anschluß.

Ein anderes Beispiel für dummes Verhalten durch Schwatzhaftigkeit erlebten wir beim Skilaufen: Tante und Onkel sind mit zwei Neffen im Skiurlaub, zwei Freunde der Familie kommen später hinzu. Erster Tag der Hinzugekommenen: Man geht geschlossen zur Übungswiese für Anfänger. Die beiden Neffen möchten nicht in den Skiunterricht und möchten ihre Anfangskenntnisse ein bißchen selbst erproben. Die Tante steht am Rande der Piste und korrigiert Stil, Tempo und sonstiges Fahrverhalten. „Du mußt gerade stehen, die Skier mehr zusammen nehmen, die Stöcke richtig einsetzen, der Talski ist viel zu wenig belastet“ usw. Besonders die Haltung stört die stolze Tante, obwohl in der Übungsgruppe nebenan der Skilehrer weder die Körperhaltung noch das breitbeinige Fahren bei seiner Anfängergruppe beanstandet. Nächsten Tag wollen die vier Erwachsenen auf den Berg hinauf, um „richtig“ skifahren zu können. Abends überlegen die beiden Freunde, wie sie aus dem Vorhaben aussteigen können, denn die beiden anderen sind ja viel zu gute Fahrer, wie man aus dem verbalen Verhalten der Freundin entnehmen konnte. Es wird beschlossen, daß einer von beiden Kopfschmerzen haben müsse, denn es können ja der Wein, der Höhenunterschied, der Klimawechsel verantwortlich sein. Wegen dieser Kopfschmerzen findet der Ausflug in die unbekannte Höhe nicht statt, stattdessen gehen die beiden Erwachsenen mit ihren Neffen zusammen auf die Übungswiese skifahren, und die „kranken“ Freunde gehen langsam hinterher, um zuzuschauen. Was für ein erstaunliches Bild bot sich den Zuschauenden. Die Tante fuhr mit dem Tempo eines Fußgängers die flache Piste hinunter, blieb fast bei jeder Wende stehen und strauchelte schon beim Anstehen am Lift. Nun mußten sich die Freunde wieder eine Ausrede einfallen lassen, denn sie wollten um keinen Preis der Welt mit so einem schlechten Fahrer auf die unbekannte Piste gehen. Auch hier hatte also der Schwätzer ein völlig falsches Bild von sich abgegeben. Daß unsere „Tante“ nicht gut skifahren kann, ist natürlich an und für sich wirklich nicht schlimm und überhaupt nicht blamabel, aber muß denn der Umgebung und der Verwandtschaft wirklich erst so ein falscher Eindruck vermittelt werden? Bleibt nicht ein Rest von Lächerlichkeit zurück? Kann dieses Renommieren nicht geradezu gefährlich werden? Wie wären die vier den Berg wieder hinuntergekommen, wenn man wirklich hinaufgefahren wäre? Manch Beinbruch hätte sicherlich nicht stattgefunden, wenn etwas weniger verbal angegeben würde.

Sehr oft wird auch das eigene „edle Verhalten“ sehr unreflektiert dargestellt und erzählt. Bei einer Nachbarsfamilie arbeiteten Frau und Mann seit vielen Jahren beide als Beamte. Auch die Kinder wurden während der Arbeitszeit beider Eheleute großgezogen. Na und, - wird der Leser sagen. Nachdem nun die Ehefrau in die „Endstufe“ kam und sie diesen Zeitpunkt durch über monatelanges Kranksein erreicht hatte, ging sie in den „wohlverdienten“ Ruhestand. Nun geht diese Familie gleichsam von Haus zu Haus und erzählt, wie wichtig es sei, jungen Leuten Arbeitsplätze freizumachen. Das besonders Dumme daran ist, daß jeder der Zuhörenden weiß, wie dieses Freimachen des Arbeitsplatzes entstanden ist. Der „Heiligenschein“ wird nur von den Betreffenden selbst wahrgenommen, für andere wirkt dieses Verhalten selbstgefällig - ich gefalle mir selbst. Ich verifiziere mein Verhalten durch eigene verbale Veredelung. Dies paßt zu dem an anderer Stelle reflektierten Ausspruch eines Kirchenfürsten: Lieber Gott, ich danke Dir, daß ich unbeliebt bei der übrigen Menschheit bin. Es stimmt fast traurig, wie sich solche an sich ganz netten Menschen durch solch Geschwätz der Lächerlichkeit preisgeben.

Das „geschwätzige, dumme Getröstetwerden“ hat sicher schon jeder einmal von uns erlebt. Ich holte mir beim Rodeln mit einer Schulklasse eine Netzhautablösung, deren Operation in früherer Zeit relativ kompliziert war, und man mußte einige Wochen abwarten, bis Erfolg oder Mißerfolg erkennbar waren. In dieser Zeit kamen natürlich sehr viele Freunde und Bekannte, die meine Frau trösten wollten. Jeder Leser weiß, was jetzt kommt, deshalb kann ich mich kurz fassen. Mindestens neun von zehn „Tröstern“ warteten mit bekannten oder erlebten Beispielen auf, in denen diese Verletzung und deren Operation schlecht verlaufen waren. Sie erzählten von Blindheit, von vielen Folgeoperationen; nur die eine Klinik würde vielleicht erfolgreich helfen können, obwohl ja nichts mehr rückgängig zu machen war. Wohlgemerkt, es waren Freunde, die meiner Frau nicht zu einem Herzinfarkt oder zu einem Schwangerschaftsabort verhelfen wollten, sie wollten trösten, kamen aber nicht aus ihrer affektiven Umklammerung heraus, denn der gefühlsmäßige Bereich beherrscht so stark das Denken, daß die verstandesmäßige Kontrolle nicht mehr auf das Gesprochene Einfluß nimmt. Das ist eben das Bild des geschwätzigen Menschen, nichts Unnormales, aber in den meisten Fällen dumm. Wenn wir unser obiges Schaltbild betrachten, können wir erkennen, daß die eigene Verknüpfung, das eigene Denken (=Assoziationsrinde), die Kreativität, das Einstellen und Abwägen (= Vergleichen) nicht in Funktion treten, daß also die „höheren Funktionen“ unseres Zentralnervensystems ausgeschaltet werden. Unser Tun und Handeln, beim Schwatzhaften also das Sprechen, wird von den Gefühlsbereichen direkt innerviert. Die Kon-

trollinstanzen werden umgangen. Dies kann jedem von uns einmal passieren, aber die meisten von uns ärgern sich im Nachhinein, daß sie das Denken nicht mit eingeschaltet hatten.
Sprache, eigentlich der engste Verbündete des Geistes, wird so zum Abfluß der eigenen Gefühlsregungen degradiert, in einem Moment, in dem man eigentlich die Absicht hatte, auf den anderen und dessen Sorgen einzugehen. Kein Schul- und Studiumprogramm kennt derartige Erziehungsziele.

5.5 Verdummung über das Medium Sprache

Als einer meiner Freunde zum Vorsitzenden, sprich Präsidenten, einer Berufsvereinigung gewählt wurde, war seine erste Tätigkeit für dieses Amt, daß er an einem Rhetorikkurs teilnahm. Er erklärte mir, daß das „Wie“ wichtiger sei als das „Was“.“Worüber ich spreche, das weiß ich, ich beherrsche die Materie meines Faches, aber wie ich das hinüberbringe, das muß ich lernen. Es muß sitzen, wann, wie und ob ich mich errege, zu welchem Zeitpunkt ich Gestik und Mimik einsetze, wann und was ich wiederhole und wo die Pausen einzubauen sind. Ganz wichtig“, so sagte er weiter, „ich muß die Schlüsselbegriffe der jeweiligen Zeit kennen. Fehlen in einer Rede die Wörter „Bio“, „Emanzipation“, „Umwelt“, „kritisch“, „kämpfen“, „hinüberbringen“ usw., wirft der Reporter seine Notizen gleich in den Papierkorb; und dann wäre nur für die Anwesenden geredet worden, nicht für die Zeitung, diese aber ist das Wichtigste, denn wirklich stattgefunden hat nur das, was in der Zeitung entsprechend gewürdigt wurde.“
Wir haben im Kapitel „Parolen“ die suggestive Wirkung von Schlagwörtern angedeutet und daß selbst für das mentale Training feste Sprachformeln einen ganz bestimmten und beabsichtigten psychophysischen Zustand in mir bewirken (4). Sprache wirkt in mir wie die Sache selbst, die durch sie gemeint ist. Höre ich das Wort „Kirschtorte“, so wird, besonders wenn die Zeit für ein Täßchen Kaffee reif ist, mir Speichel im Mund zusammenlaufen, wie beim Servieren der Torte. In einigen psychologischen Schulen wird deshalb von Sprache als dem zweiten Signalsystem gesprochen. Der russische Physiologe Pawlow hat diesen Tatbestand der identischen Wirkung des zweiten

Signalsytems beim Speichelfluß eines Hundes nachgewiesen. Nochmals zur Erinnerung: Wurden Futter und ein Glockenton einige Male gleichzeitig geboten, genügte später das zweite Signal, der Glockenton, um den Speichelfluß zu bewirken. Diese konditionierte Wirkung der Sprache tritt besonders dann mit großer Wahrscheinlichkeit ein, wenn es sich um die Wiederholung von bestimmten Wörtern handelt.
Ich hoffe, hiermit erklärt zu haben, warum Politiker und alle, die uns beeinflussen wollen, mit Wiederholungen arbeiten und bestimmte Schlagwörter verwenden, die ein festgefügtes Reaktionsmuster im Zuhörer auslösen. Warum werden diese Schlagwörter aber von Zeit zu Zeit ausgewechselt? Auch diese Frage läßt sich mit dem Verhalten des Pawlow'schen Hundes erklären. Es leuchtet ein, daß irgendwann beim Läuten ohne Futter der Speichelfluß nachläßt oder aufhört. Der Hund muß also von Zeit zu Zeit neu konditioniert werden, es müssen ab und an also Futter und Glockenton gleichzeitig geboten werden. Die Schlagwörter, die uns die Politiker oder die anderen „Verführer" (Reklame, Organisationen etc.) anbieten, müssen wegen dieser psychologischen Gesetzmäßigkeit ab und an ausgewechselt werden oder sie müßten die Worte erfüllen, also zum Glockenton auch etwas Futter geben. Reize im zweiten Signalsystem bedürfen nach einiger Zeit der Verstärkung aus dem ersten Signalsystem. Da dies bei Schlagwörtern praktisch nie realisiert wird, muß ein anderes Wort neu konditioniert werden. Deshalb wird die Reklame ausgewechselt und deshalb serviert man uns in der Politik immer wieder neue Schlagwörter. Es ist traurig, daß ganze Völker auf solch primitive Anwendungen von psychologischen Gesetzen hereinfallen. Vielleicht sollte man es sogar als positiv werten, daß die heute Mächtigen die „Verdummungsbegriffe" noch auswechseln. Herrscher und Diktatoren anderer Zeiten beherrschten die Dynamik des Begriffeauswechselns nicht. Sie blieben an einigen wenigen Schlagwörtern und Parolen haften - und die mußten, dem Gesetz Pawlows folgend, einmal in die Wirklichkeit umgesetzt werden. Wenn die Juden „schlechte Menschen" waren und die Sündenbockfunktion zugewiesen bekamen, dann mußte man irgendwann einmal durchgreifen (Holocoust), und wenn uns „die Polen ständig bedrohten", mußten wir zurückschlagen, 1. September 1939: „Ab vier Uhr schlagen wir zurück", dies wurde mit Fanfaren und Nationalhymnen (ja, es gab derer damals zwei) im Rundfunk verkündet. So sind die

Kristallnacht, das Schießen an der Mauer, die Kriege mit zu erklären. Der einzelne reflektierte sein Tun nicht mehr, er folgte der „inneren Stimme", die ihm sein konditioniertes Gehirn zuflüsterte, und er merkte erst danach, was er eben mitgemacht und mitgetragen hatte.
In diesem Zusammenhang sollte auch erwähnt werden, daß es eine geistige Gewalt durch Reden gibt und infolgedessen, da das geschriebene Wort das gesprochene repräsentiert, auch hierdurch Gewalt ausgeübt wird. Unsere Gerichte müßten viel stärker den Aspekt der geistigen Gewaltanwendung durch Wort und Schrift berücksichtigen, denn diese ist in der Regel die gefährlichere Form der Gewalt. Auch im Alltag ist das Wort gefährlich, wenn wir nur an Gerüchte, Verleumdungen, Miesmacherei u.ä. denken.
„Er dreht mir das Wort im Munde um", ist ein uns allen bekannter Spruch und ein bekannter Fakt. Was wird nicht alles umgelogen, sowohl im mitmenschlichen Alltag als auch in den sog. großen Entscheidungen und Begebenheiten in der Welt. Da wir von klein auf auf die „Rechtschaffenheit" der Worte - „das Wort ist Fleisch geworden", d.h., das Wort ist Wahrheit geworden - hin erzogen wurden, nehmen wir erst einmal alles für bare Münze. Da das geschriebene Wort das gesprochene repräsentiert, übernehmen wir auch alles von dieser Informationsseite - und hier wird frei erfunden, fernab aller Wahrheit. Unsere Manipulierbarkeit, sprich Verdummung, ist also besonders stark durch Sprache und Schrift gegeben. Deshalb ist das, was in der Zeitung steht, für die meisten von uns die Vermittlung der Wahrheit. Das gleiche trifft auch für das Buch zu. Hat ein Kind oder Jugendlicher brennende Fragen an den Erwachsenen, wird ihm ein Buch zur Beantwortung dieser Fragen in die Hand gedrückt. Lesend, aus dem geschriebenen Wort entnimmt er die Informationen, nach denen er gefragt hat, und die Antwort ist die Wahrheit für ihn. Dadurch werden wir verführt, uns auch mit Halbwissen zu begnügen. Die schulischen Weisheiten bestehen aus diesem Halbwissen, denn das Wissen wird für den Lehrenden und den Lernenden dem zweiten Signalsystem entnommen. Die gelesene Schilderung befähigt den Lehrer, über eine Springflut zu berichten, oder ein Bericht über einen Lawinenabgang gibt ihm die Befähigung, über die Wirkung von Lawinen zu erzählen. Gesprochenes und Gelesenes stehen also auch in der Wissensvermittlung für die Sache selbst. Dieses Bildungsmittel ist nur dann probat, wenn ge-

nügend konkrete Erfahrungen vorhanden sind. Nun, warum diese Kritik an unserer Schule und am Halbwissen unserer Lehrer? Wurde nicht früher noch viel mehr über das Buch gelernt? Denken wir an Altertum, Mittelalter oder Romantik. Damals war nur das Buch das Medium des Lernens, aber der frühere Schüler wurde nicht von der Haustür zur Schultür gebracht, ohne mit der Wirklichkeit in Berührung zu kommen. Er hatte eine oder zwei Stunden Schulweg und stand auch in der Freizeit mit beiden Beinen in seiner Welt, nicht vor dem Bildschirm mit Abbild und Sprache. Heute fehlt unserer Jugend dieses konkrete Durchgangsstadium. Warum haben z.B. Rollstuhlkinder in der Regel, außer bei adäquater Hinführung, Probleme in der Mathematik? Sie haben wegen ihrer körperlichen Beeinträchtigung keine Erfahrung in Raum und Zeit gewinnen können. Es fehlt ihnen die Plattform, die für das Bilden innerer mathematischer Strukturen unerläßlich ist. Unsere Erziehung führt dazu, daß wir später einmal dem Geschriebenen Glauben schenken und dem Wort (Befehl!!) gehorchen, weil wir es für wahr und richtig halten. So erzieht uns die Schule zum „auf's Wort gehorchen" und macht es unseren Ver-Führern sehr leicht.

6. Nachwort über den Segen der Dummheit

Haben Sie sich schon einmal bei jemandem so richtig bedanken wollen, dem Sie wirklich dankbar waren für etwas, was er für Sie getan hatte? Haben Sie dabei bemerkt, wie unvollkommen und unzulänglich, platt und gestammelt Ihre Dankesrede war? Stellen wir uns ein extremes, aber konkretes Beispiel vor: Sie liegen wegen einer gefährlichen Operation in der Klinik und werden als geheilt entlassen. Der Oberarzt, der bei Ihnen den riskanten Eingriff durchgeführt hatte, kommt vor Ihrer Entlassung noch einmal kurz ins Krankenzimmer und wünscht Ihnen alles Gute. Nun sind Sie an der Reihe. Der erste Satz, „ich bin Ihnen ja so dankbar“, gelingt noch ganz korrekt. Aber dann kommt ein Gewirr von Dankbarkeitsfloskeln, kurz, ein fast peinliches Geschwätz, und wir sind nachher froh, daß nur wenige Zuhörer zugegen waren.
War das aber wirklich alles so dumm, was wir gesagt haben? Hat nicht unser Gegenüber gerade hierdurch mitbekommen, wie uns ums Herz war? Er empfing ja auf der Wellenlänge, auf der wir - ach so unzulänglich - sendeten, sonst wäre er ja nicht noch einmal ins Zimmer gekommen. Sagte dieses „dumme Sprechen“ nicht sehr viel mehr aus als eine vorbereitete, grammatikalisch geschliffene Dankesrede? Bei einer rhetorisch brillanten Ansprache kostet es manchmal Mühe, den Unterschied zwischen einem Geburtstagsgruß und einer Grabesrede zu erkennen, aber sie ist ausgefeilt. Ist nicht hingegen unser Gestammel, unser „dummes Verhalten“, etwas Großartiges, eine Sprache aus dem Gemüt? Auf dieses „Dummsein“ wollen wir nicht verzichten, es geht ohnehin immer mehr verloren, eben weil heute eine Phrase höher im Kurs steht als der Kontakt von Herzen zu Herzen. Vollkommenheit ist das Schlimmste, was wir uns von uns und unseren Mitmenschen wünschen sollten, und die liebenswürdige Unzulänglichkeit wirkt nicht nur nett, sondern sie schafft auch Sympathien.
Wir sollten diese Art der Dummheit, des sozialen Vertrauens und des Trauens mehr würdigen. Das Miteinander, das sich-auf-einander-verlassen-Können, die bedingungslose Hingabe, eben der Mut zum Trauen, sind keine Schwäche, keine Dummheit, selbst wenn es so aussehen mag, sondern erstrebenswerte menschliche Tugend. Oft hat diese Haltung einen persönlichen, sozialen, religiösen oder kulturellen Sinn.

Trotzdem sollten wir keine weltfremden Idealisten oder tibetanischen Buddhisten erziehen wollen, auf deren Kosten andere gut leben.
Dummes Verhalten hat indirekt auch dann einen Sinn, wenn es einem anderen zur Selbstwertsteigerung verhelfen kann. Wie oft hörte ich von meinen Kindern: „Na gut, dabei hast du recht, aber in englisch bin ich immer noch viel besser als du!“ Oder denken wir an die geschwollene Brust der Lehrlinge in der Werkstatt, als sie erfuhren, daß ein Professor sein Auto mit Schnee im Öltank hatte abkühlen wollen. Gesteigertes Selbstwertgefühl, Selbstbewußtsein und Selbstvertrauen bringen Entspannung, Ruhe, Befriedigung und innere Befriedung.
Wenn wir erkannt haben, daß wir uns selbst - und den anderen - etwas vormachen, sollten wir den Schritt wagen, uns und die anderen nicht ständig zu belügen, denn dummes Handeln kann durchaus zu positiven Folgerungen und Konsequenzen führen, besonders dann, wenn über die eigene oder Fremdhandlung nachgedacht wird, eigentlich wesentliches Ziel dieser Schrift.
Könnte die Erfahrung unseres Dummseins besser umgemünzt werden?
Zu unserer Beruhigung und Entschuldigung noch ein Gedanke, den Goethe schon sehr schön formuliert hatte: „Weise verfallen in Unwissenheit, wenn sie mit Unwissenheit streiten“. Wir werden oft in dummes Verhalten dadurch hineingezogen, daß sich unser Gesprächspartner dumm verhält. Wenn es sich schon schwer mit Indoktrinierten diskutieren läßt, mit Ignoranten ist es meist unmöglich.
Und auch derjenige ist letztlich ein innerlich, also psychisch gesunder „Dummer“, der nicht ständig Selbstkritik übt und an sich herumnörgelt.
Die Kehrseite dieses „dummen Verhaltens“ darf dabei allerdings nicht unter den Tisch fallen. Bloch hat einmal gesagt: In der Unzufriedenheit steckt auch das Positive. Wir hatten oben festgestellt, daß eine Bedürfnisspanne vorhanden sein muß, eine unbefriedigende Zeit oder Situation, um neues Handeln in Gang setzen zu wollen, die mich, ganze Gruppen oder die Menschheit zu neuen Ufern aufbrechen läßt. Kreativität etwa ist nur durch diese vorausgehende innere Spannung denkbar. Dazu gehört ganz einfach, daß wir Fehler machen und gemacht haben müssen.
Wir sollten auch immer daran denken, daß wir sowohl Einzelwesen als auch Teile der Gesellschaft sind und daß wir auch beides sein müssen.

Zwischen diesen beiden Polen sind wir hin und her geworfen, und wir sollten das Positive dieser Polarität annehmen, da wir zur gleichen Zeit mit unseren persönlichen Sehnsüchten und Wünschen und dem, was das Zusammensein verlangt, leben. Letztlich ist es ein beglückender Gedanke, daß wir nicht allein sind, und das ist besonders dann positiv zu bewerten, wenn wir unsere individuelle Entscheidungsfreiheit und die Einmaligkeit unserer Persönlichkeit auch in der Masse und unter deren spezifischen Einflüssen behalten. Je mehr wir uns dieser Polarität öffnen, desto mehr kleinere oder größere Fehler werden wir begehen. Wir werden dadurch gegenwärtiger und spontaner, und auch die Hilfsbereitschaft wird zum eigenen Bedürfnis. „Der Mensch braucht den anderen Menschen, um sich selber zu erkennen", hat schon Caspar David Friedrich gesagt.

Zuletzt noch ein kurzer, wichtiger Hinweis: Wer sich mit seinen Schwächen selbst erkannt hat, braucht Humor, um mit sich selbst zufrieden leben zu können. Mit Humor werden wir mit unserem unerwarteten Tun leichter fertig, und wir haben Verständnis für das unübliche und dumme Verhalten anderer. Wir übersehen großzügig unpassendes Verhalten bei uns und bei anderen und werden toleranter. Wir müssen wieder lernen, über uns selbst lächeln oder lachen zu können, und unser Dummsein gereicht uns zum Segen.